Konzertführer L. van Beethoven

Konzertführer

Ludwig van Beethoven

1770–1827

SCHOTT

Mainz · London · New York · Tokyo

Bestellnummer ED 7558

Lizenzausgabe für B. Schott's Söhne, Mainz
mit Genehmigung des VEB Deutscher Verlag für Musik Leipzig
Printed in the German Democratic Republic
Gesamtherstellung (außer Notengraphik):
Druckhaus Aufwärts, Leipzig
BSS 46301
ISBN 3-7957-2469-4

Inhalt

Biographische Skizze

Ludwig van Beethoven wurde am 16. Dezember 1770 in Bonn geboren (gesichertes Tauf-Datum: 17. 12. 1770). Er entstammte väterlicherseits einer Musikerfamilie aus dem Brabant. Der Vater, Johann, war Tenorist an der kurfürstlichen Hofkapelle in Bonn. Der Großvater, Ludwig (1712–1773), stammte aus Mecheln, war dort Singknabe, dann Chorleiter und Bassist in Löwen und Lüttich, kam schließlich 1733 an die Bonner kurfürstliche Kapelle, wurde dort 1761 Hofkapellmeister.
Die sehr früh erkennbare musikalische Begabung Ludwig van Beethovens wurde zunächst nur sporadisch und unsystematisch durch den Vater und verschiedene Bonner Musiker gefördert. Geregelte Unterweisung begann erst 1781 bei dem Bonner Vizehoforganisten Christian Gottlob Neefe. Ihn durfte der Dreizehnjährige bereits an der Orgel vertreten. 1778 und 1781 präsentierte man ihn als pianistisches »Wunderkind« nach dem Vorbilde Mozarts in Bonn und Rotterdam. 1783 erschienen als erste Kompositionen drei dem Bonner Kurfürsten gewidmete Klaviersonaten im Druck. 1781 endete mit Abschluß der Vorschule fürs Gymnasium die reguläre allgemeine Bildung. Beethoven vervollkommnete sie autodidaktisch vor allem im Umgang mit befreundeten Bonner Adelsfamilien (besonders der Familie von Breuning). An der Bonner Universität interessierte er sich für die Ideen der Aufklärung, der Vorkämpfer der unmittelbar bevorstehenden Französischen Revolution.
Eine erste Studienreise nach Wien (1787) muß wegen tödlicher Erkrankung der Mutter kurzfristig abgebrochen werden.
1789 übernimmt Beethoven, der seit 1785 als Akkompagnist an der Bonner Hofkapelle seinen Dienst versieht, die Vormundschaft über seine Brüder und sorgt anstelle des vollkommen haltlos gewordenen Vaters für die Familie. Er wirkt als Bratscher in der Kapelle mit, komponiert 1790 die »Trauerkantate auf den Tod Josephs II.« und die »Kantate auf die Erhebung Leopolds II. zur Kaiserwürde.« 1792, im Jahr der Ausrufung

der Französischen Republik, begibt er sich erneut mit einem Stipendium des Bonner Kurfürsten nach Wien. Er studiert bei Joseph Haydn, aber auch bei dem Singspielkomponisten Johann Baptist Schenk, dem Komponisten und Theoretiker Johann Georg Albrechtsberger, dem Hofkapellmeister und Hofkomponisten Antonio Salieri. Ab 1794 fallen die Bonner Stipendien wegen der Revolutionskriege weg. Aber Beethoven bleibt endgültig in Wien. Er muß nun als Pianist, Komponist und Lehrer für seinen Unterhalt sorgen. Von den kunstliebenden Mäzenen des Wiener Adels gefördert, kämpft er um seine Existenz als freischaffender Komponist. 1791 läßt er sich erstmals im Wiener Burgtheater als Solist mit seinem B-Dur-Klavierkonzert hören. Ein Jahr später unternimmt er einige seiner wenigen Reisen (nach Prag, in verschiedene Städte Deutschlands). 1800 veranstaltet er sein erstes Konzert (Akademie) mit ausschließlich eigenen Werken in Wien.

Im gleichen Jahr setzt ihm Fürst Lichnowsky ein Jahresgehalt von 600 Gulden aus. Ab 1808 wird diese Ehrenrente von Lichnowsky gemeinsam mit dem Erzherzog Rudolph (den Beethoven auch unterrichtet) und dem Fürsten Kinsky auf 4000 Gulden erhöht.

Diese Rente wird zwar nach einiger Zeit gekürzt, und nach dem Tode des Fürsten Kinsky führt Beethoven einen erniedrigenden Kampf um die Zahlungen, insgesamt aber erfreut er sich zunächst um die Jahrhundertwende als Künstler großen Interesses und großer Anteilnahme seitens des Wiener Adels.

Auch Beethovens Brüder Kaspar Anton Karl (Kassenbeamter) und Nikolaus Johann (Apotheker und Gutsbesitzer) waren ihm nach Wien gefolgt.

Um 1800 macht sich bei dem Komponisten ein Gehörleiden bemerkbar (1802: Heiligenstädter Testament), das um 1819 zur völligen Ertaubung führt und das ihm schließlich öffentliche Auftritte als Pianist und Dirigent unmöglich werden läßt. Er muß sich mit Hilfe von Konversationsheften verständigen, in die Besucher ihre Fragen und Antworten eintragen.

1812 findet das legendäre Treffen mit Goethe in Teplitz statt, 1814 läßt sich der Komponist zum letzten Male als Kammermusikspieler öffentlich hören. Nach dem Tode des Bruders Kaspar Anton (1815) erzwingt er durch jahrelanges Prozessieren die Vormundschaft über dessen Sohn Karl, den er dem aus seiner Sicht unmoralischen Einfluß der Mutter Johanna (der »Köni-

gin der Nacht«) entreißen will. Der Kampf um den Neffen, an dem er Vaterstelle vertreten wollte, gehört zu den tragischen Kapiteln im Leben des Komponisten, besonders der Selbstmordversuch Karls 1826 traf ihn tief.
Die Neffen-Tragödie, die Ertaubung, zugleich aber auch die ständige Verschlechterung der politischen Verhältnisse im Österreich der Metternichschen Reaktion und Restauration lassen Beethoven vereinsamen. Er wechselt rastlos die Wohnungen, steht in ständigem Streit mit den Bediensteten, wirkt auf seine Umgebung störrisch und unduldsam, während zu gleicher Zeit seine bedeutendsten Werke (bis zur 9. Sinfonie, der »Missa solemnis«, den späten Klaviersonaten und Streichquartetten) entstehen.
Am 26. 3. 1827 stirbt er an Lungenentzündung und Wassersucht. Das Leichenbegängnis am 29. 3. findet unter größter öffentlicher Anteilnahme statt – 38 Fackelträger (unter ihnen Franz Schubert) begleiten den Sarg. Der Schauspieler Anschütz verliest die von Franz Grillparzer aufgesetzte Grabrede.

Von Romain Rolland stammt der Satz, daß Beethoven »die erste, wirklich aus der Revolution geborene Musik« geschaffen habe, daß er der »Äschylos der Revolution« sei. Heute ist diese Feststellung zu erweitern: Beethovens Werk bedeutet in der Musik den Höhepunkt der Entwicklung in jener Epoche bürgerlich-demokratischer Revolutionen, die in der großen Französischen Revolution von 1789 kulminierte. Der Kampf des aufstrebenden Bürgertums gegen den Absolutismus prägte das Gedankengut der europäischen Aufklärung. Ein neues Bewußtsein von der Schöpferkraft des menschlichen Individuums, von seinem ethisch-moralischem Anspruch auf Freiheit und Gleichheit bestimmte auch Haltungen und Gestaltung in den Künsten. Bereits als junger Mann wurde Beethoven in Bonn mit solchen Ideen vertraut. An der Universität hörte er Vorlesungen bei Eulogius Schneider und lernte hier jakobinisches Gedankengut kennen. Er vertonte das »Lied vom freien Mann« (Pfeffel), schrieb seine »Kantate auf den Tod Josephs II.«, weil ihm die Reformpolitik dieses österreichischen Kaisers als Inbegriff aufgeklärter Staatsführung erschien. Die Freundschaft mit Franz Wegeler, vor allem der Verkehr in der Familie Breuning machte ihn mit fortschrittlichem Gedankengut aus Vergangenheit und Gegenwart bekannt. Sein Weltbild wurde von der klassischen deutschen Philosophie und Kunst, auch von antiken Idealen, bestimmt. Er, der später in seiner Wiener Bibliothek Immanuel Kants »Allgemeine Naturgeschichte und Theorie des Himmels« besaß, verstand wie der Philosoph als oberstes Ziel menschlichen Wirkens die Würde des Menschen. In ihrem Namen wurde er zum leidenschaftlichen Kämpfer gegen den Despotismus. Diese Haltung verband ihn mit Friedrich Schiller. Nicht zuletzt unter dessen Einfluß werden Schönheit, Wahrheit und Sittlichkeit die bestimmenden Kategorien in Beethovens Welt- und Kunstanschauung. Zugleich aber war er nicht geneigt, im Sinne des klassischen Idealismus seine künstlerisch-ethischen Maximen von der Welt fernzuhalten. Er verstand sie nur in Bezug auf diese. Für ihn waren sie realisierbar in der der ganzen Menschengemeinschaft nützenden Tat. Goethes Forderung, der Mensch müsse den Spaten in die Hand nehmen und das Ideal ausgraben, war darum ganz nach Beethovens Sinn. Hier finden wir den Grund zur lebenslangen, tiefen Verehrung des Komponisten für den Weimarer Klassiker, dessem realistischem Denken über Kunst und Welt er sich eng verbunden fühlte. »Wer immer strebend sich bemüht, den können wir erlösen«, heißt es in Goethes »Faust«. Beethoven notierte in einem theoretischen Lehrbuch als Randglosse: »Verloren ist jeder Tag, an dem wir nichts Nützliches gelernt haben.«

Ständig galt seine Aufmerksamkeit allen neuen Erscheinungen in der Welt. So ist es kein Zufall, daß ihn das Entstehen der Dampfschiffahrt ebenso zu Kommentaren anregte wie Fragen der Kunst und immer wieder der Politik. Mit grimmiger Entschlossenheit bekannte er sich im Leben wie in seiner Kunst zu den Ideen aus den Tagen der Pariser Revolution. Sie weiteten sich ihm in den späteren Jahren der Metternichschen Reaktion, in den »finsteren Zeiten«, zur fern in die Zukunft weisenden Idee alles umfassender Menschlichkeit, nicht nur in seiner 9. Sinfonie. So stand der Komponist in seinem Denken auf der Höhe der Zeit, und in nicht wenigem eilte er ihr voraus: in seiner Kunst wie im denkerischen Ansatz. Seine Bemerkung beispielsweise, daß der Mensch als einzelner ebenso das Gesamtleben der Gesellschaft repräsentiere wie die Gesellschaft nur ein etwas größeres Individuum darstelle, zeugt von einem für Beethovens Epoche kühnen Verstehen der Dialektik von Individuum und Gesellschaft. Sie ist ein wichtiger Hinweis auf seine Musik. Denn in ihr verbindet sich auf neue Weise Persönliches mit Gesellschaftlichem. Die Kontinuität des musikalischen Schaffensweges dieses Komponisten liegt geradezu darin beschlossen. Denn revolutionärer Elan, kämpferisches Pathos vieler Werke der früheren Schaffensperioden sind ebenso an ganz Persönliches gebunden wie die »Subjektivität«, die Differenziertheit in den späten Klaviersonaten oder Streichquartetten. Daß im späteren Schaffen Beethovens die in neue Klang- und Formenwelten zielenden, subtilen Quartette oder Sonaten neben monumentalen, nach wie vor »an alle« sich wendenden Werken wie der »Missa solemnis« oder der 9. Sinfonie stehen, bestätigt dies.

In Beethovens Musik werden Kraft, hymnischer Elan, Innigkeit und Poesie auf bis dahin nicht gekannte Weise gestaltet. Der Komponist fand darüber hinaus Form, Klang und Melos für den Ausdruck des Tragischen als wichtigem Teil menschlichen Seins. Dies alles wird erreicht in ständigem angespanntem Ringen um die endgültige musikalische Form. Daß diese wie aus einem Guß wirkende Musik in jedem Fall auf dem Wege langwierigen intensiven Suchens nach der präzisesten, konzentriertesten Formulierung entstanden ist, belegen die zahlreichen Skizzen und Entwürfe, die uns erhalten blieben.

Auch die persönliche Tragik wurde zum Stimulans für immer neues Ringen im Schöpferischen. Das galt für die allmähliche Ertaubung, der Beethoven sein trotziges »Ich will dem Schicksal in den Rachen greifen; ganz niederbeugen soll es mich gewiß nicht« entgegenstellte. Der Kampf um die als Vaterschaft verstandene Vormundschaft über den Neffen Karl lähmte nur zeitweilig den Schaffensimpuls. Und die Entwicklung von der Französischen Revolution über das Kaisertum Napoleons und die Befreiungskriege zur Epoche der Reaktion und Restauration in Europa war ihm immer neuer Ansporn, an den Ideen festzuhalten, unter denen er angetreten war. Die von revolutionärem Aufschwung zu reaktionärem Niedergang führende politische Entwicklung trieb ihn immer aufs neue, das Äußerste zu geben, um in der Kunstwirklichkeit seiner Musik den Triumph über die Mächte der Finsternis zu gestalten, seine Ideale von der freien, gleichen Menschengemeinschaft gleichsam in Töne zu meißeln. Die antike Devise »Per aspera ad astra« (Durch Nacht zum Licht) steht über seinem gesamten Werk, nicht nur über den heroischen Kompositionen. Gestaltet werden Schönheit und Fülle menschlichen Seins, Liebe zur Natur, zu den Menschen. Ob

Werkideen sich bei Beethoven aus persönlichen Anlässen, aus moralisch-ethischen Wertvorstellungen, aus literarischen Anregungen oder als Reaktion auf politische Ereignisse formen – in jedem Falle sind sie Ausdruck eines revolutionär-demokratischen Weltbildes. Dabei illustriert seine Musik solche Ideen nicht, sondern drückt sie aus, formt sie klingend. Das macht die besondere Eigenart dieser Kunst aus: Sie packt den Hörer, rüttelt ihn auf, will ihn zum Guten verändern. Diese Eigenart Beethovenscher Tonsprache hat bis heute nichts von ihrer unmittelbaren Wirkung verloren. Das Bewußtsein von Würde, Wert und Freiheitsanspruch aller Menschen prägt Beethovens Werk. Es ist jenes Bewußtsein, daß den Citoyen Beethoven ein Leben lang auszeichnete, das ihn veranlaßte, überall, auch im Kreise des kunstsinnigen Wiener Hochadels, als Gleicher unter Gleichen aufzutreten und sich zu behaupten.
Er wollte, daß seine Musik »Nationalbedürfnis« sein solle. Zu einem seiner Werke bemerkte er: »Wo es zu was Gutem taugt, da wird es meinem Endzweck am besten entsprechen«. Dieser Endzweck zielt, wie seine Musik selbst, weit über die feudalen und auch die bürgerlichen Begrenzungen des Musik-Betriebes seiner Zeit hinaus, macht sie uns historisch begreifbar und unmittelbar gegenwärtig.

Orchestermusik

Werkeverzeichnis

- Sinfonien: Nr. 1 *C* op. 21 (1800); Nr. 2 *D* op. 36 (1801/02); Nr. 3 *Es* »Sinfonia eroica« op. 55 (1804); Nr. 4 *B* op. 60 (1806); Nr. 5 *c* op. 67 (1808); Nr. 6 *F* op. 68 »Sinfonia pastorale« (1808); Nr. 7 *A* op. 92 (1812); Nr. 8 *F* op. 93 (1812); Nr. 9 *d* op 125 mit Schlußchor über Schillers Ode »An die Freude« (1824); Wellingtons Sieg oder die Schlacht bei Vittoria op. 91 (1813).
- Ouvertüren: Die Geschöpfe des Prometheus *C* op. 43 (1801); Leonoren-Ouvertüren: Nr. 1 *C* op. 138 (1805); Nr. 2 *C* op. 72 (1805); Nr. 3 *C* op. 72 (1805); Fidelio *E* op. 72 (1814); Coriolan *c* op. 62 (1807); Egmont *f* op. 84 (1810); Die Ruinen von Athen *G* op. 113 (1811); König Stephan *Es* op. 117 (1811); Zur Namensfeier *C* op. 115 (1815); Die Weihe des Hauses *C* op. 124 (1822).
- Ballettmusiken: Die Geschöpfe des Prometheus *C* op. 43 (1801); Musik zu einem Ritterballett *D* WoO 1 (1791).
- Kleinere Orchesterwerke: Gratulationsmenuett *Es* WoO 3 (1822); 12 Menuette WoO 7 (1795); 12 Deutsche Tänze WoO 8 (1795); 6 Menuette WoO 10 (1795); 12 Menuette WoO 12 (1799); 12 Deutsche Tänze WoO 13 (1800); 12 Contretänze WoO 14 (1800/01).
- Konzerte: 5 Klavierkonzerte – Nr. 1 *C* op. 15 (1798); Nr. 2 *B* op. 19 (1795, Umarb. 1798); Nr. 3 *c* op. 37 (1800); Nr. 4 *G* op. 58 (1806); Nr. 5 *Es* op. 73 (1809); Klavierkonzert *D* nach dem Violinkonzert op. 61 (1807). – Violinkonzert *D* op. 61 (1806); 2 Violinromanzen: Nr. 1 *G* op. 40 (1802); Nr. 2 *F* op. 50 (1802). – Tripelkonzert für Kl., Vl., Vc. *C* op. 56 (1804).

(WoO = Werk ohne Opuszahl; Numerierung nach: Kinsky/Halm, Das Werk Beethovens, München, 1955)

Sinfonien

In Beethovens Musik fließen Quellen unterschiedlichster Art zu einem neuen Ganzen zusammen. In ihr klingen der Elan, die Signalmotivik, der Marschrhythmus der französischen Revolutionsmusiken, verbindet sich das unmittelbare Erbe Mozarts und Haydns mit der Polyphonie Bachs, mit der majestätischen Deklamatorik des Händelschen Oratorienstils. Die Melodik wird geprägt von Einflüssen des deutschen und österreichischen Volkslieds, aber auch des Liedguts anderer Nationen.
Insgesamt faßt Beethoven das musikalische Erbe mit genialem Zugriff neu zusammen und entwickelt es weiter. Dabei bestimmt seine Sprache eine bis dahin nicht gekannte Straffheit und Konzentration, ein Kontrastreichtum, der sich nicht nur in eigenwilligen rhythmischen Spannungen (Synkopierungen, Akzentuierungen gegen das Taktschema, Sforzati), sondern auch in jähem dynamischen Wechsel äußert. Das kantable Prinzip wird besonders ausgebildet. Beethovens lyrisches Melos entwikkelt sich in weiten Bögen, von weichen Vorhalten charakterisiert, auch in den langsamen Sätzen nicht selten tänzerisch bewegt. Das Humanitätsmelos der Klassik findet hier seine schönste Ausprägung. Es ist die Verschmelzung von Anmut und Kraft, von Empfindung und Bewußtheit, die diesen Instrumentalgesängen das Gepräge gibt.
Im Harmonischen geht der Komponist eigene, neue Wege, bis zur Nutzung kühner Dissonantik als dramatisch spannungsschaffendem Element. Die Dialektik der Sonatenform wird voll ausgeprägt – im scharf profilierten Gegensatz der beiden Hauptthemen. Er schafft das Spannungsfeld der musikalischen Entwicklung. Besonderes Gewicht erhalten in den Sonatensätzen die Durchführungen als Ort des Austragens groß angelegter Konflikte. Die Reprise wird oft beträchtlich ausgebaut, der Rückgriff auf die Exposition bekommt nicht selten erneuten Durchführungscharakter.
Bei Beethoven ist – nicht nur in den Sinfonien – die Sonatenform stets dem jeweiligen Sujet zugeordnet, das ihre besondere Lösung prägt, sie allmählich nicht nur erweitert, sondern sprengt – bis zum Einführen neuen thematischen Materials neben den klassischen beiden Hauptthemen.
Beethoven-Sinfonien sind »sinfonische Dramen« in vier kontrastierenden und zugleich eng aufeinander bezogenen Sätzen. Die

dialektisch-konflikthafte Haltung des 1. Satzes bildet im allgemeinen Ausgangspunkt und wichtigsten Austragungsort der musikalischen Auseinandersetzungen. Aus knapp gefaßten, scharf profilierten Gedanken (Motiven, Themen) entwickelt sich das Geschehen. Die Kunst der Variation wird zum wichtigsten Element musikalischen Formens. Zuweilen führen langsame Einleitungen in die Auseinandersetzungen der ersten Sinfoniesätze. Das Finale erhält in der Beethoven-Sinfonie neue Bedeutung. Es ist nicht mehr tänzerisch-beschwingter Kehraus, wie meist bei Haydn und auch Mozart. Hier werden Kämpfe und Konflikte des Vorhergehenden zum Siege geführt. Deshalb erhalten diese Finalsätze auch musikalisch-formal (durch das Verknüpfen von Sonaten-, Variations- und Rondoform) größeres Gewicht in der musikalischen Gesamtdramaturgie. In den ebenfalls im Vergleich zu den Vorgängern weit ausgebauten langsamen Sätzen entwickelt Beethoven lyrische Ausdrucksgestaltung von bis dahin nicht gekannter Tiefe. Das Menuett der Mozart- oder Haydn-Sinfonie wandelt sich zum Scherzo, zum Charakterstück voll kämpferischen Trotzes oder grimmigen Humors.

So sehr sich Beethovens Sinfonien im einzelnen voneinander unterscheiden, der jeweils gestalteten Grundidee gemäß unverwechselbares Profil tragen, so sehr gehören sie zusammen in der Tendenz der Anlage: Alle vier Sätze sind – bis zur Entwicklung aus einheitlicher motivisch-thematischer Substanz – immer Teile eines Ganzen, sinnvoll aufeinander bezogen, im Sinne des Mottos »Per aspera ad astra« Träger der gestalteten Idee. Aufschlußreich hierfür ist Beethovens Bemerkung: »Da ich mir bewußt bin, was ich will, so verläßt mich die zugrundeliegende Idee niemals.«

Das sinfonische Orchester Beethovens schließt zunächst an die Vorbilder Haydns und Mozarts an, mit zweifach besetzten Holzbläsern, Trompeten und Hörnern neben dem Streicherapparat. Später wird die Besetzung im Dienste der Aussage erweitert (in der »Eroica« um ein 3. Horn, in der 5. Sinfonie um 3 Posaunen). Dazu kommen in der Holzbläsergruppe Pikkoloflöte und Kontrafagott. Durch weitgehend selbständige Führung der Violoncelli und Kontrabässe wird in den Streichern der Übergang vom Quartett- zum Quintettsatz vollzogen.

Man hat Beethoven zu Recht als Ideenmusiker bezeichnet. Alle seine Werke sind nicht Musik »an sich«, sondern Ausdruck bestimmter Ideen, bestimmter Vorstellungen und Reaktionen. In etlichen Werken sind diese Ideen unschwer zu erkennen – in der »Eroica«, der »Pastorale« oder der 9. Sinfonie mit den Schiller-Versen. Biographie und Werkgeschichte geben Hinweise dafür. Freilich bieten nicht wenige Kompositionen Beethovens in dieser Hinsicht bis heute noch manche offene oder ungeklärte Frage. Der Musikwissenschaftler Harry Goldschmidt hat in den vergangenen Jahren durch seine grundlegenden Beethoven-Forschungen gerade diesbezüglich wertvolle neue Erkenntnisse und Anregungen gegeben, denen auch die nachfolgenden Werkbesprechungen in mancher Hinsicht verpflichtet sind.

1. Sinfonie C-Dur op. 21 (1799/1800)

Besetzung: 2 Flöten, 2 Oboen, 2 Klarinetten, 2 Fagotte, 2 Hörner, 2 Trompeten, Pauken, Streicher
Aufführungsdauer: etwa 28 Minuten

Am 2. 4. 1800 gab Beethoven seine erste eigene »Akademie« in Wien.
Das Konzert im »National-Hof-Theater nächst der Burg« wurde zum glänzenden Erfolg für den Pianisten, Dirigenten und Komponisten. Zur Aufführung kamen das Septett op. 20, das 1. Kl.-Konzert und die 1. Sinfonie. Erste Themenaufzeichnungen für dieses Werk reichen bis ins Jahr 1794 zurück. Vollendet wurde es Anfang 1800. Eine Zeit unbeschwerten Glücks für den jungen Meister war dem vorausgegangen: In der Gesellschaft der ungarischen Gräfinnen Therese und Josephine Brunsvik konnte er sich ungezwungen, frei und froh fühlen. Er gab den Schwestern Klavierunterricht, begleitete sie auf Bälle, und besonders die jüngere der beiden, Josephine, nahm sein Herz gefangen. Die Zuneigung fand ihr Ende durch Josephines standesgemäße Heirat mit einem dreißig Jahre älteren, ungeliebten Aristokraten. Das Erlebnis jener glücklichen Tage hat den tänzerisch-beschwingten Grundton der Sinfonie ebenso geprägt wie der Elan französischer Revolutionsmusik mit ihrer Signalmotivik, ihrem Marschrhythmus. Gedanken revolutionären Aufbruchs wie beschwingten Lebensglücks bilden also die Idee dieser 1. Sinfonie. Man hat in dem ebenso temperamentvollen wie lyrisch beschwingten Werk rechtens enge Beziehungen zu Haydn und Mozart erkannt. Zugleich aber zeigt sich in

der Originalität der Erfindung und in vielen Details auch unverkennbar die »Klaue des Löwen«.
Die Zeitgenossen empfanden das schon in den ersten Takten der langsamen *Einleitung* zum 1. Satz (Adagio molto, 4/4-Takt). Sie beginnt mit einem Überraschungseffekt: Der erste Akkord steht nicht, wie bis dahin allgemein üblich, in der Haupttonart, sondern ist Dominantakkord zur Subdominanttonart F-Dur. Erst dann geht es in die Dominanttonart G-Dur, bis mit weitem melodischen Bogen schließlich die Haupttonart C-Dur erreicht wird. Harmonisch entsteht so eine besondere Art von Spannung, ehe schließlich der *Sonatenhauptsatz* (Allegro con brio, Alla-breve-Takt) mit dem marschartigen Hauptthema in den 1. Vl. beginnt.

Dieses Thema ist unverkennbar von der Signalmotivik französischer Revolutionsmusik inspiriert. Aus ihr gewinnt auch die Fortspinnung ihren impulsiven Schwung. Regelrecht, in der Dominanttonart G-Dur, folgt das anmutige 2. Thema im Duett von Ob. und Fl.

Seine tänzerische Grundhaltung wird durch die Streicherbegleitung noch betont: Das Thema hat Ecossaisen-Charakter.

Sforzato-Akzente und kräftige Tuttischläge setzen Kontraste. Ein besonderer, ungewöhnlicher und ganz dem jähen beethovenschen Temperament entsprechender Wechsel der Stimmung wird in einer anschließenden, plötzlich eintretenden pp-Episode erreicht. In düsterem Moll klopfen die Streicher, die Bässe bringen eine aus dem 2. Thema gewonnene Kantilene. Sie führt zunächst resignierend in die Tiefe, steigt dann sequenzierend wieder empor. Die Ob. singt dazu eine klagende Gegenmelodie. – Liebesfreud' und Liebesleid'? Die Durchführung nach kräftig mit dem Hauptthema abgeschlossener Exposition folgt mozartischem Vorbild und ist knapp gehalten. Jähe dynamische Kontraste bestimmen das Spiel mit dem Hauptthema. Nach verkürzter Reprise präsentiert sich die jugendlich-ungestüme Coda als aus dem Hauptthema abgeleiteter Geschwindmarsch.
Der *2. Satz* (Andante cantabile con moto, F-Dur, 3/8-Takt) verbindet lyrisches Schwärmen mit dem tänzerischen Gestus eines Menuetts. Das Hauptthema erinnert im Typ und in der Art seines fugierten Einsetzens an das Andante der berühmten g-Moll-Sinfonie Mozarts (KV 550).

Aus dem Auftakt-Beginn und der punktierten Sechzehntel-Figur des Themas werden im folgenden reizvolle melodische Varianten gewonnen. Energische Strophenabschlüsse in kräftig punktierten Kadenzierungen schaffen Kontrast und Gliederung. Über leisem, punktiertem Pk.-Rhythmus (aus dem 1. Thema weiterklingend) bringen später 1. Vl. und Fl. eine anmutig dahinhuschende Melodie in stakkatierten Sechzehntel-Triolen als 2. Thema. Harmonisch besonders farbig und dynamisch abwechslungsreich ist die Durchführung angelegt. Die

Reprise fügt zum Hauptthema eine elegante Gegenstimme. Ein Schuß herzlichen Humors steckt in dieser Musik.
An die Stelle des bei Haydn und Mozart üblichen Menuetts tritt in dieser Sinfonie als *3. Satz* ein Scherzo (ironischerweise vom Komponisten aber noch als »Menuetto« überschrieben; Allegro molto e vivace, C-Dur, 3/4-Takt). Es ist Beethovens erstes sinfonisches Scherzo, voll überschäumendem Temperament, aggressivem Humor. Das Thema, ursprünglich für eine Sammlung von Deutschen Tänzen konzipiert, jagt in heftigem Anlauf die Tonskala empor und mündet in einen pochenden Rhythmus, der für den ganzen Satz Bedeutung gewinnt.

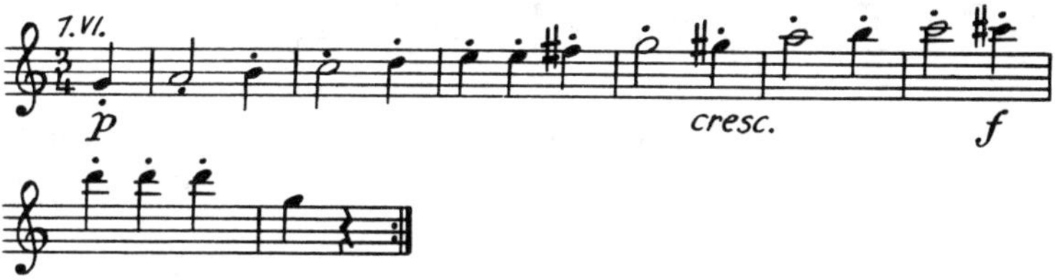

Eine Fülle musikalischer Szenen, mit jähen Sforzato-Wirkungen, überraschenden harmonischen Wendungen wird aus ihm entwickelt. Starker Kontrast hierzu ist das *Trio* nach Art eines behaglichen Ländlers. In seinem Rhythmus wiegen sich die Bläser, während in den Achtelfiguren der Vl. die Bewegung des Menuett-Hauptteils fortzuwirken scheint. Mit dem Dialog zwischen Ländler-Melodik der Bläser und munteren Streicherfiguren entspinnt sich ein reizvolles, heiteres Wechselspiel.
Launig wird das *Finale* eröffnet (Allegro molto e vivace, 2/4-Takt): Zunächst ein gewichtiger ff-Schlag des Orchesters auf G. Aber dann geht's durchaus noch nicht los. Adagio tasten sich die 1. Vl. leise und zögernd die Tonskala aufwärts, fünfmal neu ansetzend, in wechselndem Rhythmus jedes Mal ein wenig mehr »nach oben« gelangend. Erst dann klettern sie Allegro molto e vivace schwungvoll in die Höhe und ins muntere Hauptthema. – In den unkonventionellen Eröffnungen des ersten und letzten Satzes wird besonders deutlich, wie der 30jährige Komponist traditionelle Schemata fröhlich-unbekümmert, aber nicht absichtslos durchbricht und damit seiner Musik originelle Züge verleiht. Heute nennt man so etwas eine »unakademische Haltung«. Der Finalsatz mit seinem symmetrisch gebauten, haydnnahen Thema

bricht auch sonst aus der »Norm«: Er ist nicht als Rondo, sondern als Sonatensatz gearbeitet. Ein graziöser G-Dur-Gedanke repräsentiert sich als 2. Thema.

Themenfortspinnungen im doppelten Kontrapunkt, kunstvolle kontrapunktische Arbeit, Motivvariation in der Durchführung zeigen das handwerkliche Können des jungen Meisters. Es steht wie die Themen selbst im Dienste eines frischen Musizierens. Am Ende gibt es gar einen kurzen Rückblick auf die Coda des 1. Satzes: Dem energischen Geschwindmarsch dort entspricht im letzten Satz ein kleiner festlicher Marsch als virtuos-glanzvoller Ausklang des Ganzen.

2. Sinfonie D-Dur op. 36 (1801/02)

Besetzung: 2 Flöten, 2 Oboen, 2 Klarinetten, 2 Fagotte, 2 Hörner, 2 Trompeten, Pauken, Streicher
Aufführungsdauer: etwa 31 Minuten

Auch diese Sinfonie wurde – unter der Leitung des Komponisten – in einer Akademie mit ausschließlich Beethovenschen

Werken zum ersten Mal aufgeführt: am 5. 4. 1803, im Theater an der Wien. Entwürfe zu allen Sätzen entstanden bereits 1801. Die Ausführung erfolgte im Sommer 1802 in Heiligenstadt bei Wien. Bislang wurde diese Sinfonie meist in Zusammenhang mit dem vom Oktober 1802 stammenden »Heiligenstädter Testament« gebracht, dem erschütternden Zeugnis des sich seines verzweiflungsvollen Zustands zunehmender Ertaubung bewußt werdenden Beethoven. Man sah das Werk als Sieg des Lebenswillens über die Tragik für den Musiker, als »kraftvolles Jasagen zum Dasein, allen Schwierigkeiten zum Trotz« (Schönewolf).
Nicht nur die Tatsache, daß die Arbeit an der Konzeption und auch an Details der Sinfonie um rund ein Jahr vor dem »Heiligenstädter Testament« liegt, – auch ihr kraftvoll-lebensfreudiger, lyrisch-schwärmerischer Charakter lassen die Deutung dieser Musik als kämpferische Überwindung von Schmerz, Leiden und Verzweiflung kaum als überzeugend erscheinen.
In neuerer Zeit hat Harry Goldschmidt auf andere, durchaus denkbare Zusammenhänge hingewiesen. Sie sind biographisch belegbar und erscheinen dem Zuhörenden aus der Partitur plausibel. Goldschmidt betrachtet die 2. Sinfonie als »eine echte Kontrafaktur eines Bühnenwerkes nach den höchsten Ansprüchen der Instrumentalmusik«. Das Bühnenwerk ist Mozarts »Zauberflöte«, die Beethoven ihres aufklärerischen Sujets wie ihrer Musik wegen sehr geschätzt hat. Goldschmidt macht neben musikalischen Argumenten (bezogen auf die deutliche »Mozart-Nähe« dieser Partitur) biographische geltend: Schikaneder brachte 1801 in seinem neuerbauten Theater an der Wien die Mozart-Oper heraus, vor allem auch, um seine Autorschaft am Text nachdrücklich zu demonstrieren. Bei Aufführungen der »Zauberflöte« im Kärntnertor-Theater war sein Name nämlich unterschlagen worden. Der rührige Mann hatte zu jener Zeit Beethoven in seinem Theater eine Wohnung angeboten. Er wollte ihn zur Komposition neuer Opern auf seine Texte anregen. Nicht ganz selbstlos also machte er schließlich auch die UA der D-Dur-Sinfonie, das Stattfinden einer ganzen Beethoven-Akademie, in seinem Theater möglich. In der Zeit der Arbeit an der Sinfonie ist daher eine erneute, gründliche Beschäftigung Beethovens mit Mozarts »Zauberflöte« ganz praktisch anzunehmen. Mit einer weiteren biographischen Quelle stützt Goldschmidt seine These, mit jener brieflichen Mitteilung Beethovens an seinen Jugendfreund Wegeler, aus der Zeit der Arbeit an

der Sinfonie stammend, in der der Komponist von einer glücklichen Veränderung in seinem Leben berichtet, die »ein liebes, zauberisches Mädchen hervorgebracht, das mich liebt und das ich liebe.« Gemeint ist die damals 17jährige Giulietta Guiccardi. Ludwig und Giulietta – der Komponist sieht im Lichte dieses Paars das ideale Mozart-Paar Tamino und Pamina, er sieht den Sieg der Liebenden über alle Fährnisse, in Feuer- und Wasserprobe. Daran ändert wenig die Tatsache, daß die Liebe nicht von Bestand war: Die junge Gräfin verlobte sich gar zu bald »standesgemäß«. Aus der deutlich hörbaren paarweisen Anlage der Sätze in der Sinfonie leitet schließlich Goldschmidt seine These her: »Der erste und zweite Satz ist dem großen Paar – Tamino und Pamina –, der dritte und vierte Satz dem kleinen Paar – Papageno und Papagena – zugeordnet.«

Obgleich die 2. Sinfonie nur rund zwei Jahre vor der 3., der »Eroica«, entstanden ist, gehört sie doch noch in den Kreis der Orchesterwerke, in denen Beethoven übernommene Strukturen nutzt, um in ihrem Rahmen neue Gestaltungsweisen im Einzelnen auszuarbeiten, neue Ausdrucksbereiche zu erschließen. Erst in der »Eroica« werden auch im sinfonischen Gesamtkonzept neue Wege beschritten.

Die langsame *Einleitung* (Adagio molto, 3/4-Takt) ist umfänglicher als in der C-Dur-Sinfonie. Beethoven gestaltet hier als Ausgangspunkt für das gesamte Geschehen den Gegensatz zwischen gebieterischem Ernst (Sarastro-Sphäre?) und edlem, innigem Gesang. Orchesterschläge (angeregt von den berühmten »Zauberflöte«-Akkorden?) werden zunächst von leise bittenden Holzbläser-, dann Streicherkantilenen beantwortet. Fast gestisch auffahrende Streicher- und Holzbläserpassagen mit gesanglichen Gegenlinien bezeichnen den Dialogcharakter dieser Musik. Drohend erklingt der in punktiertem Rhythmus vorgetragene, absteigende d-Moll-Akkord, der schon auf die Themensphäre der 9. Sinfonie vorausweist, im Unisono des vollen Orchesters. Beruhigung bringen über dem Orgelpunkt aufsteigende gesangliche Linien, von Sechzehnteltriolen kontrapunktiert. Triller in Fl. und Vl. bereiten auf das Hauptthema des folgenden *Allegro con brio* (4/4-Takt) vor.

Zu pochenden Violin-Achteln mit freundlich-schwungvollen Überleitungspassagen intonieren Va. und Vc. das Hauptthema dieses Sonatensatzes von »frohgemut und unternehmungslustigem, freundlichem und weltaufgeschlossenem Charakter« (Georg Knepler). Nach kurzer, geistvoller modulatorischer Überleitung folgt rasch das 2. Thema.

Es zeigt, »daß der junge Held auch zu kämpfen verstehen werde, wenn es sein muß« (Knepler). Man beachte: Nach sehr mozartischem Abschluß des 1. Themenkomplexes erscheint das 2. Thema zunächst leise (Klar., Hr. und Fag.) in sanftem A-Dur, zu verhalten pochenden Achteln der tiefen Streicher. Dann aber rückt es in plötzlichem ff nach fis-Moll, wird von Vl., Fl. wie Ob., Trp. und Pk. zu den den Oktavraum durchmessenden gebrochenen Akkorden in den tiefen Bässen gespielt. Der Wechsel nach Moll, Dynamik und neue harmonische Beleuchtung rükken das Thema blitzartig in »heroisches« Licht, machen seine Bindung an die Tradition der französischen Revolutionsmusiken deutlich. So ergibt sich im Grunde eine neue, »regelwidrige« Themenexposition. Das lyrische, beschwingte Thema steht entgegen der Tradition an erster Stelle, und das kämpferisch-energische nimmt den Platz des üblicherweise kantablen, innigen 2. Themas ein.
Beide Themen zusammen geben das Bild einer Persönlichkeit, die durchaus in Beziehung zur idealistischen Gestalt des Mozart-Prinzen Tamino gebracht werden könnte. Drohende Anläufe (aus dem Hauptthema) und ein gebieterisches Moll-ff im Unisono des vollen Orchesters stauen die Energien kurz vor Ende der Exposition, die dann in kräftigem Schritt, mit typisch beethovenschen Akzentuierungen gegen den Takt zur Durchführung leiten. Diese ist im Vergleich zur 1. Sinfonie gewichtiger angelegt. Das Hauptthema mit Nachsatz wird im doppelten Kontrapunkt geführt. Aus seinem schwungvollen Sechzehntel-

Doppelschlag werden schneidend auffahrende Akzentuierungen gewonnen. Das 1. Thema wird in das 2. einbezogen und rasch auf seine herrische fis-Moll-Marschgestalt verkürzt. Reprise und Coda kehren immer deutlicher Signal- und Marschcharakter der Themen hervor und führen so zu jugendlich-freudigem, siegesfrohem Schluß.

Der *2. Satz* (Larghetto, A-Dur, 3/8-Takt) ist nach Goldschmidt instrumentale Gestaltung des Eintritts von Tamino und Pamina in den Tempel der Eingeweihten. Der sanft dahinschreitende Gesang des Hauptthemas (sogleich zu Beginn in den Streichern) erweist sich als Ableitung aus dem Seitenthema des 1. Satzes.

Er wie auch das innig schwärmende Seitenthema in E-Dur

sind Ausdruck reinen, erfüllten Glücks. Diese Violinkantilene mit ihren anschließenden Auszierungen in Zweiunddreißigstel-Bewegung ist ein schönes Beispiel beethovenschen Humanitätsmelos, in dem sich edle Kantabilität und tänzerische Beschwingtheit verbinden. Der Sonatensatz erzielt nach dramatischen Zuspitzungen in der Durchführung

mit dem Wiedereintritt des Hauptthemas in der Reprise besonders lyrisch-edle, gleichsam erlösende Wirkungen.

Zum ersten Mal bei Beethoven trägt in dieser Sinfonie der *3. Satz* (Allegro, D-Dur, 3/4-Takt) die Bezeichnung Scherzo. Er ist von kräftigem, auch deftigem Humor geprägt (Papageno!). Humorvoll gibt sich schon das Hauptthema mit seinen Echowirkungen und der wechselnden Instrumentation, die die drei Noten des Grundmotivs spielerisch durchs ganze Orchester springen läßt.

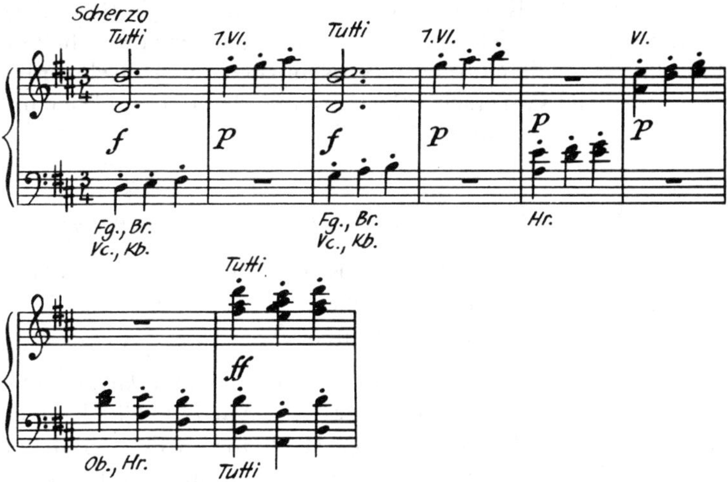

Mozartischer Gestus ist unverkennbar, auch in den verschlungenen Violinfiguren, die den Übergang zum Wiedereintritt des Hauptthemas bilden und in denen Goldschmidt das malerische Bild jenes Stricks sieht, den sich Papageno um den Hals legt. Das Trio lebt vom vergnüglichen Kontrast zwischen fröhlich-unbeschwertem Gesang der Ob., Fag. und Hr. und einem heftigen Donnerwetter der Streicher (13 Takte Fis-Dur). Im Miteinander der Streicher und Bläser wird schließlich der Friede wiederhergestellt.

Drastisch und überraschend beginnt das Rondo-*Finale* (Allegro molto, Alla-breve-Takt) mit dem sehr abrupt einsetzenden Hauptthema,

dessen munter plappernder Nachsatz durchaus Assoziationen zur musikalischen Welt Papagenos und Papagenas auslösen kann. Es herrscht ausgesprochener Buffo-Ton. Lustig tackende Streicher-Begleitung rückt auch das A-Dur-Seitenthema in diesen Bereich. Alle Kontraste des Satzes sind buffoneske Parallelen zu den Konflikten der ersten beiden Sätze. Besonders pointenreich gibt sich die Coda. Immer wieder fahren heftige ff-Schläge des vollen Orchesters ins quirlige musikalische Spiel, das dann gleichsam erschrocken auseinanderstiebt und sich unruhig wieder neu sammelt.

3. Sinfonie Es-Dur op. 55 »Sinfonia eroica« (1803/04)

Besetzung: 2 Flöten, 2 Oboen, 2 Klarinetten, 2 Fagotte, 3 Hörner, 2 Trompeten, Pauken, Streicher
Aufführungsdauer: etwa 52 Minuten

Diese »Sinfonia eroica«, eines der gewaltigsten Werke der sinfonischen Weltliteratur, entstand 1803/04. Am 7. 4. 1805 kam sie unter Beethovens Leitung in einer Akademie im Theater an der Wien zur UA. Bekannt ist, daß der Komponist – möglicherweise auf Anregung des Generals Bernadotte, des ersten Gesandten der Französischen Republik am Österreichischen Hofe – mit diesem Werk eine Sinfonie auf Bonaparte schrieb. Beethoven hatte sich, nach Schindler, »als großer Bewunderer des ersten Konsuls dieser (der französischen) Republik zu erkennen gegeben.« Er erwartete von Bonaparte, daß er »nach und nach die Hauptprinzipien der Platonischen Republik« verwirklichen und »den Grund zu einem allgemeinen Weltenglück legen« werde. Wie viele seiner Zeitgenossen, zum Beispiel auch Hegel und Hölderlin, sah er im Konsul Bonaparte den Helden, der berufen war, die Ideen der Französischen Revolution, die Ideen von Freiheit, Gleichheit und Brüderlichkeit der Menschen, Wirklichkeit werden zu lassen. »Geschrieben auf Bonaparte«. – Mit diesen Worten versah Beethoven das Titelblatt seiner Partitur. Aber auf die Nachricht von der Kaiserkrönung Napoleon Bonapartes (am 18. 5. 1804) zerriß er die Widmung des bereits vollendeten Werks. Das Andenken an den Verräter sollte getilgt sein. Stattdessen hieß nun der endgültige Titel: »Sinfonia eroica, composta per festiggiare il sovvenire di un grand' Uomo« (Heroische Sinfonie, komponiert, um das Andenken an

einen großen Mann zu feiern). Das änderte nichts am Ideengehalt des Werks. Napoleon wird gefeiert als Konsul, als Sieger in vielen Schlachten, in denen der Bürgergeneral die Feudalordnung des alten Europa ins Wanken brachte. Es geht also um eine Verallgemeinerung revolutionären Heldentums, und nicht nur um die Gestalt des Korsen. Die Kaiserkrönung beendete die Verehrung für den Mann Napoleon (»Also ist auch er ein ganz gewöhnlicher Mensch. Nun wird er ein Tyrann werden und die Menschenrechte mit Füßen treten ...«). In der »Eroica« wurde die Idee revolutionären Heldentums überdies von Anfang an auch aus einer ganz anderen Quelle gespeist. Sie ist im Finale des Werks erkennbar. Beethoven schrieb diesen Variationen-Satz über ein Thema, das er schon früher im Finale seiner Ballett-Musik »Die Geschöpfe des Prometheus« und danach in seinen Kl.-Variationen Es-Dur op. 35 verwendet hatte. Sicher gaben diese die Anregung zum heroischen Es-Dur als Grundtonart der Sinfonie. Und das Contretanz-Thema aus der Ballettmusik deutet auf Prometheus, den Halbgott der Antike, der den Menschen das Feuer brachte, ihnen damit zur Menschwerdung ohne Hilfe der Götter, aus eigener Kraft, den Weg wies.
Wie den Vertretern der Aufklärung, den Führern der Französischen Revolution, diente auch Beethoven der Rückgriff auf den antiken Mythos dazu, »die Entfesselung und Herstellung der modernen bürgerlichen Gesellschaft zu verherrlichen« (Marx). Ein Blick auf die Dramaturgie des »Prometheus«-Balletts hilft zum Verständnis der dramaturgischen Konzeption der »Eroica«: Prometheus muß sterben, ehe er, betrauert von den Menschen, zu unsterblichem Leben aufersteht. Die Funktion des Marcia funebre in der »Eroica« wird aus diesem Gedanken zu erklären sein. Denn die Gestalt des ersten Konsuls der Französischen Republik und die des antiken Lichtbringers bilden die konzeptionellen Angelpunkte der gesamten Sinfonie. Vergleicht man das Hauptthema des 1. Satzes mit dem Prometheus-Thema des letzten, so wird dieser Zusammenhang ganz deutlich: Das aus dem Es-Dur-Akkord gewonnene, signalhafte Thema des 1. Satzes hat viel Substanzgemeinschaft mit dem Thema des Finales.
Zum ersten Male gestaltet Beethoven hier sinfonisch ein Thema von epochaler Größe und Bedeutung. Dem entsprechen Ausmaße und Kühnheit der musikalischen Formung. Der Komponist hat das sehr wohl gewußt. Er wünschte, diese Sinfonie solle eher gegen Anfang als gegen Ende einer Veranstaltung erklin-

gen. »Sie würde sonst, wenn der Zuhörer von dem Vorhergegangenen bereits ermüdet ist, von ihrer Wirkung verlieren.« Mit der »Eroica« hat Beethoven einen neuen Weg eingeschlagen, zugleich auch der europäischen Sinfonik eine neue Etappe eröffnet. »Beethoven war groß genug, dem neuen Jahrhundert, das mit Revolutionen und weltgeschichtlichen Schlachten die Herrschaft der Masse einleitete, die ersten bis heute unvergänglichen Proben eines neuen Monumentalstiles zu geben, an Umfang, an Atem und Gesichten einer tausendköpfigen Volksmenge gemäß« (Romain Rolland).
Sogleich im eigentlichen heroischen *1. Satz* (Allegro con brio, 3/4-Takt) ist das leicht ablesbar. Zwei Es-Dur-Akkorde im f des vollen Orchesters, zwei »klangvolle Peitschenhiebe, welche die Förmlichkeit des 18. Jahrhunderts zerschmettern« (Leonard Bernstein), bilden das monumentale Portal. Aus dem Es-Dur-Akkord geboren ist dann auch das Hauptthema, das sogleich anschließend p in den Vc. einsetzt.

Die einfache, signalhafte Dreiklangsmelodik ist aber erst »Rohmaterial« für das Thema. Denn Beethoven stellt dieses nicht nach gewohnter Manier vor uns hin, sondern er entwickelt es allmählich. Die einfache, zwar energische, aber durchaus noch nicht heroische Melodie führt im 5. Takt ganz unüblich ins leiterfremde cis: Außergewöhnliches kündigt sich an. In wenigen Übergangstakten wird gleichsam Atem geholt, bis das Thema, immer noch p, in Hr. und Holzbläsern erscheint. Diesmal endet die einfache Akkordmelodie zwar auf Es, aber Streicher und Bläser drängen sogleich weiter, um nach jähen Sforzati und in mächtigem Anlauf zum 3. Themenauftritt zu führen. Nun erst enthüllt die Melodie, ff von Holzbläsern, Hr., Trp. und tiefen Streichern vorgetragen, ihre wahre Heldengestalt. Doch die

Entwicklung geht sogleich weiter: Nach energischer Modulation klingen neue, nun reigenartige Gedanken in Holzbläsern und Vl. auf.

Heftige ff-Gesten und Gänge des vollen Orchesters unterbrechen aber bald das idyllische Bild. Ein rhythmisch scharf akzentuiertes Motiv

gibt der Auseinandersetzung weitere Impulse.
Dreifacher Auftritt des Hauptthemas, und schon bei seiner Exposition die Einschaltung zweier völlig neuer Gedanken: Das war bis dahin unerhört. Beethoven zielt damit auf die umfassendere musikalische Ausarbeitung der emotional-gedanklichen Sphäre seines Hauptthemas. Erst im 83. Takt erscheint das 2. Thema, das nun einer ganz anderen Ausdruckssphäre angehört. Es steht in B-Dur, erklingt zunächst in den Holzbläsern, wird dann von den Streichern weitergeführt.

Beethoven findet einen starken Kontrast zum Vorhergehenden: Erst hier hört die zuvor fast immer durchlaufende, Energie und Drängen markierende Achtelbewegung auf. Das neue Thema ist akkordisch, in Vierteln gesetzt. Chromatische Stimmführungen geben ihm den Charakter des Bittenden, Fragenden, sich Besinnenden. Im Wechsel von Holzbläser- und Streichersatz erfährt diese Haltung Vertiefung. Dann aber setzt das Ringen erneut und mit großem Nachdruck ein. In metrisch und melodisch veränderter Form meldet sich das Hauptthema, das Heldenthema wiederum zu Wort. Heftige Orchesterschläge führen durch Synkopierungen unversehens zu kriegerischem geradtaktigem Marschrhythmus. Ihm antwortet in der Schlußgruppe der Exposition in Streichern und Holzbläsern ein weiterer schmerzlich-flehender Gedanke. Erst dann kommt die gesamte, 155taktige Themenexposition zum Ende. Eine ausgedehntere und dramatisch intensivere wurde zuvor nicht geschrieben! Jedoch – war schon sie Austragungsort erbitterten Ringens, so wird nun die ebenfalls weit ausgedehnte Durchführung zum Schauplatz »weltgeschichtlicher Schlachten«. Alle Themen und Motivgruppen sind einbezogen. Zunächst bilden die beiden Seitengedanken zum Hauptthema die motivische Substanz der Entwicklung. Nach energischen Fugierungen kündigt sich der Kulminationspunkt des tragisch-heroischen Kampfes an: 32 Takte lang donnern, durch Sforzati und Synkopierungen wieder in den geraden Marschrhythmus »gerückt«, verminderte Septimenakkorde, durch schrille Sekundklänge der Fl. am Ende zu fast unerträglicher Spannung geschärft. Das Orchester beißt sich förmlich in ihnen fest. Nach dieser Klangstauung ohnegleichen findet Beethoven zu einer neuen, bislang in der Sonatenform und in der klassischen Sinfonik überhaupt »unerhörten« Weiterführung: Den Akkord-Explosionen folgen decrescendo gleichsam nachbebende Streicherakkorde. Sie führen im Zentrum des Satzes zu einem 3. Thema. Es erscheint im Mittelpunkt des Satzes, ernst und verhalten schreitend, zunächst in e-Moll, dann in a-Moll. Die Ob. führen, 2. Vl. und Vc. intonieren eine Gegenstimme.

Diese sinnend-elegische Episode erklingt zweimal und umschließt das Hauptthema in leuchtendem C-Dur. Das Ende der Durchführung kündigt sich an. Aber auch dort tut Beethoven noch einen kühnen Schritt in musikalisches Neuland: Nach letztem ff-Ausbruch in Ges-Dur beginnt das musikalische Geschehen (wie am Ende der Exposition) gleichsam ermattet zusammenzusinken. Übrig bleibt schließlich leises Tremolo der 1. und 2. Vl., auf kleiner Terz (as-ces), dann großer Sekunde (b-as): Ein Klangschemen.
Dahinein klingt, wie aus einer anderen Welt, der leise Es-Dur-Ruf des 2. Hr. mit dem Kopf des Hauptthemas. Sofort antwortet f und ff das ganze Orchester in klarem Dominantklang, damit die Reprise auf der Haupttonart Es-Dur beginnen kann. Sie ist im Vergleich zur Exposition wesentlich erweitert. Vor allem wird das Signal des Hauptthemas durch energisches Betonen der Dreiklangquinte in seinem heroischen Charakter verstärkt.

Eine ausgedehnte Coda bestätigt den siegreichen Ausgang der »Schlacht«. Kaum ist ein stärkerer Gegensatz denkbar als der zwischen diesem Siegesjubel und der Totenklage des folgenden, Marcia funebre überschriebenen *2. Satzes* (Adagio assai, c-Moll, 2/4-Takt). Auch ihn hat Beethoven ungewöhnlich konzipiert: Wie aus der Ferne naht sich zunächst der Trauerzug mit dem pp in den 1. Vl. aufklingenden, klagenden Hauptthema.

Die konduktartigen Punktierungen dieser Melodie werden für die thematische Entwicklung des ganzen Satzes wichtig. Dem Trauermarsch folgt die Totenklage in expressivem Streichermelos und in der heroischen Grundtonart der Sinfonie, Es-Dur, als 2. Thema.

Das Trio mit seinen Dreiklangsgesängen hat Beethoven selbst als »Aufleuchten eines Hoffnungssternes« bezeichnet. Nach kräftig zunehmendem C-Dur-Glanz erlischt aber dieses Bild wieder. Die Reprise des Trauermarschs schließt sich an, die zugleich als große Durchführung gestaltet ist. Aus der Umkehrung des 2. Themas entwickelt sich ein allmählich kräftig gesteigertes Fugato: Schmerz wächst zu anklagendem Zorn. Danach erhalten Trauermarschthema wie Klagegesang zunehmend heroischen Charakter. In der Coda taucht schließlich noch ein neuer Gedanke auf: Eine zarte Dreiklangsmelodie mit synkopischer Fortführung.

Nach diesem letzten Gesang des Trostes verhallt der Trauermarsch leise, wie in der Ferne. Anregungen aus den Trauermusiken der Französischen Revolution wurden hier verarbeitet.
Nach den breit ausladenden sinfonischen Entwicklungen der ersten beiden Sätze ist der *3. Satz* (Scherzo, Allegro vivace, Es-Dur, 3/4-Takt) knapp gefaßt, ein »sonderbar heimlich-unheimliches Stück der Lebenslust« (Knepler). Auffallend ist hier die freie Behandlung des Taktmetrums: Huschende Stakkati der

Streicher am Beginn löschen das Gefühl für Dreier- oder Zweier-Takt aus. Es entsteht »das Gefühl einer Doppelwertigkeit, die dazu neigt, alle Schläge gleichwertig zu machen ... Bei diesem flotten Tempo und der so leichten, trockenen Dynamik entsteht die Wirkung einer ungeheuren, unterdrückten Kraft, wie das erste Rollen eines Erdbebens« (Bernstein). Spannung wird erzeugt, und sie löst sich schließlich in einer fast hektisch-munteren Weise der Ob. und Vl.

Kräftige Steigerungen zum Orchester-Tutti im ff, heftige Synkopierungen, keckes Wechselspiel von Bläsern und Streichern prägen das musikalische Bild. Im Trio, dem Alptraum aller Hornisten, schmettern die Hr. eine muntere Jagdweise. Der Mittelteil mit seinen Violin- und Holzbläsergesängen bietet dazu das pastorale Kolorit. Die Wiederholung des Scherzos ist gekürzt. Sie bringt zudem charakteristische Varianten, vor allem einen ungestüm niederfahrenden Unisonogang des ganzen Orchesters, alla breve, in halben Noten, der den ungeraden Takt wieder in einen geraden verkehrt, überdies an thematische Bildungen aus dem 1. Satz erinnert. Knapp und energisch, von der Pk. allein eröffnet, führt die Coda zum Satzende.

Das *Finale* (Allegro molto, 2/4-Takt) nahm zuerst in Konzeption und Ausarbeitung Gestalt an. Beethovens Rückgriff auf das Thema aus seinem »Prometheus«-Ballett macht deutlich, wie hier in meisterlich gearbeiteten Charaktervariationen die Idee vom antiken Feuerbringer Prometheus mit der Idee revolutionä-

ren Heldentums, wie Kraft, Geist und Schönheit, verbunden werden.
Ungewöhnlich ist der Beginn: Stürmisch abwärtsjagende Passagen des Streichorchesters, ff, in von der Haupttonart entferntem g-Moll, werden durch gewaltige Tuttischläge des Orchesters (jetzt aber in der Dominante zur Haupttonart) aufgefangen. Vielleicht hatte Beethoven hier das Bild des vom Olymp gestürzten Halbgottes Prometheus im Sinn. Eine Fermate auf der Dominante schließt diese ungemein plastische Eröffnung von zehn Takten ab. Dann intonieren die Streicher (p und pizzikato) die Baßfigur des Prometheus-Themas im Rhythmus des Contretanzes,

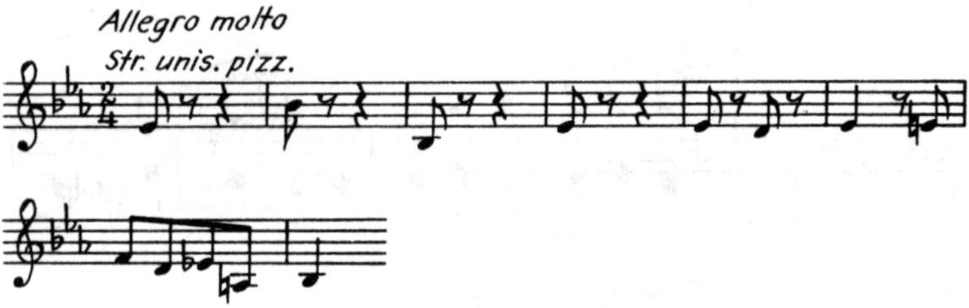

– eine höchst schlichte »Urgestalt«, aus der sich musikalisches Leben von ungeahntem Reichtum entwickeln wird. Bei der ersten Wiederholung regt sich aufkeimende Bewegung in der Themengestalt: durch die den Ablauf in Nachschlägen »unbeholfen« mitzeichnenden Holzbläser. Heftig fahren ff-Rufe der Bläser und Pk. dazwischen. In den ersten beiden Variationen wird die Baßgestalt von den Streichern weitergeführt und kontrapunktisch bereichert: Die 1. Variation bringt das Thema in den 2. Vl., von Gegenstimmen der 1. Vl. und Vc. umspielt. Die 2. Variation wird durch das Einbeziehen der Va. zur Vierstimmigkeit erweitert. Das Thema in den 1. Vl. erklingt zu belebteren (triolischen) Gegenstimmen. In der 3. Variation tritt in den Holzbläsern die eigentliche Prometheus-Tanzmelodie führend hinzu.

Das Thema des Beginns erweist sich als ihre Baßstimme. Rauschende Streicherpassagen umspielen sie, das Ganze entwickelt sich zu erstem, leuchtendem Aufschwung. Dabei erhält das Baßthema in den Trp. sieghaft strahlenden Glanz.
Auf knappem Raum gestaltet Beethoven in diesen drei Variationen das »Es werde Licht«, das Entstehen von Bewegung und Leben, von Wärme und Menschlichkeit.
Nun aber gewinnt der musikalische Fluß ständig an Breite. Die Variationsform wird verlassen. In der Ausarbeitung des Baßthemas und des Prometheus-Gesangs erhält das Geschehen durchführungsartige Züge. Sie entwickeln sich aus einem c-Moll-Fugato. Mit einem marschartigen g-Moll-Teil über dem Prometheus-Baß tritt der Variationen-Charakter wieder in den Vordergrund. Ein von revolutionärem Elan geprägter Geschwindmarsch stellt den Bezug zwischen antikem Mythos und der aktuellen Idee des Werks, symbolisiert in der Gestalt des »Helden« Bonaparte, wieder her. Er erinnert nicht zufällig an viele ähnliche Märsche aus den Revolutionsmusiken eines Méhul oder Gossec.

Mit erneutem Ansatz und Aufschwung aus kontrapunktisch gearbeitetem Beginn folgt das Zentrum des Satzes: Poco Andante, Es-Dur, intonieren Ob., Klar., Fag. und Hr. nun die Prometheus-Melodie con espressione, als innigen Friedens- und Preisgesang. Eine neue, leidenschaftliche Melodie, im Gestus an die »Leonore« erinnernd, tritt hinzu.

Erst von hier aus wird der Finaljubel angesteuert, nicht ohne die für Beethovens Stil typische Rücknahme der Bewegung – ein letztes Atemholen vor dem Furioso der Coda. Wichtigstes dramaturgisches Kennzeichen dieses Schlusses: Die Tanzmelodie des Prometheus wird zum schmetternden Geschwindmarsch verwandelt. Der »Eclat triomphal« der Musik der Französischen Revolution bricht sich unaufhaltsam Bahn.

4. Sinfonie B-Dur op. 60 (1805)

Besetzung: Flöte, 2 Oboen, 2 Klarinetten, 2 Fagotte, 2 Hörner, 2 Trompeten, Pauken, Streicher
Aufführungsdauer: etwa 34 Minuten

Die 4. Sinfonie wurde im März 1807 unter Beethovens Leitung im Palast des Fürsten Lobkowitz zu Wien erstmals aufgeführt. Zwischen der 3. und 5. Sinfonie, den großen heroisch-dramatischen Werken, nimmt sie in ihrer klassischen Anmut eine Sonderstellung ein. Robert Schumann hat sie die »griechisch-schlanke« unter den Beethoven-Sinfonien genannt. Nicht nur in der lyrischen Kantabilität der Themen, auch in der feinsinnigen Nutzung harmonischer wie instrumentaler Farben kommt das zum Ausdruck. Humor und Schwärmerei finden sich überall, von sinnendem Ernst ergänzt. Dazu tritt eine betonte Ausgewogenheit der formalen Anlage, »klassisches Ebenmaß« kennzeichnend. Die zeitliche Nähe dieser Sinfonie zum G-Dur-Kl.-Konzert, auch zum Vl.-Konzert, ist für das Verständnis ihrer Idee ebenso wichtig wie die zur Arbeit an der Oper »Fidelio« (1806 entstanden die 2. Fassung der Oper und die 3. Leonoren-Ouvertüre). Seitdem in neuerer Zeit dreizehn Briefe Beethovens aus den Jahren 1804–1806 an Josephine Brunsvik, die verwitwete Gräfin Deym bekannt wurden, ergibt sich auch ein präziser biographischer Anhaltspunkt: Diese Briefe machen das Liebes- und Glücksgefühl deutlich, das den Komponisten erfüllte. Er sei damals »heiter, zu jedem Scherz aufgelegt, frohsinnig, munter, lebenlustig, witzig, nicht selten satirisch« gewesen, berichtet ein Zeitgenosse. Das in den Briefen sich ausdrückende erhoffte Liebesglück läßt uns die Gründe erkennen. So heißt es dort u. a.: »Von ihr, der einzig Geliebten, warum gibt es keine Sprache, die das ausdrücken kann, was noch weit über Achtung, weit über alles ist, was wir nennen können. O wer kann sie aussprechen und nicht fühlen, – daß ... das alles nicht sie erreicht – nur in Tönen. Ach, ich bin nicht zu stolz, wenn ich glaube, die Töne wären mir williger als die Worte –, sie, sie mein alles, meine Glückseligkeit ...«. Das Glück ersehnter, erfüllter Gattenliebe, im Finale des »Fidelio« gepriesen, prägt in der für Beethoven charakteristischen idealen, verallgemeinernden Gestaltung auch seine 4. Sinfonie und präzisiert die ihr zugrundeliegende Idee.

Wie die beiden ersten Sinfonien wird auch diese mit einer langsamen *Einleitung* (Adagio, Alla-breve-Takt) eröffnet. Nachdenklich, auch voll geheimnisvoller Spannung, steht sie im Kontrast zur freudigen Erregtheit des Sonatenhauptsatzes. Nach Pizz.-Beginn, zum gehaltenen *b* der Bläser, stimmen die Streicher eine ernste, nachsinnende Melodie an. Gleichsam tastend schreitet sie voran. Das Ganze wiederholt sich. Die Gänge rücken aber nun einen halben Ton höher. Nach dem dritten Pizz.-Ansatz (G-Dur) schreiten die tiefen Streicher ernst und feierlich einher. Dann aber ändert sich die Szene: Mit ff ausholenden Orchesterschlägen und Anläufen wird das Allegro vivace des *1. Satzes* (B-Dur, Alla-breve-Takt) erreicht. Vergnüglich springt das Hauptthema in Dreiklangsbrechungen mit kantablem Bläsernachsatz daher.

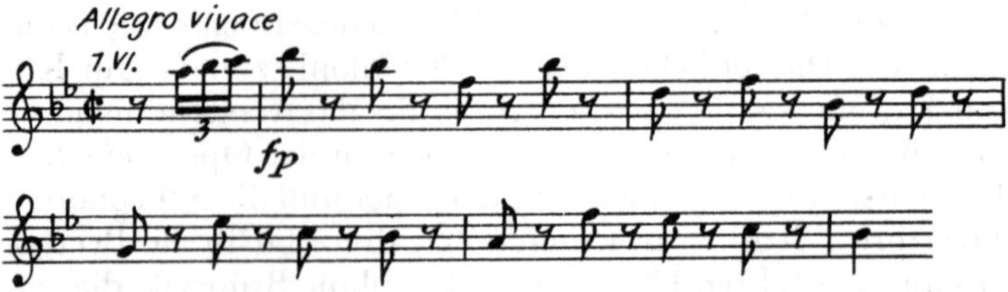

»Frohes Ungestüm und heimlich-glückliches Sinnen verbinden sich« (Hermann Kretzschmar). Der Ausdruckshaltung des Satzes gemäß wird hier die Sonatenform nur in Grundzügen beibehalten. Dominierend ist das Aneinanderreihen immer neuer charakteristischer Abschnitte, das ständige Weiterentwickeln und Verändern des musikalischen Materials. So steht an Stelle des 2. Themas in der Exposition eine Gruppe neuer Gedanken, von denen drei hervorzuheben sind: Nach energischem Zwischensatz, der durch Synkopierung den Taktrhythmus verlagert (ganz Ähnliches findet sich in der zur gleichen Zeit entstandenen 1. Leonoren-Ouvertüre op. 138), steigt ein 1. Seitengedanke bukolisch-heiter vom Fag. über die Ob. zur Fl. empor.

Auch er hat, wie das Hauptthema, seinen kantablen Nachsatz. Eine in halben Noten gleichmäßig aufsteigende Streichersequenz mit ernsthaft-drängender Haltung führt – von der Klar. angestimmt – zum beschwingten Oktavkanon zwischen Klar. und Fag.

Da der ganze Satz solcherart weniger Gegensätze ausarbeitet als Gedanken und Empfindungen sich nacheinander entwickeln läßt, ist die Durchführung knapp gehalten. Aber auch sie kommt nicht ohne einen ganz neuen Gedanken aus: Als Kontrapunkt zum Hauptthema im Fag. singen die Streicher eine schwärmerische Melodie,

im Wechselgesang mit den Holzbläsern, bis sich am Ende der Durchführung Schatten und dunkle Stimmungen verbreiten. Glück und Liebesseligkeit werden in Frage gestellt: Das Hauptthema mündet in leise pendelnde Terzen der Vl. In weichen H-Dur-Harmonien kommt die Bewegung ins Stocken. Aus dem Themen-Nachsatz gewonnene Skalenbewegung in Vierteln schwingt sich in sanftem Bogen von den hohen zu den tiefen Streichern, dann wieder in die Höhe zur Fl. Stille tritt ein. pp setzen die Pk. mit Tremolo auf *b* erneut an. 26 Takte lang huschen über diesem Tremolo wie Schatten kurze Streicherfiguren (Auftaktmotiv zum Hauptthema), bis jedoch in allmählichem Crescendo die Reprise erreicht wird: In frischem B-Dur-Glanz entfaltet sich die frohe Szene des Satzbeginns aufs neue.
Als großer Gesang, erfüllt von Frieden und Glück, präsentiert sich der *2. Satz* (Adagio, Es-Dur, 3/4-Takt). Über einem thematisch wichtigen punktierten Begleitmotiv, das später als signalartiges Pk.-Thema würdig-ernstes Profil erhält, stimmen die 1. Vl. ihre von edler Schönheit geprägte Weise an. Die Va. intonieren eine Gegenstimme. – Ein instrumentales Liebesduett? (siehe NB S. 40 oben).
Durch Figuration und klangliche Bereicherung gewinnt die Gesangsszene an Fülle und Innigkeit. Das 2. Thema erscheint als Kantilene der Klar. Hier besonders wird »Fidelio«-Nähe spürbar. Wie im 1. Satz bringt der Durchführungsteil auch dieses Sonatensatzes ernste Stimmungen zur Geltung: vor allem durch die Rückung nach Moll, durch dröhnende Schläge des Pk.-Motivs. Die Reprise aber läßt freudig-fröhlichem Glücksempfinden dann endgültig das Feld. Besonders poetisch wirken hier die lichten Arabesken, mit denen Fl. und Vl. die Kantilenen der Szene auszieren.

Der *3. Satz* (Allegro vivace, B-Dur, 3/4-Takt), in manchen Partiturdrucken fälschlich als Menuett überschrieben, ist ganz von lebenssprühendem Scherzogeist erfüllt. Sein keckes Dreiklangsthema am Beginn entstammt deutlich dem Hauptthema des 1. Satzes

und erhält durch das Einschieben geradtaktiger Rhythmen in den Dreivierteltakt humorvolle Züge. Im Nachsatz (auf Holzbläser und Streicher verteilt) wechseln auf- und abstrebende Linien in aufgebrochenen verminderten Septakkorden einander ab. Keckheit und Übermut des Hauptteils werden durch das elysische Preislied im *Trio* (Un poco meno mosso) ergänzt, angestimmt von den Holzbläsern, kommentiert von den Vl.

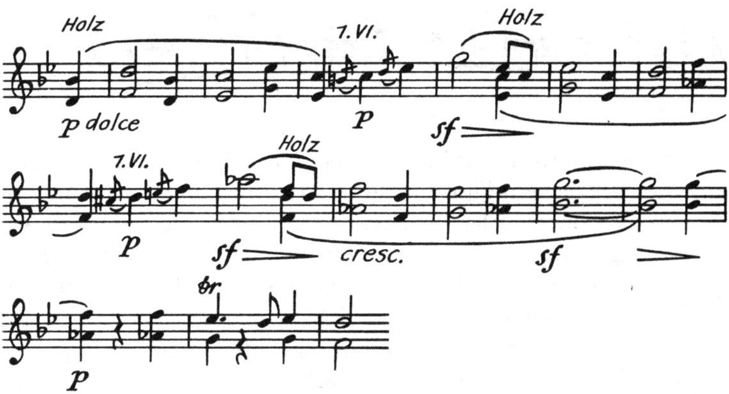

Der Gesang wird später hymnisch gesteigert. Entgegen der üblichen Praxis werden Scherzo und Trio wiederholt, eine kurze Coda mit dem Hauptthema des Scherzos bildet den Abschluß. Funkelnde Brillanz, Humor und spielerische Heiterkeit prägen das Bild des Haydn und Mozart verbundenen *4. Satzes* (Allegro ma non troppo, 2/4-Takt). Hauptthema ist die sogleich eingangs munter dahinwirbelnde »mozartische« Spielfigur der Streicher mit energischem Akkord-Abschluß.

Auch sie hat, wie das Hauptthema des 1. Satzes, einen kantablen Fortführungsteil in Vl. und Holzbläsern.

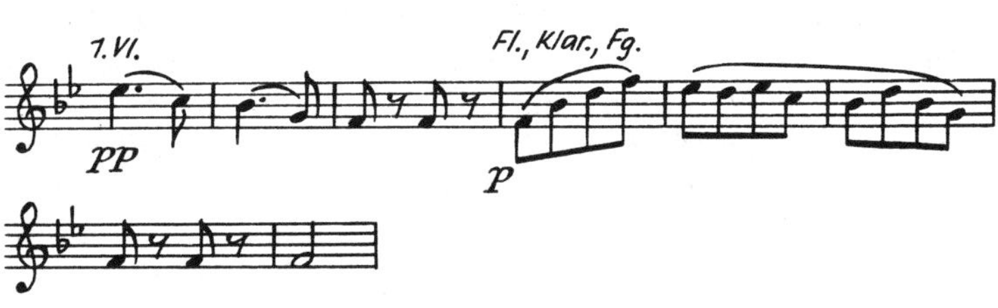

Von ähnlicher Haltung ist auch das in der Ob. erscheinende, von der Fl. fortgeführte Seitenthema.

Kapriziös, übermütig gibt sich das Ganze. Stets bildet der Gegensatz von keckem Figurenspiel und anmutiger Gesangsmelodik das belebende Element. Nur einige breite, dissonante Akkordschläge fahren gelegentlich unwirsch dazwischen. Erst nach der Reprise setzt Beethoven noch einen Überraschungseffekt, der die ernsten und dunklen Abschnitte der vorhergehenden Sätze um einen letzten, nun humorvoll gemeinten, ergänzt: pp grollt in den tiefen Streichern die Sechzehntel-Bewegung des Hauptthemas. Vl. und Va. intonieren hierzu den kantablen Nachsatz. Alles bleibt hier in geheimnisvollem pp, bis sich aus stockender Bewegung ein energischer Crescendo-Anlauf entwickelt. Generalpause. Zwei Tuttischläge des Orchesters im ff. Wieder Generalpause. Zögernde Achtelbewegung der 1. Vl. (aus dem Hauptthema) und danach den 2. Vl. und Va. bleibt fragend auf einer Fermate stehen. Das Fag. antwortet ebenso zögernd. Dann erst werden in plötzlichem, stürmischem ff-Lauf die Schlußakkorde erreicht.

5. Sinfonie c-Moll op. 67 (1804/08)

Besetzung: Pikkoloflöte, 2 Flöten, 2 Oboen, 2 Klarinetten, 2 Fagotte, Kontrafagott, 2 Hörner, 2 Trompeten, 3 Posaunen, Pauken, Streicher
Aufführungsdauer: etwa 32 Minuten

Rund vier Jahre lang, von 1804 bis 1808, hat Beethoven an seiner 5. Sinfonie gearbeitet. Andere Werke entstanden dazwischen, so auch die 6., die Pastoralsinfonie. Mit ihr zusammen kam die 5. am 22. 12. 1808 unter der Leitung des Komponisten im Theater an der Wien zur UA (Die »Pastorale« erschien dort als 5., das c-Moll-Werk als 6. Sinfonie). In der sinfonischen Struktur hat Beethoven mit diesem Werk einen neuen Weg eingeschlagen. Das zeigt sich schon in den Satz-Proportionen: Der 1. Satz ist der kürzeste, der letzte der längste. Zum ersten Mal zielt der Komponist in allen Sätzen auf das Finale, den Ort der sinfonischen Lösung der Konflikte. 3. und letzter Satz sind über-

dies zu einem großen Schlußteil verbunden, in dem der Übergang von Finsternis und Beklemmung zum »eclat triomphal« des C-Dur-Finales besonders eindringlich gestaltet wird.
Worum geht es in diesem Werk? Ebenso wie die zur gleichen Zeit entstandene »Coriolan«-Ouvertüre ist es erfüllt von der titanischen Auflehnung gegen Gewalt und Unterdrückung. Der Lapidarstil dieser Musik mit ihrem tragischen wie heroisch-siegverheißenden Pathos scheint den Rahmen des Konzertsaals zu sprengen. Es geht hier um ein gesellschaftliches Problem, nämlich das der Befreiung der Menschheit von Unterdrückung und Erniedrigung. Daß gerade in diesem Werk die Signalmotivik, der Rhythmus der Musik der Französischen Revolution ständig präsent ist, bedarf keines näheren Belegs. Die rhythmischen wie melodischen Grundstrukturen aller Themen der Sinfonie sind dieser Musik verbunden. Beethoven geht es um mobilisierende musikalische Wirkungen, im Sinne des Freiheits- und Gleichheitsideals, das er sich aus seiner Jugend bewahrt hat. Hieraus erklärt sich der geradezu »agitatorische« Charakter des Finales, in dem auf Durchführung und Verarbeitung in großem Maße verzichtet wird. Das Reihen von Grundgedanken erzeugt rhetorisches Pathos, den »Eclat triomphal«. »Den Musikern kann doch die Zensur nicht anhaben. Wenn man wüßte, was sie bei Ihrer Musik denken!« Die Bemerkung Grillparzers zu Beethoven zielt auf den politischen Kern gerade solcher Kompositionen wie die 5. Sinfonie. Daß bei einer späteren Aufführung des Werks, beim Eintritt des Finales, ein alter französischer Offizier mit dem Ruf »C'est l'empereur, c'est l'empereur!« aufsprang, zeigt aber auch, wie gut der Komponist schon bald verstanden wurde. Galt doch um 1830 Napoleon für alle Verächter der Metternich-Reaktion als der große Feldherr, der die alten Feudalherren Europas zu Paaren getrieben hatte. Über das berühmte Hauptmotiv des 1. Satzes soll Beethoven gesagt haben: »So pocht das Schicksal an die Pforte«. Man hat darum das Werk gelegentlich »Schicksalssinfonie« genannt. Der Hinweis ist problematisch, denn er entstammt einer ausschließlich auf Subjektiv-Persönliches zielenden Kunstbetrachtung und wird der in diesem Werk ebenfalls gegenwärtigen politisch-ästhetischen Konzeption des Komponisten nicht gerecht.
Die »Fünfte« ist Beethovens erste Moll-Sinfonie, dazu noch in c-Moll, der Parallel-Tonart zum Es-Dur der »Eroica«. Sie ist außerdem die erste Sinfonie des Meisters, in der mit bis dahin

nicht gekannter Dichte und Konsequenz alle Sätze thematisch-motivisch zusammengeschlossen werden.
Knapp und streng gearbeitet, reißt der *1. Satz* (Allegro con brio, 2/4-Takt) »ein Problem auf, ohne es zu lösen« (Knepler). Vier harte, hämmernde Schläge mit charakteristischem Terzabsprung, sogleich eine Stufe tiefer wiederholt, stehen am Beginn.

Aus dem lapidaren Gedanken (oft als »Schicksalsmotiv« bezeichnet) werden die rund 500 Takte des Satzes entwickelt. Die Sonatenform liefert nur noch äußere Konturen. »Wie von einer eisernen Klammer wird der ganze Sonatensatz, selbst in seinem hoffnungsschöpfenden Seitenthema (einer lyrischen Metamorphose des Hauptgedankens!),

von einer einzigen Figur, dem hämmernden Schicksalthema und seinen Derivaten, zusammengeschlossen. Alle Auflehnung, sei es in den triumphierenden Dur-Wendungen an den Binnenschlüssen oder den starren Klangblöcken der Durchführung,

erweist sich als vergeblich. (Daher auch das ›sprechende‹ Oboenrezitativ nach dem erbarmungslosen Eintritt der Reprise). Dem triumphalen Sieg in der Coda des ersten ›Eroica‹-Satzes entspricht hier die totale Niederlage« (Goldschmidt).
Den Siegesklängen im 1. Satz der »Eroica« folgte der Trauermarsch. Der »totalen Niederlage« im 1. Satz der »Fünften« schließt sich im *2. Satz* (Andante con moto, As-Dur, 3/8-Takt) ein Gesang der Hoffnung an (er birgt in sich bereits die Siegesfanfare des Finales). Zwei Themen mit lyrischem Marschcharakter werden in vier Variationen abgehandelt. Das 1. Thema stimmen Va. und Vc. an.

Aus dem Auftakt dieses Themas wird dann das 2. gewonnen. Klar. und Fag. tragen es vor. Doch bleibt es – gleichsam hilflos – im verminderten Septakkord stecken. In jähem ff-Ausbruch rückt das Orchester-Tutti diese Melodie in triumphierend helles C-Dur-Licht, »so, als ob dieses Lied eines einzelnen ein Lied der Massen werden sollte« (Knepler). Die 1. Variation bringt figurative Abwandlungen des 1. Themas. Das C-Dur-Marschthema erscheint unverändert, aber mit bewegterer Streicherbegleitung (statt Sechzehntel-Triolen nun Zweiunddreißigstel-Figuren). Verhalten pochen in der Überleitung zur 2. Variation die Vc. den Rhythmus des »Schicksalsmotivs« aus dem 1. Satz. Dann aber klingt die Hoffnungsmelodie (1. Thema) schwungvoll in Zweiunddreißigstel-Figuration der Va. und Vc. Plötzlich tritt sie energisch in den Kb. und Vc. auf. Der stürmische Aufschwung endet in einer Fermate. Friedliche Idylle breitet sich aus: Über sanft pochenden Streichern entfaltet sich der Wechselgesang der Holzbläser (wiederum eine Abwandlung des Hauptthemas). Der vollstimmige Holzbläserchor leitet schließlich erneut zum C-Dur-Marschthema.

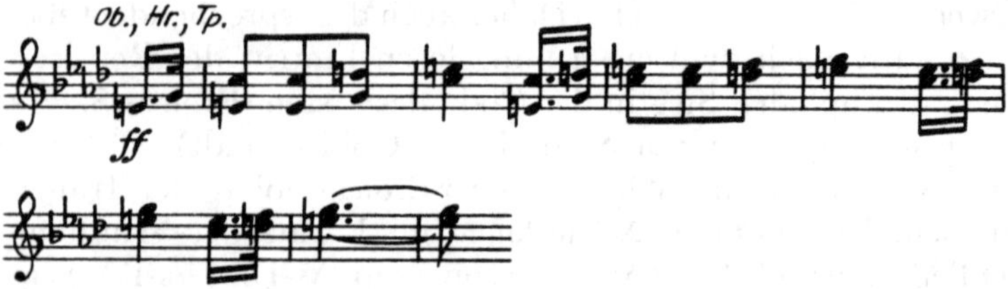

Die 3. Variation rückt den Hauptgedanken nach as-Moll. Wie ein Trauermarsch erklingt er in den Holzbläsern. Die letzte Variation steht wieder in Dur. Sie bringt in Vl. und Holzbläsern die Hauptmelodie voll energischem Schwung. Aber auch hier ebbt die Bewegung in einem zarten Nachsatz ab. Die Coda (piu mosso) wird aus dem Haupt- und dem Nachsatz der Hoffnungsmelodie gebildet. Symbolisch rafft sie sich am Ende zum kräftigen Signalruf auf.
Die hoffnungsvolle Dreiklangsmelodik des 2. Satzes wird im *3. Satz* (Allegro, c-Moll, 3/4-Takt) infrage gestellt, mit brutaler Energie zerstört. Dieser Satz sprengt die Scherzo-Form. Er vertieft die Tragik des 1. Satzes, dessen »totale Niederlage« hier bis zum »verzweiflungsvollen Zustand« (Beethoven) geführt wird. Die »Dämonen der Finsternis« kommen zu Worte, die sich »auch bei dem hellsten Licht unsrer Zeit ... nie ganz werden zurückscheuchen lassen« (Beethoven). Dunkel schleichend tastet sich die Dreiklangsgestalt des Themas in den Vc. und Kb. empor, leise und gefährlich. Die übrigen Streicher antworten klagend.

Die Szene erscheint zweimal. Jedesmal endet die klagende Antwort poco ritardanto auf einer Fermate. Nach dem zweiten Mal stimmen die Hr. ff den Rhythmus des »Schicksalsmotivs« an. Das Ganze wirkt, vom Orchester aufgenommen, wie ein brutaler Gewaltmarsch, der alles niederstampft.

Die Durchführung vertieft diese dramatische Szene noch im Ausdruck. Der Gewaltmarsch behält die Oberhand, auch, nachdem sich aus ihm in den Vl. eine bewegtere Figur entwikkelte.

Hier wird der »verzweiflungsvolle Zustand« Wirklichkeit. Aber dabei bleibt es nicht. Im Mittelteil des Satzes (anstelle des üblichen Trios) donnern Vc. und Kb. mit einer wild aufbegehrenden C-Dur-Figur, die in furiosem Fugato von den übrigen Streichern aufgenommen wird.

»Ein Losbruch der Stimmen, ein Losbruch der Massen« (Goldschmidt). Nach Wiederholung dieses Abschnitts wird das Ganze gewaltig gesteigert, erfaßt das volle Orchester. Aber der dritte Fugato-Ansatz führt schon nicht mehr zum Ziele. Die Bewegung verebbt und geht schließlich wieder in die tastende Dreiklangsmotivik des Beginns über. Nach gründlichem Quellenstudium hat Peter Gülke in seiner Partitur-Neuausgabe der 5. Sinfonie mit Recht dafür plädiert, daß dieser Scherzo-Teil zu wiederholen ist (P. Gülke: »Zur Neuausgabe der Sinfonie Nr. 5 von Ludwig van Beethoven«. Musikwissenschaftliche Studienbibliothek, Verlag Edition Peters, Leipzig 1978). Der Satz er-

hält dadurch besonderes Gewicht als dramaturgischer Knotenpunkt vor dem Übergang zur Finallösung. Er erscheint durch diese Wiederholung 5teilig: Zweimal Scherzohauptteil und Fugato (anstelle des Trios) sowie am Ende die bedeutungsvolle Schlußvariante des Scherzo-Hauptteils. Sie bringt in der Tat völlig Neues: Nach Wiedereintritt des tastenden Baß-Themas meldet sich der »Schicksalsrhythmus« leise wieder zu Wort. Hiernach bricht das musikalische Geschehen förmlich zusammen: in schemenhaftem Pizzikati der Streicher, die schließlich auf fünfzehn Takte lang gehaltenem Ton liegenbleiben. In der Pk. klingt der »Schicksalsrhythmus« leise weiter. Unheimliche Spannung wird erzeugt, verstärkt noch durch den harmonischen Wechsel von f-Moll nach As-Dur. In den Vl. klingt leise das nach Dur gewandelte Anfangsmotiv des Scherzo-Hauptthemas auf, immer noch stockend. In Wiederholungen strebt es höher und höher. Der »Schicksalsrhythmus« wandelt sich in gleichmäßig drängende Viertel, dann in Achtelbewegung. Mit jähem Crescendo staut sich der Klang auf der Dominante, um endlich im C-Dur-Jubel des *Finales* (Allegro, C-Dur, 4/4-Takt) mit voller Kraft loszubrechen. – Das ist eine der faszinierendsten Szenen der sinfonischen Weltliteratur! Aus dem Nichts, aus tiefster Verzweiflung öffnet sich der Vorhang für die Triumph- und Siegesfeier.
3. Pos., Pikk. und KFag. verstärken nun das Orchester. Es handelt sich um Instrumente, die dem Klang nicht nur vermehrte Stärke, sondern auch Schärfe geben und die – aus ihrer zur Beethoven-Zeit vorwiegenden Funktion in der Marsch-Musik, der Musik im Freien verständlich – diesem Finale den Charakter des den Konzertsaal sprengenden Massen-Aufrufs verleihen. Der Komponist zielte auf diesen Zusammenhang, als er in einem Brief ankündigte: »Das letzte Stück der Sinfonie ist mit 3 Posaunen und flautino – zwar nicht drei Pauken, wird aber mehr Lärm als 6 Pauken und zwar besseren Lärm machen.« Nach der »›Argumentation‹, der diskursiven Angestrengtheit des ersten Satzes« dominiert nun die Haltung der »Agitation« (Gülke). Dieses Finale folgt zwar dem Schema der Sonatenform, ist aber im Grunde geprägt vom Prinzip des Reihens immer neuer, der gleichen aufrüttelnd-triumphierenden Haltung zuzuordnender Gedanken. Im Glanz des vollen Orchesters tritt sogleich das schmetternde Hauptthema mit seinem Signalcharakter auf den Plan.

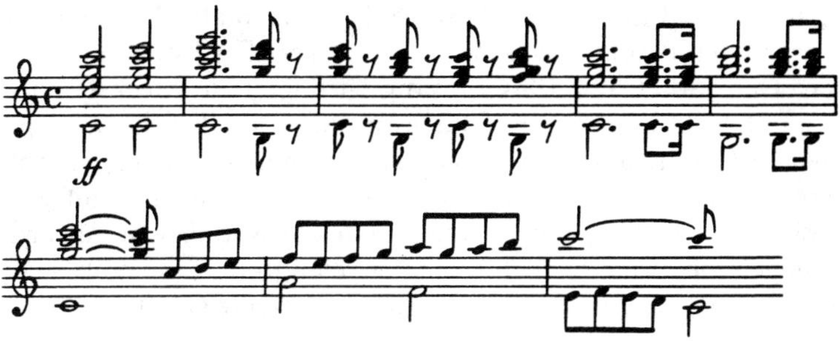

Es ist ganz aus dem Charakter französischer Revolutionsmusik erfunden. Insgesamt bezieht sich diese Musik auf das Vorbild der Kampf- und Massengesänge, aber auch der Tänze der Revolution. Auch die folgenden neuen Gedanken gehören in die Sphäre des »Eclat Triomphal«: Ein pathetischer Bläsergesang, dem sich der schwungvolle Nachsatz der Streicher anschließt, das 2. Thema (G-Dur) mit seinen vorwärtsdrängenden Triolen,

schließlich ein weiteres Thema nach Art eines Geschwindmarsches.

Die Durchführung wird vor allem vom Triolenthema beherrscht. Aber auch hier taucht ein neuer Gedanke auf, majestätisch in halben Noten schreitend. Am Ende der Durchführung erscheint noch einmal leise der »Schicksalsrhythmus« im 3/4-Takt und im Tempo des Scherzos. Aber erneuter kräftiger Aufschwung führt zurück zum Hauptthema und damit zur Reprise. Sie und die ausgedehnte Coda bringen alle Themen des Satzes noch einmal zusammen, verstärken den Jubel der Massen. Der pathetische Bläsergesang wird jetzt zur Siegesfanfare gewandelt. Mit ihm beginnt die Presto-Stretta (alla breve), ein jubelnder Geschwindmarsch, in den das zum jauchzenden Kampfsignal gewandelte »Schicksalsmotiv« des 1. Satzes nun aufgeht. Strahlendes C-Dur, nicht enden wollende Ketten von Akkordschlägen beenden diese Sinfonie. »Sehr groß, ganz toll; man möchte fürchten, das Haus fiele ein« – so urteilte Goethe 1830.

6. Sinfonie F-Dur op. 68 »Sinfonia pastorale« (1807/08)

Besetzung: Pikkoloflöte, 2 Flöten, 2 Oboen, 2 Klarinetten, 2 Fagotte, 2 Hörner, 2 Trompeten, 2 Posaunen, Pauken, Streicher
Aufführungsdauer: etwa 40 Minuten

Zusammen mit der 5. Sinfonie wurde dieses Werk im Dezember 1808 im Theater an der Wien unter der Leitung Beethovens uraufgeführt. Die Kopplung der 5. mit der »Pastoralsinfonie« entsprang konzeptionellen Überlegungen. Beethoven hat seine 6. Sinfonie als »sinfonia pastorella« bezeichnet und jedem ihrer fünf Sätze Überschriften gegeben. Im Programmheft stand zudem programmatisch: »Erinnerung an das Landleben«. Die innige Beziehung des Komponisten zur Natur ist vielfach dokumentiert. An Therese Malfatti schrieb er: »Kein Mensch kann das Landleben so lieben wie ich – geben doch Wälder, Bäume, Felsen den Widerhall, den der Mensch wünscht.« Diese Naturverbundenheit ist nicht Flucht aus der gesellschaftlichen Wirklichkeit, sondern Möglichkeit des Zu-sich-selbst-Findens, Besinnung auf die von Konventionen freie Schöpferkraft: »Ich muß mich in der unverdorbenen Natur wieder erholen und mein Gemüt wieder reinwaschen« (Beethoven). So wird für den Komponisten »das tiefe Atemholen in der Natur zum Sprungbrett für die Bezwingung des ›Schicksals‹« (Goldschmidt). Hier liegen die konzeptionellen Bindungen zwischen 5. und 6. Sinfonie, die beziehungsvoll bis in kompositorische Details fortwirken: In beiden Sinfonien wird das Geschehen aus thematischen Keimzellen entwickelt, wirken »Urthemen« (das »Schicksalsmotiv« in der c-Moll-Sinfonie, das Hauptthema des 1. Satzes in der »Pastorale«) auch in den Seitenthemen weiter. Mit seiner

6. Sinfonie griff Beethoven einen schon lange vor ihm bekannten Typ sinfonischer Naturschilderung auf. Er hat aber selbst mit Nachdruck darauf hingewiesen, daß seine »Pastorale« keineswegs nur musikalische Naturmalerei sei: »Man überläßt es dem Zuhörer, die Situationen auszufinden. Sinfonia caracteristica oder eine Erinnerung an das Landleben. Jede Malerei, nachdem sie in der Instrumentalmusik zu weit getrieben, verliert. Sinfonia pastorella. Wer auch nur je eine Idee vom Landleben erhalten, kann sich ohne viel Überschriften selbst denken, was der Autor will. Auch ohne Beschreibung wird man das Ganze, welches mehr Empfindung als Tongemälde, erkennen.«
Der *1. Satz* (Allegro ma non troppo, 2/4-Takt) trägt die Überschrift: »Erwachen heiterer Gefühle bei der Ankunft auf dem Lande«. Ähnlich dem 1. Satz der 5. Sinfonie wird auch hier das Hauptthema zunächst wie ein Motto (in den 1. Vl.) mit abschließender Fermate an den Beginn gestellt.

Es ist eine Art Themenkopf, der die Hauptmotive der Sinfonie umschließt (vgl. letztes NB). Aus dem Motto wird allmählich das Hauptthema in seiner ganzen Gestalt entwickelt. Dabei tritt eine anmutige Nebenmelodie auf, in der die rhythmische Gestalt B des Themenkopfes wichtig ist.

Das voll entfaltete Hauptthema

geht auf ein kroatisches Reigenlied (»Sirvonja«) zurück,

das durch Umwandlung des volltaktigen Beginns der Volksmelodie in einen auftaktigen Beginn lebhaft-anmutigen Charakter erhält. Melodien dieser Art hat Beethoven während seiner Landaufenthalte oft von kroatischen Musikern gehört. Die Tendenz dieser Melodie zur häufigen Wiederholung sowie ihre rhythmischen und harmonischen Eigenarten prägen die Faktur des Satzes, auch der ganzen Sinfonie. Der gesamte 1. Satz ist gekennzeichnet von arkadisch-heiterer Stimmung. Fl.-Doppelschläge in hoher Lage, die wie Vogelgezwitscher anmuten, der insgesamt weiche, pastorale Orchesterklang machen dies besonders deutlich. Nicht zufällig wurden hier die »heroischen« Orchester-Instrumente (Pk., Trp. und Pos.) ausgespart. Die Tendenz zu ständiger Wiederholung ist auch dem Seitenthema (C-Dur) eigen. Zu sanft absteigender Bewegung in den Vl. stimmen die Bässe eine thematisch wichtige Gegenmelodie an.

In der Durchführung wird der heiter-gelöste, pastorale Charakter des Satzes ohne dramatische Komplikationen weiter ausgesponnen.

Auf dem Höhepunkt intoniert das volle Orchester ff jubelnd das Hauptthema. In der Coda entspinnt sich noch ein heiteres »Duett« zwischen Klar. und Fag., ehe schließlich das Hauptthema in Vl. und Fl. gleichsam anmutig in der Luft zerfließt, und das Orchester zur kräftigen Schlußkadenz mit besinnlichem Nachklang kommt.

Der *2. Satz* (Andante molto mosso, B-Dur, 12/8-Takt) ist »Szene am Bach« überschrieben. Fließende Streicherbewegung durchzieht den Satz, geteilte Vc. mit Dämpfer geben diesem Murmeln des Bachs klanglich den besonderen Reiz. »Je größer der Bach, je tiefer der Ton«, notierte Beethoven in seinen Skizzen. Über dem Murmeln erhebt sich »die entzückte Menschenstimme« (Goldschmidt), klingt der beglückende, edle und innige Gesang der Vl.

Schindler berichtet, Beethoven habe diese »Szene am Bach« in einem anmutigen Tal zwischen Heiligenstadt und Nußdorf bei Wien geschrieben, »und die Goldammern oben, die Wachteln, Nachtigallen und Kuckucke haben mitkomponiert«. Auch in diesem Satz ist das 2. Thema

nicht Gegensatz, sondern Ergänzung zum Hauptthema: eine weit ausschwingende, glückserfüllte Melodie, die das Fag. anstimmt. Im ganzen Satz klingt das Zwitschern der Vögel als Teil der Szene am Bach. Aus ihm leitet Beethoven in der Coda einen kleinen, scherzhaft gemeinten Sonderauftritt der gefiederten Sänger ab: Nachtigall (Fl.), Wachtel (Ob.) und Kuckuck (Klar.) kommen allein zu Wort. Am Ende aber verschmelzen die Töne der Natur wieder mit dem Gesang des Menschen.

Der *3. Satz* (Allegro, F-Dur, 3/4-Takt) bringt ein »Lustiges Zusammensein der Landleute«. Verbanden sich in den ersten beiden Sätzen die Ideen der Natur und des freien, glücklichen Individuums, so treten nun Natur und Mensch wieder einander gegenüber. Der Mensch in der Natur, und zwar der arbeitende Mensch der vorindustriellen Gesellschaft, das Landvolk, beherrscht die musikalische Szene. Ein munter dahinhuschendes Stakkatothema zeigt das Zusammentreffen der Burschen und Mädchen bei fröhlichem Tanze.

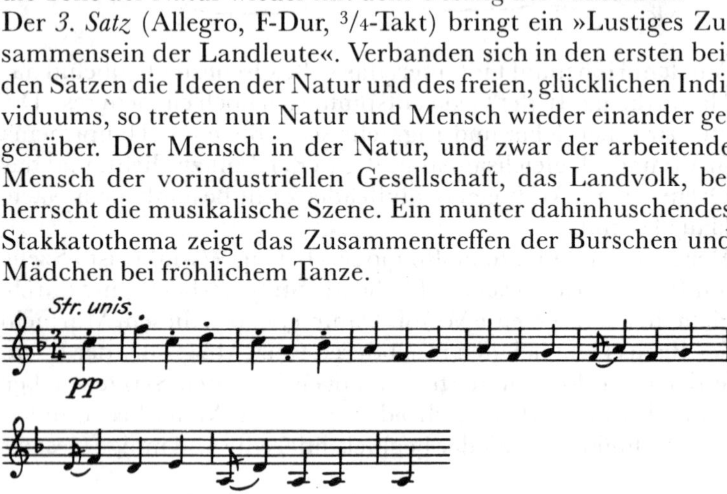

Im Themennachsatz erklingt nun eine heitere Ländlerweise.

Das realistische Genrebild ist in deftigen Farben gezeichnet. Auch der Humor kommt nicht zu kurz: Schmunzelnd parodiert Beethoven die Dorfmusikanten, die, vom ständigen Aufspielen ermüdet, ihre Einsätze (in Ob. und Fag.) verpassen.

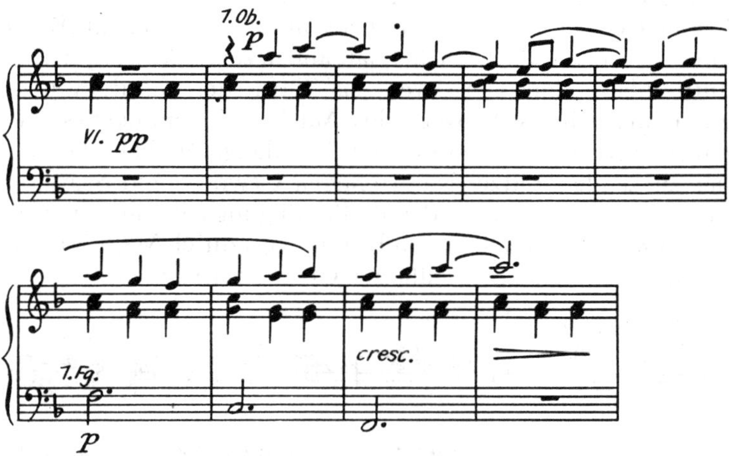

Im *Trio* (In tempo d'Allegro, 2/4-Takt) kommt wieder slawische Volksmusik zu Wort. Zuvor hörten wir österreichische. In derbem Zweiertakt drehen sich die Pärchen. Das motorisch kreisende Motiv entstammt dem Thema des kroatischen Reigentanzes aus dem 1. Satz.

Doch mitten in der Reprise des Scherzo-Teils bricht der Satz ab. Mit plötzlicher Rückung der Bässe von *c* nach *des* ändert sich das Bild: Attacca beginnt der *4. Satz* (Allegro, f-Moll, 4/4-Takt). »Gewitter und Sturm« brechen in die ländliche Tanzszene. Beethoven arbeitet hier mit drastischen und sehr effektvollen Mitteln der Tonmalerei, um das Heraufziehen des Unwetters, dann sein tosendes Niederbrechen auf Mensch und Natur zu gestalten. Dumpf grollen zunächst die tremolierenden Bässe. Streicherfiguren

zeigen die schutzsuchende Menge. Dann setzt in f-Moll, mit vollem Orchester über rollenden Bässen ff das Unwetter ein (hier kommen erstmals Pk., Trp. und Pos. ins Spiel). Drohende Baßfiguren, Tremolo der Streicher, jäh aufzuckende Motive, heftige Tuttischläge charakterisieren das Toben der Naturgewalten. Zweimal bricht das Unwetter los. Auf dem Höhepunkt des zweiten Ausbruchs verstärkt der schrille Klang der Pikk. das Bild der zuckenden Blitze. Dann klingen Gewitter und Sturm so rasch, wie sie kamen, wieder ab. Beruhigung tritt ein. Das Stakkatomotiv der Streicher vom Beginn wird durch Vergrößerung in einen friedlichen, choralhaften Gesang verwandelt.

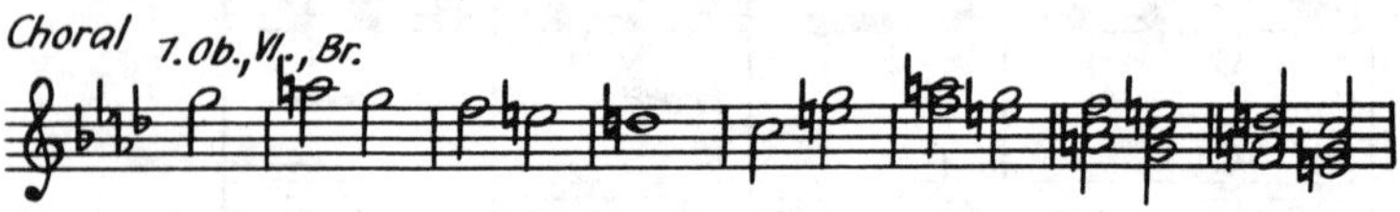

Ein in die Höhe strebender Staccato-Lauf der Fl. führt zum *Finale* (Allegretto, F-Dur, 6/8-Takt). Die dramatische Moll-Szene klärt sich zu lichtem Dur. »Frohe, dankbare Gefühle nach dem Sturm« erfüllen die Menschenbrust. »Herr, wir danken dir«, heißt es in Skizzen zu diesem Satz. Ein Hirtenreigen erklingt in der Klar., wird vom Hr. übernommen, bis ihn die 1. Vl. zur anmutigen Dankesweise voll ausformen.

In immer neuen Strophen wird dieser Preisgesang angestimmt, zum mächtigen Hymnus anschwellend, von neuen Motiven ergänzt, die alle aus dem melodischen Material der ersten Sätze entwickelt sind. Wesentliches Mittel der Ausdruckssteigerung ist hier die Figurierung. Tanz und Gesang verbinden sich, bis das Ganze gleichsam in der Ferne verschwindet, ehe zwei Tuttischläge des Orchesters die Sinfonie beenden.

7. Sinfonie A-Dur op. 92 (1811/12)

Besetzung: 2 Flöten, 2 Oboen, 2 Klarinetten, 2 Fagotte, 2 Hörner, 2 Trompeten, Pauken, Streicher
Aufführungsdauer: etwa 38 Minuten

Die Idee der A-Dur-Sinfonie ist eindeutig fixierbar. Wie zuvor mit dem 5. Kl.-Konzert, der »Egmont«-Musik, danach der Sinfonie »Wellingtons Sieg oder Die Schlacht bei Vittoria« stellte sich Beethoven auf die Seite der nationalen Befreiungsbewegungen in Europa gegen Napoleon. So nimmt es nicht wunder, daß die ersten Aufführungen der 7. Sinfonie gemeinsam mit der »Schlachtensinfonie« und der »Achten« in Akademien vor Massenpublikum Begeisterungsstürme entfachten. Am 8. 12. 1813 fand unter der Leitung des Komponisten die UA im Festsaal der Wiener Universität statt. Das Werk erklang bald in weiteren Akademien am 12. Dezember, im Januar und im Februar 1814. Anton Schindler berichtete über den Erfolg dieser Konzerte: »Die Jubelausbrüche während der A-Dur-Sinfonie und der Schlacht bei Vittoria ... überstiegen alles, was man bis dahin im Konzertsaal erlebt hatte.« Beethoven hat selbst in einer Dankadresse an die Mitwirkenden deutlich auf die Idee seiner Musik hingewiesen: »Uns alle erfüllte nichts als das reine Gefühl der Vaterlandsliebe und des freudigen Opfers unserer Kräfte für diejenigen, die uns so viel geopfert haben.«
In dieser Zeit stand Beethoven auf dem Höhepunkt seines Ruhms. Er fand sich mit seinen künstlerischen Bestrebungen in voller Übereinstimmung mit den Interessen seiner Hörer, den Interessen der um ihre Befreiung vom napoleonischen Joch kämpfenden Völker Europas.

»Sinfonia 1812, 13ten May«, schrieb er auf das Titelblatt des Partitur-Autographs der 7. Sinfonie. Das Werk wurde also im Jahr des Überfalls Napoleons auf Rußland beendet. In ihm hat der Komponist den Sieg der um ihre Befreiung kämpfenden Völker zur Zeit der größten Machtentfaltung des französischen Usurpators bereits musikalisch festgeschrieben.
Erste Skizzen zur Trauermusik des 2. Satzes der 7. Sinfonie finden sich aus dem Jahre 1806, dem Jahr der preußischen Niederlage gegen Napoleon in der Schlacht bei Jena und Auerstädt. Aus dieser Zeit stammt auch Beethovens grimmig-selbstbewußte Äußerung angesichts der napoleonischen Triumphe: »Schade, daß ich die Kriegskunst nicht so verstehe wie die Tonkunst, ich würde ihn doch besiegen.«
In seiner Dankadresse gibt Beethoven wichtige Hinweise zum Verständnis der 7. Sinfonie. Von »freudigen Opfern« ist die Rede. Das zielt auf den freudigen, hellen Grundton des Werkes. Die Parallele zur zeitnahen »Egmont«-Musik bietet sich überdies an. Dort entzündet sich Beethovens »Siegessymphonie« an den letzten Worten, die Goethe seinen Egmont sprechen läßt: »Um euer Liebstes zu erretten, fallt freudig, wie ich euch ein Beispiel gebe.«
Der kräftig-freudige Grundton der 7. Sinfonie beruht einerseits auf der hellen, strahlenden Farbigkeit des Gesamtklangs, seiner reichen Harmonik. Nicht zufällig findet sich in den Beethovenschen Skizzenbüchern aus der Zeit der Arbeit an diesem Werk ein wichtiger Hinweis, »enharmonische Ausweichungen« betreffend: »Sie sollen wirklich Veränderungen in jedem Hörenden hervorbringen.« Andererseits spielt der Rhythmus in dieser Sinfonie eine besonders große Rolle. Richard Wagner hat sie deshalb als »Apotheose des Tanzes« bezeichnet. Freilich interpretierte er damit einen richtigen Sachverhalt falsch. Nicht um Tanz geht es, sondern um die Nutzung des aus den Quellen der französischen Revolutionsmusik gespeisten, aktivierenden rhythmischen Elans zur Gestaltung freudigen, triumphierenden Kämpfertums. Jeder Satz des Werks wird von einer eigenen, charakteristischen rhythmisch-metrischen Grundgestalt geprägt. »Man kann sich sogar des Eindruckes nicht erwehren, daß diese so fest geprägten rhythmisch-metrischen Grundgestalten in einem bewußten inneren Variantverhältnis zueinander stehen. Daher das Zustandekommen der nahtlosen Geschlossenheit des Werks, die in dieser Hinsicht über die

der 5. Sinfonie womöglich noch hinausgeht« (Goldschmidt). Die langsame *Einleitung* zum 1. Satz (Poco sostenuto, 4/4-Takt) wird bestimmt von der »verändernden« Entwicklung aus ernster Verhaltenheit zu freudigem Elan. Über kräftigen Orchesterakkorden entwickeln die Holzbläser eine weitgespannte, feierliche Melodik,

die später durch aufsteigende Sechzehntel-Skalen der Streicher intensiviert wird. Kräftige Modulationen geben dem Bild immer neue, »verändernde« Impulse. Aus wachsender Spannung löst sich p und dolce eine marschartige, lichte C-Dur-Weise.

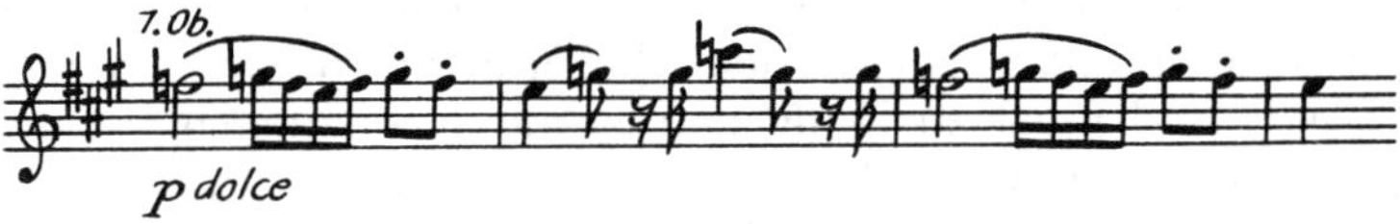

Man könnte an die Vision des zum Tode bereiten Egmont denken, dem die verklärte Gestalt Klärchens als Sinnbild der Freiheit und des Sieges erscheint.
Nach Wiederholung dieser Melodie (F-Dur) vollzieht sich über pochenden Streicher-Sechzehnteln (mit spannungsvollen Intervallsprüngen über zwei Oktaven in die Tiefe!) der Wandel vom 4/4- in den 6/8-Takt des *1. Satzes* (Vivace, 6/8-Takt). Der neu gewonnene, im ganzen Satz streng durchgehaltene daktylische Grundrhythmus wird zunächst durch die Bläser mit kurzem Crescendo fixiert. Nun klingt zart in der Fl. das liedhaft-beschwingte Hauptthema auf, das später, im vollen Orchester,

den ihm innewohnenden, feurigen Schwung offenbart. Liedhaft, in anmutiger Dreiklangsmelodik, wirkt auch der Nachsatz.

Das harmonisch stark veränderte Seitenthema (cis-Moll, as-Moll, E-Dur) bildet keinen Kontrast, sondern ins Hymnische gesteigerte Fortsetzung der mit dem Hauptthema umrissenen Ausdruckshaltung.
Die Entwicklung des Satzes wird bestimmt durch die wirkungsvoll gesetzten Kontraste zwischen »einer heftigen, fast zornigen Energie und besänftigenden Erwiderungen, stolzem Bewußtsein erhabener Größe und geheimnisvollen, zwielichtigen Episoden, in die dann das sieghafte Licht um so strahlender hereinbricht« (Schönewolf). In der kurzen Durchführung fällt ein Fugato-Abschnitt besonders auf. Er beginnt nach 2taktiger Generalpause pp mit einem aus dem Hauptthema entwickelten Gedanken und führt zu heftigen Auseinandersetzungen. In die glanzvolle Coda führt Beethoven noch einen neuen Gedanken ein: Chromatische Ostinato-Figuren der Bässe bilden das Fundament für die helle A-Dur-Kantilene der Vl.

Der *2. Satz* (Allegretto, a-Moll, 2/4-Takt) ist, wie Beethovens Dankadresse deutlich macht, denen gewidmet, »die uns so viel geopfert haben.« Ein ernst und feierlich schreitender Grundrhythmus durchzieht das ganze Stück. Er wird nach eröffnendem a-Moll-Akkord der Bläser von den Streichern (ohne Vl.) mit dem Hauptgedanken des Satzes angestimmt. In ihm sind zwei Themen verbunden: das des schreitenden Grundrhythmus und ein klagender Gesang der Va. und Vc., der bei der ersten Wiederholung zum Schreitmotiv hinzutritt.

4mal erklingt dieser Hauptgedanke hintereinander. Jedesmal rückt er eine Oktave höher, wird er instrumental bereichert, wächst er zu heroischer Größe und erhält durch bewegte Nebenstimmen innere Dynamik. Auf dem Kulminationspunkt ertönt das Schreitmotiv ehern und majestätisch in Trp. und Hr., während der Klagegesang in den Vl. aufblüht. »Kein Trauermarsch wie in der Eroica, sondern ein endloser Trauerzug von Millionen« (Goldschmidt). Trost und Zuversicht bietet der folgende Maggiore-Teil (A-Dur). Der schreitende Grundrhythmus wird in den Bässen weitergeführt. Dazu stimmen Klar. und Fag. über wogenden Triolen der 1. Vl. eine innig-zarte Melodie an, die aus dem Holzbläsergesang in der Einleitung zum 1. Satz gewonnen wurde (vgl. dort):

Dynamische Steigerung und harmonischer Wechsel (C-Dur) geben dem musikalischen Geschehen auch hier »verändernde« Kraft. Abwärtsführende Triolenpassagen der Streicher, energische Signale der Bläser markieren die Rückkehr nach a-Moll, zur Durchführung des Minore-Hauptteils. Die reicher ausgestaltete Wiederholung des Hauptgedankens, in die auch die Triolenbewegung aus dem Maggiore-Teil einfließt, bezeichnet die Wiederkehr des Trauerzuges. Ähnlich wie im 1. Satz leitet hier ein Fugato tragische Zuspitzung und kraftvolles Aufbegehren ein. Dann folgt noch einmal der (gekürzte) A-Dur-Maggiore-Teil, ehe das Ganze in der Coda allmählich wie in der Ferne verklingt. Der a-Moll-Akkord, der den Satz eröffnete, steht auch am Ende. Die letzten Töne des Schreitmotivs klingen in ihn dissonierend hinein, geben ihm einen schmerzlichen Akzent.

Lebensfroh, in kräftigen Farben ist der *3. Satz* als starker Kontrast zum Vorhergehenden angelegt (Presto, F-Dur, 3/4-Takt). Das schwungvoll aufstrebende, dann in munterem, absteigendem Stakkato mündende Hauptthema

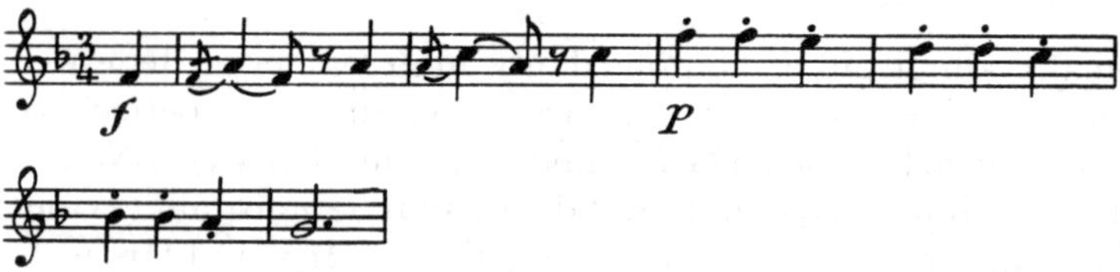

erinnert ans Scherzo der »Pastorale«, das »lustige Zusammensein der Landleute«. Aber hier fallen harmonische Wechsel besonders auf. Ständig pendelt das musikalische Geschehen zwischen F-Dur und A-Dur. Im ruhigen Trio-Teil (Assai meno presto, D-Dur) klingt der aus dem Hauptsatz übernommene Ton a als liegende Stimme in wechselnden Instrumenten (zunächst Streichern, dann Bläsern und Pk.). Dazu erscheint ein Dankgesang,

der ebenso hymnisch gesteigert wird. Dieser Teil greift zweimal in den Ablauf des Presto-Hauptteils ein. Auch in der Coda wollen die Bläser ihn noch einmal ins Spiel bringen. Hier aber setzen nach wenigen Takten Akkordschläge des vollen Orchesters den Schlußpunkt.

Von einer alle Dämme brechenden, explosiven Schwungkraft ist das *Finale* erfüllt (Allegro con brio, A-Dur, 2/4-Takt). Der Hörer hat den abschließenden F-Dur-Akkord des Scherzos noch im Ohr, da geben zwei in den Bläsern nachfedernde E-Dur-Streicherakkorde auf der Dominante e zur Haupttonart A-Dur den Weg frei für das Hauptthema.

Mit reißendem Schwung jagt es in den Vl. dahin, in für den gesamten Satz charakteristischem ostinat synkopiertem Zweivierteltakt. Die Akzentuierung auf dem leichten Taktteil, die ständigen Motivwiederholungen, die von slawischer Volksmusik angeregt wurden, geben ihm den unaufhörlichen Bewegungsimpuls. Dem furiosen Stürmen folgt in Hr. und Holzbläserchor ein schmetternder Siegesmarsch.

Gleich einer ungestümen Reiterattacke donnert das Orchester im punktierten Rhythmus zum Übergang ins Seitenthema, das diesen Schwung aufnimmt und in gelöstere Bewegung wandelt (cis-Moll).

In der Durchführung gewinnt Beethoven aus dem Hauptthema eine neue, wiederum auf dem leichten Taktteil akzentuierte, vitale thematische Figur.

Besonders spannungsvoll wird der Übergang zur Reprise gestaltet: Zu leisen Halbtonschritten klopft der Rhythmus des Hauptthemas, das dann selbst, ins Anmutig-Freundliche gewandelt, in der Fl. aufklingt (eine Erinnerung an den Beginn des 1. Satzes). Erst danach zeigen die beiden Tuttiakkorde den Beginn der Reprise an, den Neubeginn reißenden Voranstürmens. In der Coda gibt es schließlich noch einen besonderen »Überraschungseffekt«: Der Beginn des Hauptthemas ringt mit einer »bohrenden« Baßbewegung in kleinen Sekunden,

ehe sich die dadurch aufgestaute Energie schließlich mit unwiderstehlicher Schwungkraft zum letzten Siegesjubel Bahn bricht.
Es ist uns heute verständlich, daß die junge Bettina von Arnim nach dem Anhören dieser Musik an Goethe, den Dichter des »Egmont«, schrieb, sie habe sich vorgestellt, »den Völkern mit fliegender Fahne voranziehen zu müssen.«

8. Sinfonie F-Dur op. 93 (1811/12)

Besetzung: 2 Flöten, 2 Oboen, 2 Klarinetten, 2 Fagotte, 2 Hörner, 2 Trompeten, Pauken, Streicher
Aufführungsdauer: etwa 26 Minuten

Die 8. Sinfonie entstand kurze Zeit nach der 7., im Sommer und Herbst 1812. Am 27. 2. 1814 kam sie im Redoutensaal der Wiener Burg neben der 7., dem Vokalterzett »Tremate, empi, tremate« und der Schlachten-Sinfonie zur UA. Die jubelnde Zustimmung der Hörer konzentrierte sich damals vor allem auf die patriotischen Schöpfungen, die Schlachten-Sinfonie zumal. Das veranlaßte Beethoven zu der ärgerlich zugespitzten Bemerkung, seine 8. Sinfonie habe weniger Gefallen gefunden, »eben weil sie viel besser« sei.
Bis heute steht das F-Dur-Werk im Schatten der größeren Schwesterwerke. Man hat seinen heiter-humorvollen Grundcharakter zur Kenntnis genommen als eine Art Atemholen zwischen 7. und 9. Sinfonie, auch als ein vorübergehendes Zurückbesinnen auf die 1. und 2. Sinfonie, auf den Lehrer Haydn.
In der Tat unterscheidet sich die 8. Sinfonie von den Nachbarwerken nicht unwesentlich. Sie verlangt genaues Hinhören, genaues Erfassen des kompositorischen Details. Dann aber erweist sie sich als Meisterwerk sui generis wie alle Sinfonien des Komponisten. Auch ihr liegt eine Idee zugrunde, und zwar eine unmittelbar auf musikalische Sachverhalte bezogene: Es geht um die Ordnung musikalischer Abläufe in der Zeit, um Zeitmaß und Metrum. Den Anstoß gab eine technische Erfindung: Johann Nepomuk Mälzel, ein vielseitiger technischer Experimentator (er konstruierte u. a. einen »selbstfahrenden Wagen«, einen Vorläufer des Automobils also, und er suchte Beethovens Gehörleiden durch den Bau von Hörrohren zu lindern), hatte neben einem Musikautomaten, für den Beethoven seine Schlachten-Sinfonie op. 91 zunächst schrieb, auch einen musikalischen Zeitmesser erfunden, den man später Metronom nannte. Dieser Zeitmesser interessierte Beethoven lebhaft. Er erkannte den großen Nutzen, mit dem Instrument Tempoangaben eindeutig zu fixieren. Aber er sah ebenso die Problematik des Unternehmens, musikalische Abläufe in ein mechanisiertes Ablaufgerüst zu pressen. So begegnete er seinem technischen Zeitgenossen mit Respekt und auch mit Humor. Er schrieb für Mälzel einen das Ticken des Metronoms nachahmenden klei-

nen Kanon, den er später auch textierte: »Ta ta ta ta ... lieber Mälzel, / Leben Sie wohl, sehr wohl / Banner der Zeit, großer Metronom.«

Diese Melodie taucht im Allegretto scherzando der 8. Sinfonie auf. Möglicherweise wurde sie zuerst für die Sinfonie erfunden und dann zum Kanon »umfunktioniert«. Auf jeden Fall gibt sie uns den Schlüssel zur Deutung des Werks in die Hand. In ihm geht es, kurz gefaßt, um den humorvoll und gelegentlich hintersinnig auf die Spitze getriebenen, komponierten Widerspruch zwischen exakt eingehaltenem Metrum und dem ständigen Unterlaufen desselben. Dieser Widerspruch kennzeichnet alle Sätze der Sinfonie, die zudem auch thematisch-metrisch sehr eng auf die Kanon-Melodie bezogen sind. Das Allegretto scherzando wird somit zum Ideenzentrum der Sinfonie. Nicht zufällig rückt ihn der Komponist an die zweite Stelle der Satzfolge, wo üblicherweise ein beseelter langsamer Satz zu stehen pflegt.

Die Idee der Sinfonie wird sogleich im *1. Satz* (Allegro vivace e con brio, 3/4-Takt) deutlich. Freudig, tänzerisch-zügig setzt das Hauptthema ein.

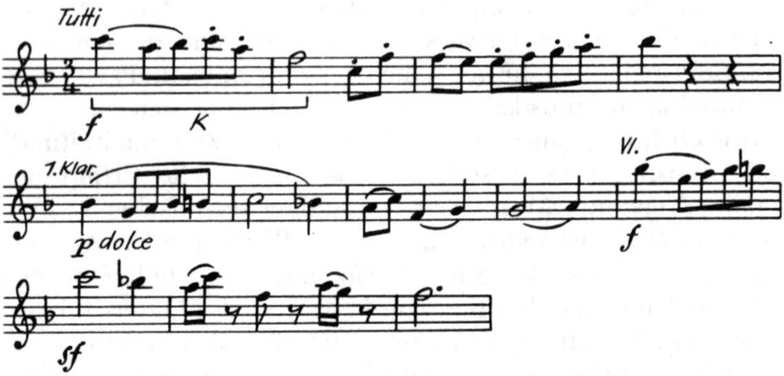

Bereits der 1. Takt birgt den wichtigsten motivischen Gedanken des Satzes (das Kopfmotiv K, vgl. NB). Der ganze Themenkomplex wird durch Instrumentation und dynamische Differenzierung klar und regelmäßig gegliedert. Aber schon am Ende der Exposition dieses Themas kommt der gleichmäßige metrische Fluß ins Stocken: Akzentuierung auf dem leichten Taktteil, also gegen das Grundmetrum, stört ihn. Es wird etwas »durcheinandergebracht«. So ist eine Generalpause nötig, um Atem zu holen. Danach finden wir uns in neuer klanglicher Sphäre (Schluß vor der Generalpause: F-Dur, Beginn nach der Generalpause: Dominantakkord auf a!). Zunächst stellen die Streicher das rhythmisch-metrische Gleichgewicht durch regelrechtes Skandieren des 3/4-Taktes wieder her, dann erscheint das D-Dur-Seitenthema, eine ländlerartige Weise, in den Vl.

Im Fag. meldet sich eine lustig stakkatierte Gegenstimme zu Wort. Aber bald kommt es zu neuer Unregelmäßigkeit: Nach ritardierendem Abschluß der Themenexposition huschen im verminderten Septakkord Klänge und Skalen vorüber. Der Auflösung des Klanglichen begegnet ein marschartiges Motiv. Es spielt mit energischem Zweier-Rhythmus gegen den dem Ganzen zugrundeliegenden 3/4-Takt an.

Erst am Ende der Exposition wird das Dreier-Grundmaß wieder hergestellt. Energisch bekräftigt ihn eine Baß-Oktav-Figur,

die in die Durchführung leitet, in deren Verlauf sich der »Kampf« der Metren fortsetzt. Am Ende behauptet sich das Hauptthema.

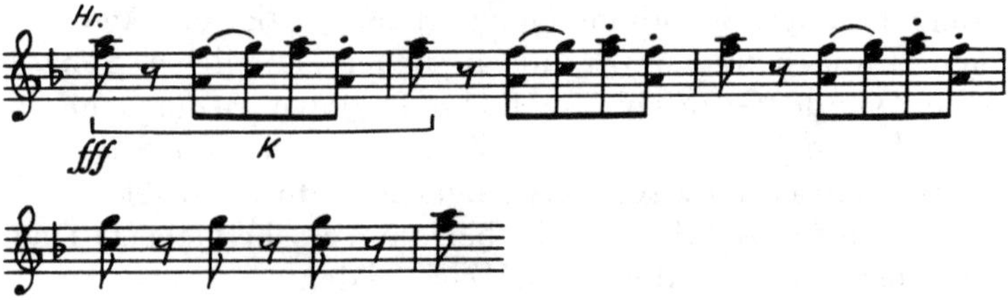

Mit der Oktav-Figur wird auch die Coda eingeleitet (Fag.).
Im *2. Satz* (Allegretto scherzando, B-Dur, 2/4-Takt) imitieren Holzbläser und Hr. sempre stakkato gleich eingangs das Tacken des Mälzel-Metronoms in striktem Zeitmaß und Takt. Dazu spielen die Vl. die Melodie des eingangs erwähnten Mälzel-Kanons.

Varianten dieser motivischen Gestalt bringen das Grundmetrum auch hier immer wieder ins Wanken. Besonders deutlich wird das an den Zwischenschlüssen, wo eine unwirsche Zweiunddreißigstel-Figur der Bässe mit Tremolo der Vl. und Va. die metrische Ordnung aufzuheben scheint. Gelegentlich wird ganz unverblümt »gegen den Strich«, also gegen den Takt, musiziert.

Der *3. Satz* ist »Tempo di Menuetto« überschrieben (F-Dur, 3/4-Takt). Aber es handelt sich hier weniger um ein Menuett als um das Menuett-*Tempo*, den Menuett-*Rhythmus*, insbesondere um den für diesen Tanz typischen Auftakt. Ihn zelebriert das Orchester denn auch zunächst derb stampfend, ehe in den Vl. die ländlerische, kontrapunktisch verschränkte Hauptmelodie des Satzes erklingt.

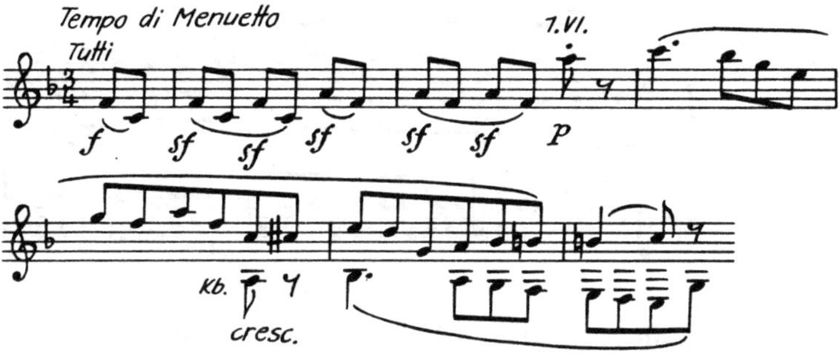

Bei der weiteren Fortspinnung wird der »Auftakt« mit Vergnügen immer wieder mitten in den Takt verlegt.

Mit gewichtigem Auftakt hebt auch das Trio an, in dem Hr. und Klar. eine gemütliche Ländlerweise intonieren. Sie hat der Komponist seinen »Zwölf deutschen Tänzen« von 1795 entnommen.

Das *Finale* (Allegro vivace, Alla-breve-Takt) treibt den Wechsel und Widerspruch von regelmäßigem und unregelmäßigem Metrum auf die Spitze. Er steckt bereits im mozartisch-elegant wirkenden Hauptthema selbst.

Dieses wurde aus der Melodie des Mälzel-Kanons gewonnen, und die Koppelung von Duolen und Triolen (vorhergehendes NB) gibt alle Möglichkeiten metrischer Ambivalenz frei. Später, in der Fortspinnung, erscheint die Triolenbewegung als Begleitung. Über ihr entfaltet sich eine anmutige Melodie, die am Ende mit kühnem Sprung über zwei Oktaven zum Ausdruck reinsten Humors wird.

Schon nach siebzehn Takten Themenexposition geschieht Ungewöhnliches: Streicher und Holzbläser donnern auf der 2. Hälfte des Alla-breve-Taktes ff ein tonartfremdes cis.

Dadurch »aufgeschreckt«, erklingt nun das Hauptthema – im vollen Orchester – mit beharrlicher metrischer Regelmäßigkeit. Das Seitenthema tritt (an die entsprechende Stelle im 1. Satz erinnernd) in überraschend neuer harmonischer Beleuchtung auf. Von g nach as rückend, erblüht in den Vl. der schwärmerische As-Dur-Gesang.

Formal ist der Satz eine Verschmelzung von Rondo- und Sonatenform. Es gibt zwei Durchführungsteile und auch zwei Reprisen. In der 2. Reprise erklingt zweimal das leiterfremde, drohende cis, und das Haupt- oder Rondothema rückt nach fis-Moll, ehe es sich in der Grundtonart wieder zu vollem Glanz entfaltet. Die Coda bestätigt mit energischen Akkorden in ganzen und halben Noten nach allen Widrigkeiten das alla breve-Grundmaß. Freilich bleibt auch dies nicht ohne humorvollen musikalischen Kommentar: Die kräftigen Akkorde werden gleich anschließend, p, in Bläserterzen verwandelt und fliegen wie Tennisbälle durchs Orchester, ehe alles mit nochmaliger Erinnerung an das Hauptthema und sehr drastischem Skandieren des Alla-breve-Takts zu Ende geht.

9. Sinfonie d-Moll op. 125 (1822/24)

Besetzung: Pikkoloflöte, 2 Flöten, 2 Oboen, 2 Klarinetten, 2 Fagotte, Kontrafagott, 4 Hörner, 2 Trompeten, 3 Posaunen, Pauken, Große Trommel, Becken, Triangel, Streicher. – Im 4. Satz dazu: Soli (Sopran, Alt, Tenor, Baß), vierstimmig gemischter Chor
Aufführungsdauer: etwa 70 Minuten

Am 7. 5. 1824 kam diese letzte vollendete Sinfonie Beethovens im Wiener Kärntnertor-Theater unter jubelnder Zustimmung der Hörer zur ersten Aufführung. Elf sinfonielose Jahre lagen zwischen der 8. und 9. Sinfonie. Die Welt um Beethoven hatte sich in ihnen sehr verändert. Dem Sieg über Napoleon, der Hochstimmung der Befreiungskriege folgte die Zeit der Restauration, folgte der »verzweiflungsvolle Zustand« (Beethoven) nach dem Wiener Kongreß, der zum Wiedererstarken der feudalen Reaktion in Europa führte. 1817 hieß es in einem Brief des Komponisten: » – was mich anbelangt, so ist geraume Zeit meine Gesundheit erschüttert, wotzu ihnen auch unser Staats Zustand nicht wenig bejträgt, wovon bis hieher noch keine Verbeßerung zu erwarten, wohl aber sich täglich Verschlimmerung desselben ereignet.«
Hinzu kam das tragische persönliche Schicksal der fast völligen Ertaubung, kam der verzweifelte und mit verbissener Konsequenz geführte Kampf um die Vormundschaft über den Neffen Karl. Dieser allgemeinen und persönlichen Misere zum Trotz aber reiften nun Plan und Gestalt der 9. Sinfonie. Noch einmal, mit unmißverständlicher Deutlichkeit und Eindringlichkeit, sollten die Ideen von Freiheit, Gleichheit und Brüderlichkeit aller Menschen angesichts des »verzweiflungsvollen Zustands« der Welt in einem Kunstwerk festgeschrieben werden, galt es, die Alternative unüberhörbar und übersehbar zu verkünden.
Bereits 1812 entsteht während der Arbeit an der 7. und 8. Sinfonie die Idee einer »3ten Sinfonie in d-Moll«. 1817 wurden unter später wiederaufgegebenen Skizzen zu einer Oper »Bacchus« erste Themenentwürfe für diese Sinfonie (zum 2. Satz) notiert. Ein Jahr danach, während der Arbeit an der Hammerklaviersonate, werden die folgenden Stichworte zur 9. Sinfonie aufgeschrieben: »Im Adagio griechischer Mythos ... im Allegro Feier des Bacchus.« Die Opern-Idee greift also auch auf das Konzept der Sinfonie über. Darum ist für diese wichtig, was sich der

Komponist in Bezug auf die Oper notierte: »Dissonanzen vielleicht in der ganzen Oper nicht aufgelöst oder ganz anders, da sich in diesen wüsten Zeiten unsere verfeinerte Musik nicht denken läßt.« Zum langsamen Satz der Sinfonie heißt es, er solle ein »Adagio Cantique« werden, »wo alsdann im letzten Stück oder schon im Adagio die Singstimmen eintreten.«

Allmählich wird auch die Idee der übrigen Sätze präzise gefaßt, z. B. das Scherzo als Sinnbild der »wüsten Zeiten«. Die Freudenmelodie des Finales findet sich zum ersten Male in Entwürfen aus dem Jahre 1822. Der 1. Satz schließlich wird zum Ausdruck des »freudlosen Zustandes«.

Die Wahl der Verse aus Schillers »Ode an die Freude« für das Kantaten-Finale stimmt genau zur Gesamtidee der Sinfonie. Harry Goldschmidt hat darauf hingewiesen, daß diese Schillersche Ode für den Komponisten seit den Bonner Jugendjahren von großer Bedeutung war. Zu berücksichtigen ist dabei, daß die Ode Schillers, gedacht als Konfrontation von Ideal und Wirklichkeit, von dem Republikaner Beethoven als Ode auf die Freiheit verstanden wurde. »Ihr Gedanke der Gleichheit und Verbrüderung, treu den Devisen der Französischen Revolution, war von ihm nicht ausgeträumt.«

Der gewaltige *1. Satz* (Allegro, ma non troppo, un poco maestoso, 2/4-Takt) gestaltet eine »Welt ohne Freude« (Richard Wagner). Das heroische Aufbegehren gegen den »verzweiflungsvollen Zustand« bleibt vergeblich. Der Satz ist in Dimensionen gestaltet, die sich zuvor auch bei Beethoven nicht finden. Aus dem Nichts, aus leise zitternden leeren Quinten (a–e) der 2. Vl. und Vc., durch die Hr. gestützt, entwickelt sich der Beginn. Die Quinte ist eine Art Keimzelle des ganzen Werks (Bedenken wir, daß auch die Freudenmelodie des Finales den Quintraum ausfüllt!). Zu Anfang ist sie »Urzustand«, auch tonartlich noch offen (fehlende Terz). Aufzuckende Quint- und Quarteinwürfe der 1. Vl. und Bässe lassen das musikalische Bild unbestimmt.

In diese unheimliche, fahle Stimmung fährt nach kurzem Crescendo wie ein Blitz der Hauptthemenkomplex. Er umfaßt 19 Takte und ist in eine Reihe von Motiven gegliedert, die in ihrer unterschiedlichen Aussage das Gesamtbild heroischen Aufbegehrens, innigen Bittens und tragischer Verzweiflung ergeben.

Am Beginn steht der in Punktierungen drohend niederzuckende gebrochene d-Moll-Dreiklang, das Kopfmotiv (A), dessen Urgestalt sich bereits in der langsamen Einleitung zum 1. Satz der 2. Sinfonie findet. Ein energisch schreitender Nachsatz schließt es kadenzierend ab (B). In die Höhe drängende, nachdrücklich

akzentuierte Tutti-Akkorde versinnbildlichen das Sammeln der Kräfte (C). Wie nach verzweifeltem Aufschrei sinken sie aber bald wieder in die Tiefe (D). Ein rhythmisches Zwischenmotiv der Trp. und Pk. (M) wirkt wie erneuter kämpferischer Aufruf und ist in dieser Funktion im ganzen Satz immer wieder anzutreffen. Innig bittende Holzbläserwendungen treten hinzu (E). Nach letztem Aufbäumen (F) führen abstürzende Zweiunddreißigstel-Passagen der Vl. wieder ins Nichts (G). Der gesamte Themenkomplex wird mit charakteristischen Änderungen wiederholt: Die leeren Quinten erklingen auf d, das heroische Kopfmotiv erhält in B-Dur aktivere Züge.
An die Stelle des Seitenthemas tritt in diesem Satz ebenfalls ein ganzer Themenkomplex.

Die innigen Terzgesänge der Holzbläser (H) erklingen bezeichnenderweise nur noch einmal, in der Reprise. Auch sie stehen im Quintraum und lassen so die Freudenmelodie vorausahnen. Sehnsuchtsvolle Moll-Kantilenen der Holzbläser (I) schließen sich an und werden in freundliches Dur gewendet (K). Aufstrebende Stakkatofiguren der Streicher (L) bilden das aktiv drängende Element dieses musikalischen Abschnitts. Aber die freundlichen Bilder sind nicht von Bestand. Im weiteren Verlauf der ausgedehnten Exposition kommt es zur für den Satz wichtigen unmittelbaren Gegenüberstellung von rhythmisch gespannten Tutti-Akkorden und lyrischer Holzbläsermelodik.

Mit dem Beginn der Durchführung ist der »verzweiflungsvolle Zustand« wieder erreicht (Wiedereintritt der leeren Quinten a–e). Nun endet jedes Aufbegehren in tragischer Klage. Auch eine äußerst energische Doppelfuge über den Abschluß des Kopfmotivs der Hauptthemengruppe (NB S. 74) ändert daran nichts. Der Beginn der Reprise führt in noch tiefere Verzweiflung: 38 Takte lang donnert ein Orgelpunkt auf d in Paukenwirbeln und Bläsern. Zwar erhält hier die Quinte d–a durch ein fis in den Bässen tonale Bestimmtheit, doch das heroische Kopfmotiv des Hauptthemenkomplexes vermag sich trotz aller Kraftentfaltung nicht durchzusetzen. Auch in der (verkürzten) Reprise bleibt der »verzweiflungsvolle Zustand« unverändert. Die Coda, hier zur 2. Durchführung ausgebaut, bekräftigt das auf andere Weise: Der Nachsatz des heroischen Kopfmotivs wird zwar in weichem Dur spielerisch und zart ausgesponnen,

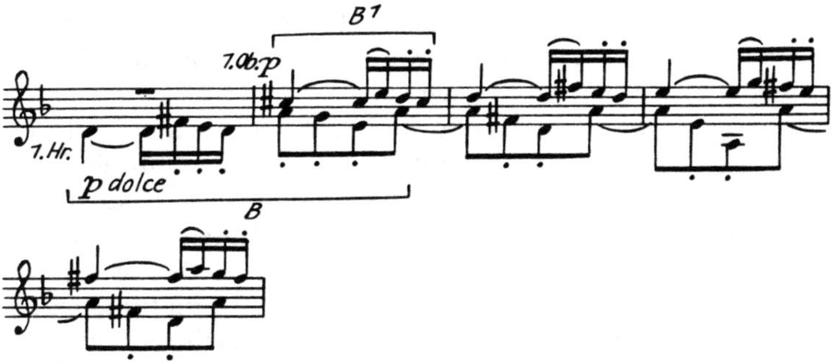

aber einander durchkreuzende Passagen deuten auf das weiterhin nicht entschiedene Ringen. Schließlich mündet das Ganze über chromatischer Baßführung in einen Trauermarsch,

der sich zu machtvollem Crescendo entwickelt. Am Ende schneidet der Nachsatz des Kopfthemas aus der Hauptthemengruppe in ehernem Unisono lakonisch jede weitere Entwicklung ab. Die Welt bleibt »ohne Freude«.

Im *2. Satz* (Molto vivace, 3/4-Takt), dem Scherzo der Sinfonie, folgen nun dem »verzweiflungsvollen Zustand« die satanischen Freuden »dieser wüsten Zeiten«.
»Ohne die klanglichen Exzesse der ›Phantastischen Sinfonie‹ ist Beethoven dem tragischen Satanismus Berlioz' nirgends so nahe gekommen wie in diesem ruhelosen, gehetzten Stück mit seinen metrischen Verschiebungen, zerschneidenden Generalpausen und nicht zuletzt dem kultisch-antiken Sologebrauch der Pauken. Es ist ein durchaus fragwürdiges Heiligtum, das da im Korybantenzug betreten wird. Man muß sich sogar fragen, ob nicht geradezu ›Entheiligung‹ gemeint ist, womit in der Entstellung, ›Entfremdung‹ der Freude die Satzidee zu fassen wäre« (Goldschmidt).
Das rund 1000 Takte umfassende Scherzo ist mit Exposition und Durchführungen wie ein Sonatensatz angelegt, steht also gleichgewichtig neben den anderen beiden instrumentalen Sätzen der Sinfonie. Das berühmte Kopfmotiv des Scherzos, der punktierte Oktavsprung, ist mit dem Kopfmotiv des 1. Satzes verwandt. Zweimal in den Streichern, dann in den Pk., und noch einmal in den Streichern, dazu in den Holzbläsern gibt es den Auftakt zum satanischen Zug.

Er entwickelt sich in einem Fugato über dem Hauptthema rastlos, unruhig und vehement weiter,

erfaßt das ganze Orchester. Über dem Oktavmotiv stimmen die Holzbläser einen wilden C-Dur-Gesang an: Der bacchantische Hymnus zu den Bocksprüngen des Pan.

Das Oktavmotiv spielt auch in der Durchführung eine wichtige Rolle. Die Holzbläser übernehmen hier das Fugato. Durch Änderung des Metrums erhält der bacchantische Zug noch rastloseren, gehetzteren Charakter: Beethoven gliedert die Motive jetzt in Dreier- statt in Vierergruppen. Die fugierenden Stimmen setzten schon nach dem jeweils 3., statt nach dem 4. Takt ein. Mehrmals fährt die Pk. mit dem Oktavmotiv dazwischen. Schließlich folgt die Wendung zurück zur Vierertaktgruppierung in erneuter, phantasievoll veränderter Fugierung. In der Reprise erfährt der wilde Zug weitere infernalische Steigerung. Durchführung und Reprise werden in diesem Satz wiederholt. Die Coda treibt die Bewegung immer rascher voran bis zum Presto (4/4-Takt, alla breve). Das Ganze gerät förmlich ins Taumeln. Unvermittelt erfolgt hier der Übergang zum *Trio* (Presto, Alla-breve-Takt, D-Dur). Eine »arkadische Hirtenweise« (Goldschmidt) erklingt in den Holzbläsern, wird später von den Streichern übernommen und von den Fag. mit stakkatierter Skalenbewegung kontrapunktiert.

Die Melodik hat zum einen slawischen Charakter, zum anderen ist ihre Beziehung zur »Freudenmelodie« des letzten Satzes unüberhörbar. So birgt das Scherzo in sich einen wichtigen Gegensatz: den zwischen wildem Taumel bacchantischen Genusses und arkadisch reinen Naturfreuden. Das Trio bringt Hirtenweise und Gegenmotiv in doppeltem Kontrapunkt. Am Ende strahlt die Hirtenweise, auf halbe Noten vergrößert, im vollen, hymnischen Glanz des Orchesters (mit Trp., Hr. und Pos.) über dem Orgelpunkt d auf. Der 1. Teil des Satzes wird wiederholt, und eine 2. Coda verbindet – nach erneutem Presto-Taumel – das Oktavthema des Beginns mit der Hirtenweise und ihrer Gegenstimme. Schließlich beenden, nach einer Generalpause, heftige Oktavschläge des Orchesters den Satz abrupt.
Der *3. Satz* (Adagio molto e cantabile, B-Dur, 4/4-Takt) kann verstanden werden als Inbegriff eines »aufgelösten Kampfes sowohl in dem einzelnen Menschen als auch in der Gesellschaft, einer zur höchsten sittlichen Würde hinaufgeläuterten Natur« (Schiller).
»In den klassischen Mythos des ›Elysium‹, dessen Tochter – die Freude – im Finale dithyrambisch besungen wird, ist der uralte Traum vom Goldenen Zeitalter gekleidet« (Goldschmidt).

Nach zwei einleitenden Takten der Holzbläser, 2. Vl., Va. und Vc., die »Stille« schaffen, singen die 1. Vl. im Wechsel mit dem Bläserchor die über 21 Takte sich ausbreitende, beseelte, friedvoll-innige Hauptmelodie.

Dies ist eine der schönsten, ergreifendsten klassischen Humanitätsgesänge. Harfende Streicherakkorde führen zur zweiten großen Gesangsszene des Satzes, den 2. Vl. und Va. (Andante moderato, D-Dur, 3/4-Takt) eröffnen. In den Skizzen wurde dieses Andante moderato als »Grazioso alla Menuetto« gekennzeichnet:

Dem Humanitätsgesang schließt sich gelöste, glückliche tänzerische Bewegung an. In Variationen wird die Hauptmelodie immer reicher ausgeschmückt. Nach der 1. Variation klingt auch die Andante-Melodie in den Holzbläsern erneut an. Fließende Bewegung des Melos schafft eine Stimmung wundersamer Gelöstheit, erfüllten Glücksgefühls, bis plötzlich kraftvolle Signalrufe die seligen Träumer wecken.

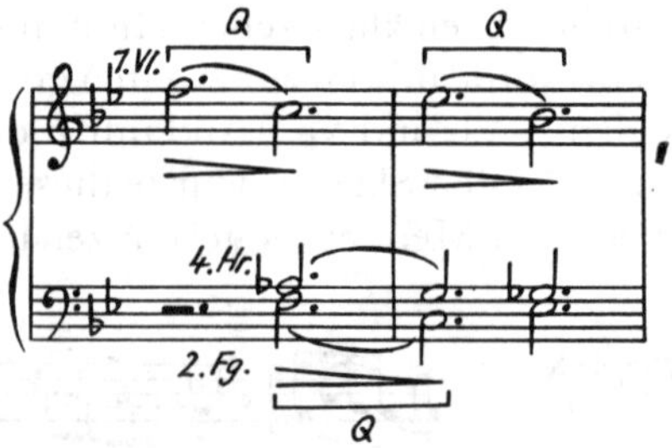

Zögernd antworten einzelne Orchesterstimmen, bevor die Bewegung der variierten Hauptmelodie erneut einsetzt. Noch einmal kehren die Signalrufe wieder, diesmal in den 2. Vl. nachhallend. Dann rückt die feierliche musikalische Bewegung in wechselnde harmonische Beleuchtung (von es-Moll nach B-Dur führend). Die bewegter ausgezierte Hauptmelodie erhält immer leuchtenderen Glanz, bis der Satz mit leise pochenden Akkorden sein Ende findet.

Um die seinen Absichten optimal entsprechende Verbindung von Instrumentalem und Vokalem im *Finale* hat Beethoven lange gerungen. Aus Schillers Ode wählte er die Strophen aus, die seiner Idee am besten dienten: Es ging ihm um Freude und Menschenverbrüderung. An einigen Stellen nahm er sogar Textveränderungen vor. Der Übergang von der instrumentalen zur vokalen Sphäre wird durch Instrumentalrezitative geschaffen (in den Skizzen hat Beethoven sie teilweise auch mit Worten versehen).

Zunächst erfolgt in diesem Finale der Rückblick auf Vorangegangenes (noch in rein instrumentaler Gestaltung): Presto, d-Moll, 3/4-Takt wird mit wildem Aufschrei der »verzweiflungsvolle Zustand« beschworen, der im 1. Satz seinen Ausdruck fand.

Die dissonierenden Trp. des Beginns schließen attacca an den vorhergehenden Satz an. Jäh wird der Hörer aus den Glücksträumen des Adagios gerissen. Der Weg zu Freude und Menschenverbrüderung ist noch zu erringen. Im folgenden verbinden sich Instrumentalrezitative (Vc. und Kb.) mit orchestralen Rückblenden auf die früheren Sätze. »Worte denkend« hat Beethoven diese Instrumentalrezitative in seinen Skizzen selbst kommentiert. Auf den Wiedereinbruch des »verzweiflungsvollen Zustands« antwortet das Rezitativ der Vc. und Kb. zornig abweisend. Doch das Schreckensbild kehrt noch einmal wieder. Der erneuten Antwort im Instrumentalrezitativ folgt die Erinnerung an den Beginn des 1. Satzes mit den leeren Quinten (Allegro ma non troppo, d-Moll, 2/4-Takt). Allerdings klingt hier die Dur-Terz gleich mit. Erneut antwortet das Instrumentalrezitativ, nun besänftigend (poco adagio). Da klingt (Vivace) der bacchantische Zug aus dem 2. Satz auf. Auch darauf reagieren Kb. und Vc. abweisend. Nach Besserem ist zu suchen! Adagio cantabile, B-Dur, 4/4-Takt deuten Holzbläser und Hr. auf die elysische Welt des 3. Satzes. Nun antwortet das Instrumentalrezitativ besänftigt, schließlich aber doch energisch, weiteres Bemühen fordernd. Da erklingt in den Holzbläsern (Allegro moderato, D-Dur), wie aus weiter Ferne noch, die Freudenmelodie. Kräftig und zustimmend (Allegro, 3/4-Takt) antwortet das Rezitativ, vom Orchester sekundiert: »Ha, dieses ist es, es ist gefunden – Freude!« (Die Worte hat der Komponist dem Rezitativ in den Skizzen selbst zugeordnet.) Kb. und Vc. greifen die Melodie zunächst allein auf (Allegro assai, 4/4-Takt, p).

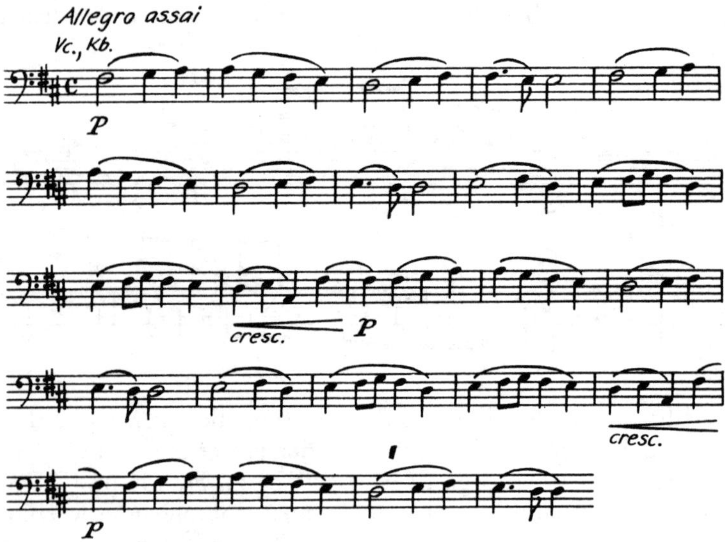

Diese schlichte, wie ein Volkslied wirkende Weise im Quintraum wird im Weiteren zum Triumphgesang der Freude. Zunächst tritt sie ihren rein instrumentalen Siegeszug an. Va. und Vc. übernehmen sie, kontrapunktiert von Fag. und Kb. Immer klangvoller und bewegter wird der Streichersatz, bis die Melodie im vollen Bläserchor zur triumphierenden Marschweise anschwillt. Aber noch ist nicht alles gesagt. Poco adagio stockt der musikalische Verlauf, noch einmal wird Presto, mit dissonantem Aufschrei (d-Moll, 3/4-Takt) der »verzweiflungsvolle Zustand« beschworen. Nun erst greift (Recitativo) die menschliche Stimme ein, mit einem Baritonsolo, dessen Worte der Komponist selbst schrieb. Das Rezitativ wird arios ausgesponnen, moduliert von d-Moll nach D-Dur (siehe NB S. 85). Orchestereinwürfe stimmen zu. Dann nehmen die Holzbläser (Allegro assai, D-Dur, 4/4-Takt) die Freudenmelodie wieder auf, Bariton und Chorbässe singen nun das entscheidende Wort: »Freude!«. Der Solist stimmt in die Freudenmelodie des Orchesters ein, übernimmt die Führung, singt Schillers Worte der 1. Strophe.

Nacheinander treten Chor und Soloquartett, dann beide gemeinsam, hinzu. Eindrucksvoll verbindet sich der Gesang der Menschenstimmen mit dem Geflecht der instrumentalen Gegenstimmen zum hymnischen Marsch. Dieser 1. Kantatenabschnitt erreicht seinen Höhepunkt in der feierlichen Anrufung »Und der Cherub steht vor Gott!« Dreimal wird das »vor Gott« mit großer Kraft wiederholt. Harmonischer Wechsel von A-Dur nach F-Dur gibt dem Klang der Stimmen strahlenden Glanz.
Nun wechselt die Szene. Allegro assai vivace, B-Dur, 6/8-Takt erklingt ein »alla marcia« mit »türkischer Musik« (Holzbläser, Pikk., KFag., Hr., Trp., Große Tr., Bck., Triangel und Pk.). Der Konzertsaal wird zum Tribunal, das Freudenthema zum Geschwindmarsch. Romain Rolland nannte diesen Teil einen »Sturmmarsch, eine Marseillaise«. Es ist der heldische Teil des Satzes, gemäß den Schillerworten im Tenorsolo (»... laufet, Brüder, eure Bahn, freudig, wie ein Held zum Siegen«). Die Männerstimmen des Chores gesellen sich hinzu. In einem ausführlichen reinen Instrumentalteil wird der »Siegeslauf« im Doppelfugato über Tenor- und Freudenmelodie weiter ausgeführt.

Im 3. Kantatenteil (Andante maestoso, 3/2-Takt, G-Dur) richtet sich der Blick von der Erde in den Kosmos. In eindringlicher Deklamation singen Chortenöre und -bässe, unterstützt von BPos., Vc. und Kb. die Schillerworte »Seid umschlungen, Millionen. Diesen Kuß der ganzen Welt!« Durch weite Intervallsprünge werden die wichtigen Worte »Millionen« und »der ganzen Welt« hervorgehoben.

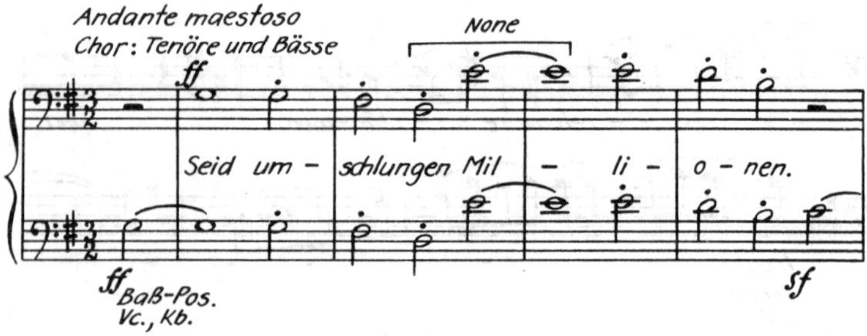

Hymnisch nimmt der Chor die Worte auf. Es folgen jene »feierlichen Chorstrophen, in denen Beethovens Deismus sich nicht nur mit Schiller, sondern ebenso mit Rousseau und Robespierre berührt. Dem ›höchsten Wesen‹ wird mit Erschauern geopfert« (Goldschmidt).

»Brüder, überm Sternenzelt muß ein lieber Vater wohnen«. – Nachdrücklich hebt die Melodik das Wort »muß« in dieser Strophe hervor. Adagio ma non troppo, ma divoto (g-Moll, 3/2-Takt) beschwört der Komponist göttliches Walten: »Ahnest du den Schöpfer, Welt? Such ihn überm Sternenzelt!« Der strahlende C-Dur-Akkord zum Worte »Welt« symbolisiert die Herrlichkeit allen Schöpfertums. Kraftvoll, in majestätischem ff, singt der Chor bestätigend: »Über Sternen muß er wohnen«. Leise, zu sternflimmernden Triolen und Tremoli des Orchesters, wird dieser Teil wiederholt.

Im folgenden Kantatenabschnitt (Allegro energico, sempre ben marcato, D-Dur, 6/4-Takt) verbindet Beethoven die Vorstellungen von Menschenverbrüderung und Freude, indem er die rhythmisch veränderte Freudenmelodie mit der Melodie der Menschheitsverbrüderung in einer grandiosen Doppelfuge zusammenführt.

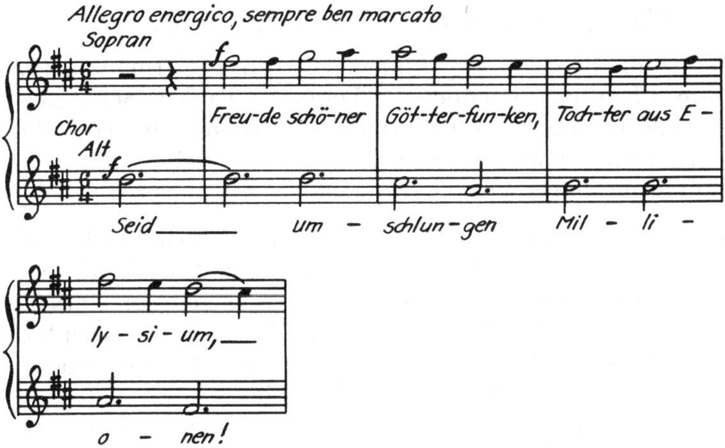

Freudenrufe einzelner Stimmen klingen auf. Wogende Streicherfiguren umspielen das Ganze. Auf dem Höhepunkt jubeln die Chorsoprane auf dem langgehaltenen hohen *a* das Wort »Welt«, von den Tenören kräftig unterstützt. Dann stockt noch einmal die Bewegung: »Ihr stürzt nieder, Millionen?« In feierlichen Klängen wird der »Schöpfer überm Sternenzelt« besungen. Innig, von aufsteigenden Holzbläserskalen unterstützt, kündet der Chor: »Überm Sternenzelt muß ein lieber Vater wohnen«. Nun beginnt das Solistenquartett (Allegro ma non tanto, D-Dur, alla breve) die letzte Variation des Freudenthemas. Voll überschäumenden Jubels wird die Freude, die »Tochter aus Elysium«, gefeiert, werden die Schranken der »zerteilenden Mode« niedergerissen, wird die Brüderlichkeit aller Menschen vom Chor gepriesen. In einer beseelten, figurativ weit ausgesponnen H-Dur-Kadenz besingt das Soloquartett (Poco adagio) den »sanften Flügel« der Freude. Nach drängender Überleitung setzt das Schluß-Prestissimo (D-Dur, alla breve) ein, verstärkt wiederum durch »türkische Musik«. »Mit Triangel, Becken und Großer Trommel hält die Straße ihren Einzug im Konzertsaal« (Goldschmidt). Jauchzend, mit ganzer Kraft und in emphatischer Deklamation singt der Chor seinen »Kuß der ganzen Welt« entgegen. Im Maestoso feiert er noch einmal die »Tochter aus Elysium«, bis das Orchester mit Varianten der Freudenmelodie voll unbeschreiblicher Vehemenz dem Abschluß zurast.

Wellingtons Sieg oder die Schlacht bei Vittoria op. 91 (1813)

Besetzung: Pikkoloflöte, 2 Flöten, 2 Oboen, 2 Klarinetten, 2 Fagotte, 4 Hörner, 6 Trompeten, 3 Posaunen, Pauken, Schlagzeug (Kleine Trommel, Große Trommel, Triangel, Becken), Ratschen, Donnermaschine, Streicher
Aufführungsdauer: etwa 7 Minuten

Mit dieser Programmsinfonie hat sich Beethoven sehr bewußt und überdies mit schöpferischem Vergnügen der Öffentlichkeit zugewandt, um mit den Völkern Europas gemeinsam eines der großen historischen Ereignisse seiner Zeit zu feiern: Den Sieg über Napoleon. Die Schlachtensinfonie wurde sechs Wochen nach der Völkerschlacht bei Leipzig uraufgeführt. Napoleons Untergang war besiegelt. Kein Wunder, daß in Beethovens großer Akademie (Dezember 1813), in der auch die 7. und 8. Sinfonie erklangen, die Schlachtensinfonie mit besonders enthusiastischer Zustimmung begrüßt wurde.
Solche naturalistischen Militär-Stücke waren zu jener Zeit nicht nur in Wien sehr in Mode. Daß Beethoven sich darauf einließ, auch so etwas zu schreiben, ist mit der politischen Absicht zu erklären: Für ein Massenpublikum sollte der Sieg über den Kaiser der Franzosen als Symbolfigur für Völkerunterdrückung zum Kunstereignis werden.
Die Idee stammte von dem rührigen Mechanikus Johann Nepomuk Mälzel. Der hatte ein »Panharmonikon«, ein mechanisches Walzeninstrument konstruiert, das wir heute als Vorläufer des elektrischen Kl. betrachten können. Für dieses Instrument sollte die Schlachtensinfonie geschrieben werden. Auch die musikalische Grundkonzeption wie das konkrete Thema kamen von Mälzel: Es geht um die Niederlage, die die englischen Heere unter Wellington Napoleon am 21. 6. 1813 in der Nähe des spanischen Dorfes Vittoria bereiteten. In zwei Abteilungen werden der Verlauf der Schlacht und der Sieg über die Franzosen musikalisch vorgeführt. Vom Mechanikus Mälzel stammen auch die Fanfaren, die in der Intrada des Werks erklingen. Im

Sommer und Herbst 1813 arbeitete Beethoven das Tongemälde aus und instrumentierte es für großes Orchester unter Einbeziehung naturalistischer Geräuscheffekte mithilfe von Ratschen und einer Donnermaschine.

Ein »strategisches« Konzept liegt dem Werk zugrunde: Im *1. Teil* musiziert das Orchester in zwei Gruppen. Sie repräsentieren die beiden feindlichen Heere. Zunächst wird der Aufmarsch der Truppen geschildert. Zur musikalischen Kennzeichnung der Kontrahenten nutzt Beethoven Nationalgesänge. Den Engländern wird die Melodie des »Britannia rule the waves« (Es-Dur, 2/4-Takt) zugeordnet. Die Franzosen repräsentiert ihr Spottlied auf die Engländer: »Marlborough s'en va-t-en guerre« (C-Dur, 6/8-Takt). Bezeichnenderweise hat Beethoven hier auf das Zitat der »Marseillaise« verzichtet, denn es ging ihm um den Kampf gegen Napoleon, nicht gegen das französische Volk mit seiner revolutionären Tradition. Eine Kanonade (mit Ratschen und Donnermaschine) eröffnet die Schlacht (Allegro, H-Dur, 4/4-Takt). Kavallerie-Attacken, der Aufmarsch der Infanterie folgen. Auf dem Höhepunkt der kriegerischen Auseinandersetzungen triumphiert die Melodie der Engländer, und am Ende ist im verklingenden Lied der Franzosen der »Abzug der Geschlagenen« zu hören.

Der *2. Teil* heißt »Siegessymphonie«. Nach einer Intrada (Allegro ma non troppo, D-Dur, 4/4-Takt) folgt der Siegesmarsch (Allegro con brio, D-Dur, alla breve). Ihn unterbricht mehrfach die feierlich intonierte Nationalhymne der Engländer, »God save the King«. Sie wird außerdem als Fuge in beschwingtem Menuett-Tempo verarbeitet, und auf dem Höhepunkt der Siegesfeier in Variationen vorgeführt. Beethovens Kommentar hierzu: »Ich muß den Engländern zeigen, was in dem ›God save the King‹ für ein Segen ist.« Pathetische Orchesterschläge und Fanfaren der Intrada beschließen das Werk.

Ouvertüren

Beethovens Ouvertüren sind sinfonische Sätze, deren Gestaltung – meist nach dem Prinzip des Sonatensatzes – bestimmt wird durch Inhalt und Gehalt der Schauspiele, Festspiele oder Ballette, denen sie voranstehen. Prägnantes Beispiel sind auch jene drei »Leonoren«-Ouvertüren, die Beethoven nacheinander für seine einzige Oper geschrieben hat. Jedes dieser Werke ist in sinfonischer Gestaltung das Konzentrat der folgenden Oper, weniger durch musikalische Zitate aus der Oper, als durch den gesamten sinfonischen Gestus, die Entwicklungsdramaturgie der Ouvertüre. Beethovens elf Ouvertüren entstanden in den Schaffensperioden zwischen der 1. und der 9. Sinfonie. Vorbilder waren die entsprechenden Werke Glucks, Mozarts, vor allem auch Cherubinis. Der Typ der programmatischen Ouvertüre großen sinfonischen Stils, den Beethoven schuf, ist besonders wichtig für die Entwicklung sinfonisch-programmatischer Musik bei Weber, Berlioz, Liszt geworden.

Ouvertüre »Die Geschöpfe des Prometheus«
C-Dur op. 43 (1800/01)

Besetzung: 2 Flöten, 2 Oboen, 2 Klarinetten, 2 Fagotte, 2 Hörner, 2 Trompeten, Pauken, Streicher
Aufführungsdauer: etwa 5 Minuten

Am 28. 3. 1801 wurde im Theater der Wiener Hofburg das Ballett »Die Geschöpfe des Prometheus« von Salvatore Viganò mit der Musik Beethovens zum ersten Male aufgeführt. Der Komponist, der sonst vom Ballett nicht allzuviel hielt, hat diese Arbeit mit großem Eifer und viel Sorgfalt ausgeführt, weil ihn das Sujet interessierte. Der antike Stoff wird hier in einer Beethovens aufklärerischen Anschauungen sehr gemäßen Weise gestaltet: Prometheus haucht den aus Lehm geformten Menschen mit Hilfe des den Göttern entwendeten Feuers Leben ein. Die Musen, die Künste also, verleihen ihnen Vernunft, Empfindungen. Dann allerdings lassen sich die Menschen durch Bacchanten zu Ausschweifungen, zu Krieg und Gewalttat verleiten, und Melpomene, die Muse der Tragödie, tötet Prometheus, den Schöpfer der Verführten. Pan aber erweckt den Halbgott zu neuem Leben. Prometheus und seine nun geläuterten Geschöpfe feiern

mit den Musen des Parnaß das wiedergewonnene, freie und friedvolle Leben.
Die vielgespielte Ouvertüre zu diesem Ballett, die zuletzt komponiert wurde, nimmt den glücklichen Ausgang der Handlung voraus. Dissonant (im Sekundakkord) wird die *Adagio-Einleitung* (3/4-Takt) eröffnet. Weiträumig modulierende Orchesterakkorde schließen sich an. Ein würdig-ernstes C-Dur-Thema, das an das Thema des langsamen Satzes der 2. Sinfonie erinnert, stellt die Gestalt des Prometheus vor. Im raschen *Sonatenhauptsatz* (Allegro molto con brio, alla breve) bildet ein schwungvoll stakkatierter Skalengedanke das Hauptthema.

Er gibt dem Reigen frohbeschwingter Menschen Ausdruck. Auch ein anmutiges Seitenthema der Fl. beteiligt sich daran. Nach kurzer Durchführung und Reprise mündet die freudige Bewegung in der feurig-strahlenden Coda.

Die Leonoren-Ouvertüren

Beethovens einzige Oper »Fidelio« wurde mehrmals umgearbeitet. Sie liegt in drei zum Teil sehr unterschiedlichen Fassungen vor und trug zunächst den Titel »Leonore«. Die drei Leonoren-Ouvertüren spiegeln das Bestreben des Komponisten, bereits im Vorspiel die Konzeption des ganzen Werkes sinfonisch zu erfassen. Erst zur 3. Fassung der Oper, unter dem Titel »Fidelio«, entstand dann als 4. Ouvertüre jenes E-Dur-Werk op. 72, das auch heute noch als »Fidelio«-Vorspiel zum Bühnenwerk praktisch genutzt wird und mit geringerem sinfonischen Anspruch die Aufgabe hat, direkt in das szenische Geschehen einzuführen.

Leonoren-Ouvertüre Nr. 1 C-Dur op. 138 (1805)

Besetzung: 2 Flöten, 2 Oboen, 2 Klarinetten, 2 Fagotte, 4 Hörner, 2 Trompeten, Pauken, Streicher
Aufführungsdauer: etwa 9 Minuten

Diese erste Fassung entstand 1805. Beethoven verzichtet hier noch auf den Einsatz von Pos. Nach französischem Vorbild werden wichtige Themenkomplexe der Oper aneinandergefügt. Anton Schindler berichtet zum Schicksal dieser Ouvertüre: »Der Komponist hatte selbst kein rechtes Vertrauen dazu, war daher einverstanden, daß sie vorher von einem kleinen Orchester bei Fürst Lichnowsky versucht wurde. Dort wurde sie von einer Kennerschar einstimmig für zu leicht und den Inhalt des Werkes zu wenig bezeichnend gefunden, folglich beiseite gelegt und kam bei Lebzeiten Beethovens nimmermehr zum Vorschein.«
Andante con moto, 4/4-Takt, eröffnen Streicher und Holzbläser zunächst im Wechsel, dann gemeinsam gleichsam suchend und fragend die sinfonische Szene. Man kann an die nach ihrem Gatten forschende Leonore denken. Am Ende dieser Einleitung wird das Thema des *Sonatensatzes* (Allegro con brio, alla breve) vorgeformt. Es ist eine energisch sich aufreckende, stolze Gestalt mit lyrisch sanftem Nachsatz.

Sie erinnert an die Melodik des Duetts Leonore/Florestan: »O namenlose Freude«. Das Seitenthema in c-Moll beschwört die düstere Gestalt Pizarros und führt zu bedrohlichen, dramatischen Entwicklungen. Im Es-Dur-Mittelteil (Adagio, ma non troppo, 3/4-Takt) blüht zart und innig die Florestan-Melodie auf (»In des Lebens Frühlingstagen ist das Glück von mir geflohn. Wahrheit wagt' ich kühn zu sagen, und die Ketten sind mein Lohn«). Über 24 Takte entwickelt sich diese Holzbläsermelodik, ehe der Allegro-Satz wieder eintritt. Das Leonoren-Thema triumphiert. Interessant ist, daß Beethoven gegen Ende des Stücks in exponiertem Holzbläser-ff eine melodische Wendung nutzt, die er in der Oper selbst erst später bei der Neubearbeitung und Ausweitung der eben zitierten Florestan-Arie zu den Worten »Mein Engel, Leonore« einsetzen wird. In den letzten Takten der Ouvertüre sinkt das Leonoren-Thema erschöpft zusammen (pp, Fermate). Abrupt bilden ff-Akkorde des vollen Orchesters den Abschluß.

Leonoren-Ouvertüre Nr. 2 C-Dur op. 72 (1805)

Besetzung: 2 Flöten, 2 Oboen, 2 Klarinetten, 2 Fagotte, 4 Hörner, 2 Trompeten, 3 Posaunen, Pauken, Streicher
Aufführungsdauer: etwa 13 Minuten

Diese Ouvertüre erklang bei der UA der Opern-Erstfassung am 20. 11. 1805 zum ersten Male. In ihr brachte Beethoven seine Oper in ein sinfonisches Konzept. Über 530 Takte führt uns das Werk aus Florestans Kerker zu Leonorens Befreiungstat, zum Triumph der Gattenliebe.
Die *Einleitung* (Adagio, 3/4-Takt) führt sogleich in die Klangwelt Florestans. Von C-Dur wird in wenigen Takten über h-Moll nach As-Dur moduliert, der Tonart seiner Arie. Sie erscheint dann verklärt in Klar., Fag. und Hr. Chromatische Streicherlinien zeichnen das dunkle Bild der Kerkerszene, in das wie ein heller Lichtstrahl gebrochene Dreiklangstriolen der Fl. und Vl. (H-Dur) klingen. Sie umspielen die Florestan-Melodie. Drängende Vierundsechzigstel-Passagen der Streicher setzen zu mächtigen Bläserakkorden majestätische Akzente. Der Florestan-Gesang rückt in immer helleres Licht, bis im *Allegro-Hauptteil* (alla breve) eine aus dem C-Dur-Dreiklang gewonnene, durch synkopische Akzentverschiebung von vorandrängender Energie erfüllte Melodie als Sonaten-Hauptthema

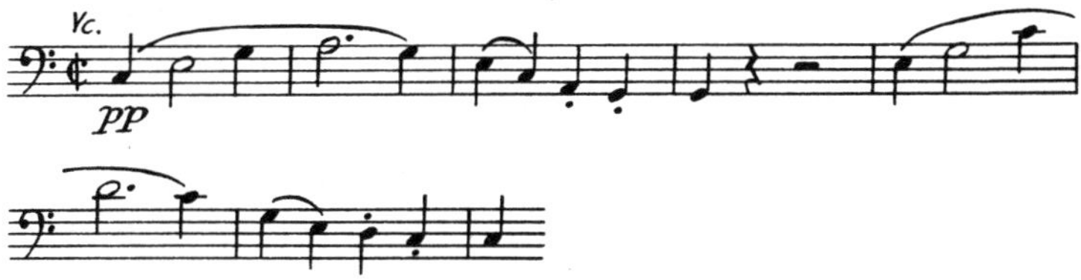

die Gestalt Leonorens in das Geschehen einführt. Dieses Thema wird zu heroischer Größe gesteigert. Wir erleben es in dramatischen Kämpfen, bei denen die Florestan-Melodie als 2. Thema eine untergeordnete Rolle spielt. Auf dem Höhepunkt des sinfonischen Ringens ertönt über gehaltenem Es-Dur-Akkord der Streicher das Trp.-Signal. Wir hören es zunächst (Un poco sostenuto) wie aus der Ferne. Zögernd antwortet das Leonoren-Thema (Tempo I). Dann klingt das rettende Signal aus der Nähe. (Beethoven hat es hier übrigens etwas anders gestaltet als in der Oper.) Spannungsvolle Stille folgt. Verhaltene (sempre pp) Hr.-Rufe unterstreichen die Stimmung der Erwartung. Dann erst setzt Adagio, nun nach C-Dur gerückt, die Florestan-Melodie in den Holzbläsern wie ein inniger Dankgesang ein, ehe aus dem pp-Beginn wirbelnde Streicherpassagen in die Presto-Stretta führen. Aus dem Leonoren-Thema entwickelt sich eine mitreißende Sieges- und Triumphsinfonie, der »namenlosen Freude« der Befreiten Ausdruck gebend.

Leonoren-Ouvertüre Nr. 3 C-Dur op. 72a (1806)

Besetzung: 2 Flöten, 2 Oboen, 2 Klarinetten, 2 Fagotte, 4 Hörner, 2 Trompeten, 3 Posaunen, Pauken, Streicher
Aufführungsdauer: etwa 12 Minuten

Die 3. Leonoren-Ouvertüre erklang zum ersten Male zur Aufführung der 2. »Fidelio«-Fassung am 29. 3. 1806 im Theater an der Wien. Im Vergleich zur 2. Leonoren-Ouvertüre ist die 3. in noch stärkerem Maße als selbständige sinfonische Tondichtung zu betrachten. Sie hat darum zu Recht seit langem ihren festen Platz im Konzertsaal.
Ihr gegenüber wirkt die 2. Leonoren-Ouvertüre wie der genialische Entwurf, dem nun die konzentriertere, in jedem Takt auf die treffendste Formulierung gebrachte endgültige Fassung folgt. Dabei wird die inhaltliche Konzeption des Ganzen beibehalten. Aber sie erhält ihre musikalische Gestalt in klanglich intensiverer Instrumentierung sowie reicherer thematischer Anlage und Ausarbeitung.
Die *Adagio-Einleitung* (3/4-Takt) beginnt wie die der 2. Ouvertüre, allerdings mit instrumentatorischen Veränderungen. Auch sie führt mit dem Florestan-Gesang sogleich in die Kerkerszene (ihn intonieren hier Klar., Fag. und Pos. anstelle der Hr. in der 2. Ouvertüre). Dann aber wird die musikalische Entwicklung sehr gestrafft: Chromatische Streicherlinien und das Wechselspiel der Fl. und Vl. in Dreiklangstriolen führen nur ein-

mal zum dynamischen Höhepunkt mit As-Dur-Dreiklang der Bläser und Vierundsechzigstel-Passagen der Vl. (fff). Nun erfolgt nach lyrischem Ausklang der Szene sehr rasch der Übergang in den *Sonatensatz* (Allegro, alla breve). Vl. und Vc. intonieren das Leonoren-Thema (in der 2. Ouvertüre waren es die Vc. allein). (siehe NB S. 93) Diesem Hauptthema tritt hier ein elegisches 2. Thema stärker profiliert zur Seite.

Überhaupt erhält der Allegro-Satz mehr Gewicht. Rollende Baßfiguren zu Streichertremolo charakterisieren wie in der Oper die düstere Gestalt Pizarros. Die »unnennbaren Leiden« des nun ausgetragenen Kampfes werden zusätzlich deutlich gemacht durch eine Melodiewendung aus dem Schlußduett der Kerkerszene auf diese Worte. Ob. und Fag. zitieren sie in der Ouvertüre.

Das sinfonische Ringen entwickelt sich mit größter Intensität. Besonders das Leonoren-Thema hat dabei eine um Vieles bedeutendere Rolle zu spielen als in der 2. Ouvertüre. Wesentlich abrupter, darum dramatisch wirkungsvoller, wird das Ringen auf dem Kulminationspunkt durch das Trp.-Signal (aus der Ferne) unterbrochen. Es ist diesmal die notengetreue Vorausnahme des Signals in der Oper (in B-Dur, colla parte). Danach singen die Holzbläser über pochenden Streichern die innige Befreiungsmelodie aus dem »Fidelio«-Quartett. Dann wiederholt sich diese ganze Szene. Dabei wird die Befreiungsmelodie in den Streichern weiter ausgeführt. Schließlich schwingt sich aus zunehmender Bewegung in locker stakkatiertem Anlauf die Fl. zum Leonoren-Thema auf. In jubelndem Duett mit dem Fag., in frohgemuter melodischer Auszierung dieser Melodie wird die

Befreiung verkündet. Dann erst übernehmen die tiefen Streicher den synkopierten Beginn des Leonoren-Themas, das schließlich im hellen Glanz des Orchesters erstrahlt. Eine veränderte Wiederholung des 1. Allegro-Teils schließt sich an, in dem auch der Florestan-Gesang in majestätischem C-Dur-Glanz der Hr. und mit kraftvoller Gegenstimme der Vl. seinen neuen Platz hat. Spannungsvoller als in der 2. Ouvertüre wird hier der Übergang zur Presto-Stretta angelegt. Auch der jubelnde Triumphmarsch der Stretta selbst erhält intensivere, leuchtendere Farben.
Daß diese sinfonische Dichtung mit ihren 638 Takten den Charakter eines Opernvorspieles sprengt, erkannte Beethoven bald selbst. So schrieb er für die erste Aufführung der dritten Fassung seiner Oper (nun unter dem Titel »Fidelio«) am 26. Mai 1814 die knappere E-Dur-Ouvertüre op. 72.

Coriolan-Ouvertüre c-Moll op. 62 (1807)

Besetzung: 2 Flöten, 2 Oboen, 2 Klarinetten, 2 Fagotte, 2 Hörner, 2 Trompeten, Pauken, Streicher
Aufführungsdauer: etwa 7 Minuten

Diese Ouvertüre entstand Anfang 1807 und wurde im März des gleichen Jahres zum ersten Male gespielt. Sie war als Vorspiel zu dem Schauspiel »Coriolan« des Österreichers Heinrich Joseph von Collin (1772–1811) gedacht, der in seinem Stück Anregungen aus Shakespeares gleichnamiger Tragödie nutzte. Beethoven gestaltet im Vorspiel Charakter und Schicksal des römischen Feldherrn Coriolan, der wissentlich zum Verräter an seiner Heimatstadt wurde. Trotzig und von den flehenden Bitten der Mutter ungerührt geht er seinen Weg bis zum bitteren Ende, zum Tod.
Die Ouvertüre entstand im Umkreis der 5. Sinfonie. Das Werk mit seinen 314 Takten ist in einem einzigen, unveränderten Grundtempo (Allegro con brio, $^{4}/_{4}$-Takt) gestaltet. Mit eherner, unerbittlicher Konsequenz vollzieht sich das Schicksal des römischen Feldherrn.
Ohne jede Einleitung wird gleich zu Beginn der Held ungemein plastisch charakterisiert. Dreimal erklingt ein gespanntes Unisono mit anschließendem jäh abreißendem Akkord, dann das bohrende Hauptthema.

Trotz, eigensinniges Aufbegehren, Unerbittlichkeit kennzeichnen die Gestalt des Helden. Diesem Hauptthema tritt dann (Es-Dur) die innige Bitte der Mutter im Seitenthema entgegen.

In der Konfrontation dieser Ausdruckscharaktere vollendet sich Coriolans Schicksal. Ermattung tritt ein. Auch ein letztes, wildes Aufrecken des Coriolan-Themas ändert nichts mehr. Am Ende bricht der Held zusammen – in gleichsam auslöschendem pizzikato-pp endet die Ouvertüre.

Egmont-Ouvertüre f-Moll op. 84 (1809/10)

Besetzung: 2 Flöten (2. auch Pikkolo), 2 Oboen, 2 Klarinetten, 2 Fagotte, 4 Hörner, 2 Trompeten, Pauken, Streicher
Aufführungsdauer: etwa 8 Minuten

Die neunteilige Musik zu Goethes Trauerspiel »Egmont« entstand ebenso wie die zuletzt geschriebene Ouvertüre im Auftrage der Wiener Hoftheater-Direktion. Am 15. 6. 1810 wurde sie zum ersten Male gespielt. Goethe urteilte später: »Beethoven ist mit bewunderswertem Genie in meine Intentionen eingegangen.« Den Komponisten reizte in diesem Falle die Idee des Goetheschen Trauerspiels besonders. Er sah im historischen Su-

jet des »Egmont«, dem Befreiungskampf der Niederlande von spanischer Unterdrückung, das historische Gleichnis zum Befreiungskampf der Völker Europas vom napoleonischen Joch seiner Tage. Die Ouvertüre ist in drei inhaltlich genau fixierte Abschnitte gegliedert: Die langsame *Einleitung* (Sostenuto ma non troppo, 3/2-Takt) charakterisiert spanische Unterdrückung sowie die Leiden des niederländischen Volkes. Der *Allegro-Hauptteil* (3/4-Takt) ist dem Freiheitskampf des Volkes gewidmet, und die Stretta (Allegro con brio, F-Dur, 2/2-Takt) verkündet als »Siegessinfonie« das Ende der Fremdherrschaft.
Ein düster-wuchtendes Akkord-Thema im Rhythmus der spanischen Sarabande symbolisiert Härte und Grausamkeit der Spanier, bei Goethe konzentriert in der Gestalt des Herzogs Alba.

Einzelne imitatorisch verflochtene Seufzermotive der Holzbläser antworten. Das Ganze wird wiederholt. Dabei erklingt das Sarabandenthema ff im vollen Orchester (am Beginn trugen es die Streicher allein vor). Auch die klagenden Antwortstimmen stehen nun in reicher ausgearbeitetem, den gesamten Holzbläserchor einbeziehendem Satz. Er moduliert nach Des-Dur. Während in Vc. und Kb. das Sarabandenthema weiter pocht, klingt in Vl. und Holzbläsern leise ein neuer, zuversichtlicher melodischer Gedanke, der im anschließenden Allegro-Teil durch rastlos vorandrängende Bewegung

kämpferische Auseinandersetzungen hervorruft und sich als Symbol der aufbegehrenden Kräfte des Volkes erweist. Das Tyrannenmotiv stellt sich diesen Kräften entgegen. Ja, es scheint zu triumphieren: Hr., Klar. und Fag. schmettern es mit brutaler Kraft. Klagend antworten die Vl. Der Freiheitsheld Egmont ist tot. Lange Stille (Generalpause). Dann entwickelt sich aus leisen Holzbläserklängen die Stretta (Allegro con brio) zur jubelnden Siegessinfonie. Die Klage-Motivik wandelt sich zum Triumphgesang und wird mit einem Geschwindmarsch nach französischem Vorbild gekoppelt.

Beethoven nutzte hier jene »Siegessinfonie« überschriebene Musik, die im Stück nach dem Monolog des zum Tode verurteilten Egmont erklingt und dort den endgültigen Sieg des Volkes vorausnimmt.

Ouvertüre zu »Die Ruinen von Athen« G-Dur op. 113 (1811)

Besetzung: 2 Flöten, 2 Oboen, 2 Klarinetten, 2 Fagotte, 4 Hörner, 2 Trompeten, Pauken, Streicher
Aufführungsdauer: etwa 5 Minuten

Aus Anlaß der Eröffnung eines neuerbauten Theaters in Pest schrieb Beethoven Bühnenmusiken zu zwei Festspielen August von Kotzebues: »Die Ruinen von Athen« und »König Stephan«. Die Aufführung fand am 9. 2. 1812 in Pest statt.
Beide Festspiele preisen die humanisierende Kraft der Kunst und weisen, wenn auch indirekt, auf den Befreiungskampf der Griechen wie der Ungarn hin, der natürlich Beethovens volle Sympathie besaß.
In den »Ruinen von Athen« belauscht die antike Göttin Minerva das Duett eines griechischen Paares, das über die Not seines von den Türken geknechteten Volkes klagt. Die Göttin spornt die Griechen zur Rache an. Merkur geleitet Minerva nach Pest, wo sie die Einweihung des neuen Theaters begrüßt: »Das Alte schwand – das Neue begann«.
Die Ouvertüre fügt Ausschnitte aus der Bühnenmusik lose aneinander. Sie beginnt mit dem Vorspiel zum Duett des griechischen Paares (Andante con moto, g-Moll, 6/8-Takt). Durch chromatische Melodieführung gibt Beethoven seiner Vorstellung von »altgriechischer Musik« Ausdruck.

Der Duett-Melodie folgt ein festlicher G-Dur-Marsch. Im *Sonatenhauptsatz* (Allegro, ma non troppo, alla breve) stimmen die Ob. ein schlichtes, frohgemutes Hauptthema an,

das im Tutti festlichen Glanz erhält. Die 1. Ob. bringt das 2. Thema (C-Dur), eine einfach-innige Gesangsweise, die von den übrigen Holzbläsern aufgegriffen wird.

In Durchführung und Reprise dominiert das Hauptthema. Die Reprise verzichtet ganz auf das Seitenthema und führt direkt zur Coda.

Ouvertüre zu »König Stephan« Es-Dur op. 117 (1811)

Besetzung: 2 Flöten, 2 Oboen, 2 Klarinetten, 3 Fagotte, 4 Hörner, 2 Trompeten, Pauken, Streicher
Aufführungsdauer: etwa 8 Minuten

Kotzebues Festspiel (vgl. die Bemerkungen zu »Die Ruinen von Athen«) führt Bilder aus der ungarischen Geschichte vor. Sie münden in eine Huldigung an das Haus Habsburg. Beethoven interessierte hier der Blick in die stolze nationale Vergangenheit der Ungarn und die Aufgabe, das Idiom ungarischer Volksmusik mit der musikalischen Sprache der Wiener Klassik zu verbinden. Die Huldigung an das österreichische Kaiserhaus ließ ihn kalt. Auf die Besonderheiten ungarischer Volksmusik reagierte Beethoven klanglich, melodisch sowie durch rhapsodisch freie Gesamtanlage des Werks, in der die Sonatenform nur in groben Zügen erkennbar bleibt.
Festliche Quartrufe der Bläser eröffnen die *Einleitung* (Andante con moto, 2/4-Takt). Die Fl. folgen mit einem ungarisch gefärbten Thema, zu dem Zweiunddreißigstel-Terzen der Streicher wie Cymbalbegleitung wirken.

Die Melodie entstammt einem Frauenchor aus der Schauspielmusik, in dem die völkerverbindende Kraft der Liebe gepriesen wird. Den anschließenden *Presto-Teil* prägt ein feuriges Csardas-Thema mit charakteristischer Synkopierung.

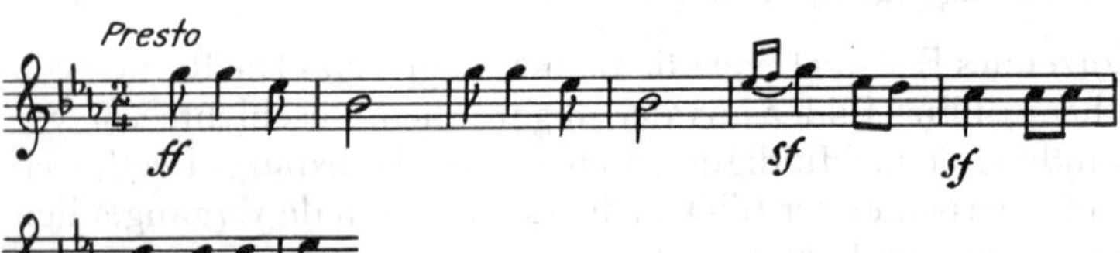

Ein weiteres Thema aus diesem Abschnitt klingt wie die Vorwegnahme der Freudenmelodie aus der 9. Sinfonie. Nach großer klanglicher Steigerung folgt in der Durchführung die Verarbeitung von Material der langsamen Einleitung. Überdies kehrt der Einleitungsteil dann nach der Reprise noch einmal (verkürzt) als Überleitung zur Coda wieder. Mit mächtigem Es-Dur-Jubel klingt das reizvolle, in Beethovens Gesamtschaffen eine Sonderposition einnehmende Werk aus.

Ouvertüre »Zur Namensfeier« C-Dur op. 115 (1814/15)

Besetzung: 2 Flöten, 2 Oboen, 2 Klarinetten, 2 Fagotte, 4 Hörner, 2 Trompeten, Pauken, Streicher
Aufführungsdauer: etwa 7 Minuten

Erste Skizzen zu diesem Werk entstanden 1809. Beethoven dachte damals an eine »Ouvertüre zu jeder Gelegenheit oder zum Gebrauch im Konzert«. Später trug er sich mit der Idee, dieses Stück mit einem Chor über Schillers »Ode an die Freude« zu koppeln. Aber auch sie wurde nicht ausgeführt. Den äußeren Anlaß zur endgültigen Ausarbeitung gab die Namensfeier des österreichischen Kaisers 1814. Die Komposition wurde zwar erst 1815 fertig, erhielt aber doch nach Beethovens Tod den Titel »Zur Namensfeier«. Der Titel »La Chasse« (»Die Jagd«), den man ihr noch zu Lebzeiten des Komponisten gab, wurde von ihm selbst abgelehnt. Im Grunde ist diese Ouvertüre mit keinem bestimmten Anlaß in Verbindung zu bringen.
Festlich punktierte Rhythmen im Stil der französischen Ouvertüre eröffnen die *Maestoso-Einleitung* ($^{4}/_{4}$-Takt). Zwei ff-Orchestertutti-Schläge dieser Art verbindet ein Zwischensatz der vier Hr., der den Titel »La Chasse« bei den Zeitgenossen provozierte. Dann übernehmen die Vl. mit elegant ausgeziertem Melos die Führung und leiten, pp verklingend, in den *Sonatenhauptsatz* (Allegro assai vivace, $^{6}/_{8}$-Takt). Hier hat das von den Vl. vorgeführte Hauptthema ebenfalls jagdartige Züge. Sforzati und abrupte Wendungen geben dem Ganzen einen kräftigen, energischen Anstrich. Das lyrisch empfindungsvolle Seitenthema, ebenfalls in den Vl.,

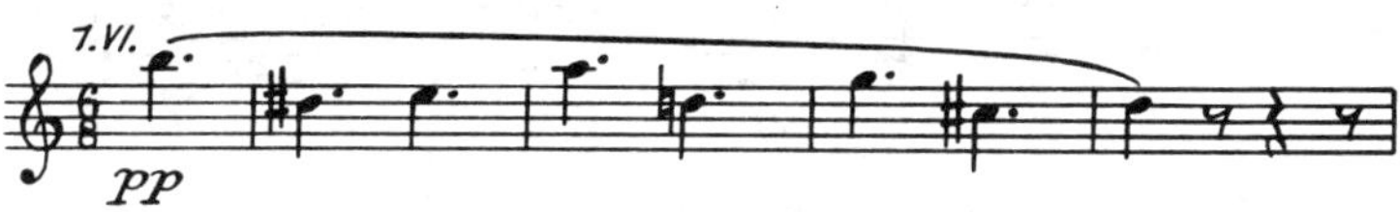

läßt den »Jagdcharakter« bald ganz vergessen. Die dramatisch zugespitzte Durchführung, die klanglich gesteigerte Reprise und die weit ausgreifende, hymnische Coda verleihen dem Werk feierlich-heroischen Charakter.

Ouvertüre »Die Weihe des Hauses« C-Dur op. 124 (1822)

Besetzung: 2 Flöten, 2 Oboen, 2 Klarinetten, 2 Fagotte, 4 Hörner, 2 Trompeten, 3 Posaunen, Pauken, Streicher
Aufführungsdauer: etwa 12 Minuten

Beethovens letzte Ouvertüre wurde zur Eröffnung des neuerbauten Theaters in der Josefstadt zu Wien geschaffen und kam am 3. 10. 1822 zur ersten Aufführung. Sie leitete das Festspiel »Zur Weihe des Hauses« ein, das der Österreicher Carl Meisl zur Theatereröffnung schrieb. Es ist im Grunde eine Bearbeitung der »Ruinen von Athen«. Das Werk entstand in kurzer Zeit, während der Arbeit an der »Missa solemnis«. Neu an ihr ist »der bewußt vereinfachende, monumentale Stil« (Goldschmidt), ist das Anknüpfen an den Stil des von Beethoven tief verehrten Händel, die Verschmelzung von sinfonischer Arbeit und kontrapunktischer Stimmführung.
Als festlich-majestätischer Auftakt gibt sich die *Einleitung* (Maestoso e sostenuto, 4/4-Takt). Nach vier Akkord-Takten entwickeln die Bläser über 16 Takte eine breit strömende, hymnische Melodie, die später vom gesamtem Orchester übernommen wird. Un poco più vivace schließen sich von Händel inspirierte, schmetternde Signale der Trp. und Pk. an. Sie werden von Fag.-Passagen grundiert. Meno mosso konzertiert sodann das Orchester in ständiger Steigerung, bis im Streicher-Unisono der *Sonatenhauptsatz* (Allegro con brio, 4/4-Takt) erreicht wird. Er beginnt mit einer großen Doppelfuge. Ein wiederum stark von Händel beeinflußtes Thema

und ein Gegenthema in rastloser Sechzehntel-Bewegung bilden das Fugenmaterial. Diese Doppelfuge nimmt die Stelle der Themenexposition im Sonatensatz ein. In der Durchführung wechseln dann kontrapunktische und homophone Partien. Bestimmend für die kontrapunktisch-thematische Entwicklung ist vor allem das Kopfmotiv des Hauptthemas. Fermaten und majestätische Tuttiakkorde (Adagio) eröffnen den *Schlußteil,* in dem dieses Kopfmotiv wiederum die treibende Kraft ist. In festlich-frohem C-Dur-Glanz schließt die Ouvertüre.

Klavierkonzerte, Violinkonzert, Romanzen, Doppelkonzert

Seine fünf Klavierkonzerte, denen aus der Bonner Zeit zwei fragmentarisch überlieferte Werke vorausgingen, hat Beethoven zunächst vor allem für den eigenen Gebrauch geschrieben. Darum verlor er mit zunehmendem Gehörleiden und dem damit verbundenen Verzicht auf öffentliches Konzertieren das Interesse an der Gattung. Der Pianist Beethoven legte Wert darauf, seine Konzerte für längere Zeit nicht zum Druck zu geben, da er sie vorerst nicht von anderen gespielt wissen wollte. In einem Brief an den Verleger Breitkopf heißt es: »Es erfordert die musikalische Politik, die besten Konzerte eine zeitlang für sich zu behalten.« Vor allem die ersten Konzerte geben uns ein lebendiges Bild des schöpferischen Virtuosen Beethoven, den man in Wien als bedeutendsten Virtuosen und Improvisator nach Mozarts Tod feierte. An seinen Konzerten hat er immer wieder gefeilt, geändert, Anregungen aus improvisatorischem Spiel eingearbeitet. Über den Improvisator Beethoven berichtete sein Schüler Czerny: »Seine Improvisation war in höchstem Maße brillant und staunenswert. In welcher Gesellschaft er sich auch befinden mochte, er verstand es, einen solchen Eindruck auf jeden Hörer hervorzubringen, daß häufig kein Auge trocken blieb ...«

Freude an virtuosem Spiel, Anregungen aus den Konzerten Mozarts prägen das Bild der ersten Beethoven-Konzerte. Später wirkt die Ausarbeitung des sinfonischen Konzepts in den Orchesterwerken auch in die Konzerte: Sie sind gekennzeichnet durch dramaturgische und musikalisch enge Verflechtung von Solo und Orchester. Hier erreicht das klassische Solokonzert (vergleichsweise auch im Violinkonzert) seine reifste und endgültige Ausprägung. Die Konzerte sind nicht mehr brillante Unterhaltung, sondern Tondichtungen, wie die Sinfonien oder die großen Ouvertüren.

1. Klavierkonzert C-Dur op. 15 (1795/96)

Besetzung: Solo-Klavier; Flöte, 2 Oboen, 2 Klarinetten, 2 Fagotte, 2 Hörner, 2 Trompeten, Pauken, Streicher
Aufführungsdauer: etwa 35 Minuten

Das C-Dur-Konzert wurde 1795/96 geschrieben, vermutlich im Hinblick auf eine geplante Konzertreise nach Berlin und Prag. Aus Prag ist dann auch die erste Aufführung für 1798 verbürgt. Erst 1801 erschien das Konzert als op. 15 und als erstes der Kl.-Konzerte im Druck, obgleich es nach dem B-Dur-Werk entstanden ist.
Das C-Dur-Konzert steht zeitlich wie musikalisch in der Nähe der 1. Sinfonie. Festlich-virtuoser Glanz, schwärmerische Lyrik und Humor geben der jugendlich-feurigen Musik das Gepräge. Zugleich zeigt sich die kompositorische Meisterschaft des 25jährigen in der Kunst, unterschiedliche emotionale Haltungen aus einem Grundgedanken von höchster Einfachheit zu entwickeln. Dieser Grundgedanke ist rhythmisch geprägt. Wie ein Motto steht er am Beginn der Orchestereinleitung des *1. Satzes* (Allegro con brio, 4/4-Takt).

Hier eröffnet er das Hauptthema marschartig. Marschcharakter prägt auch den ganzen Satz. Ihm fügt sich das melodiöse Seitenthema kontrastierend ein. Es erhält besonderen klanglichen Reiz dadurch, daß es in Es-Dur erscheint.

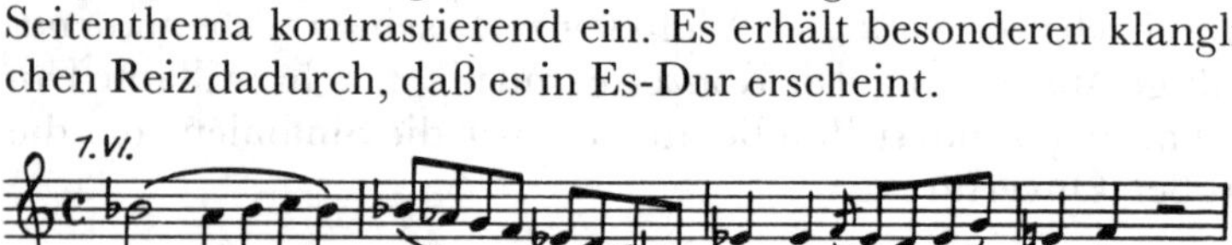

Weitere klangliche Nuancierung ist seine Versetzung nach Moll. Am Ende der Themenexposition im Orchester erscheint noch ein weiterer, wiederum marschartiger Gedanke. Das Soloinstrument tritt mit kantabler Überleitung zur Wiederkehr des

Hauptthemas erstmals in Erscheinung, zunächst ohne Begleitung. Dann aber umrauscht es das Thema im Orchester mit virtuosem Figurenwerk. Bereits in diesem Konzert zeigt sich, wie Beethoven bedacht ist, pianistische Virtuosität nicht als Selbstzweck vorzuführen, sondern aus enger Bindung zum Orchesterpart zu entwickeln. Dabei werden auch – absichtsvoll – die Rollen getauscht: Nachdem das Kl. beim Auftreten des Hauptthemas vor allem mit virtuosem Spiel zum Orchester hinzutrat, übernimmt es das Seitenthema (in der »regelrechten« Dominanttonart G-Dur) melodieführend selbst. 1809 hat Beethoven für diesen Satz drei Kadenzen geschrieben, deren 3. und ausgedehntester der Vorzug zu geben ist. Ihr ausgeprägt dramatischer Charakter gibt dem Satz zusätzliches Gewicht und ist überdies charakteristisches Beispiel dafür, wie der Pianist Beethoven sein musikalisches Themenmaterial improvisierend auszuarbeiten pflegte.

Auch der *2. Satz* (Largo, As-Dur, alla breve) ist aus der Grundstruktur des Kopfthemas im 1. Satz gewonnen, wie die Akkordgestaltung der Begleitung in den ersten beiden Takten seines Hauptthemas deutlich macht.

Das Ganze steht in der Mediant-Tonart As-Dur. An die Stelle des energischen Marschcharakters im 1. Satz tritt jetzt lyrische Ausgeponnenheit. Das beiden Sätzen gemeinsame metrische Grundgerüst gibt nun »das harmonisch-rhythmische Fundament zu einer großen odischen Gesangsszene ab. Ganz antikisch, durch die Opernwelt Glucks gebrochen, teilen sich Solo und Orchester in das klassisch geordnete Verhältnis Vorsänger – Chor« (Goldschmidt).

Das *Finale* (Allegro scherzando, 2/4-Takt) ist ein Rondo mit drei Themen. Das kecke 1. bildet in seinem Festhalten am C-Dur-Dreiklang ganz offensichtlich eine weitere Variante zum Marschthema aus dem 1. Satz,

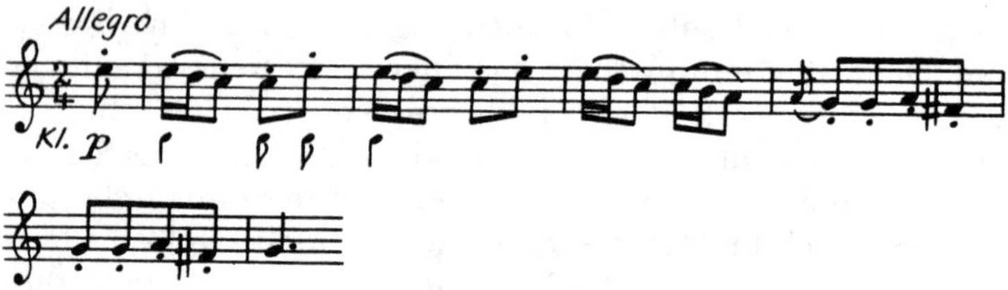

eine lustige, übermütige dazu. Es wird vom Solisten vorgestellt, dann vom Orchester aufgegriffen. Wie ein schlendernder Gassenhauer gibt sich das 2. Rondothema, das vom Orchester eingeführt, dann vom Solisten aufgenommen wird.

Das 3. Thema, nun wieder vom Orchester zuerst vorgetragen, trägt slawische Züge,

vielleicht im Hinblick auf das geplante und dann ja auch ausgeführte Konzert in Prag.

Mit Bravour, pianistischer Brillanz wird dieses Material verarbeitet. Beethoven schafft dabei immer neue, effektvolle Überraschungsmomente. So auch am Schluß, wo nach kurzer Kadenzpassage das Orchester in einem Adagio-Takt mit Fermate zögernd verharrt, ehe es zum energischen Tutti-Abschluß eilt.

2. Klavierkonzert B-Dur op. 19 (1794/95)

Besetzung: Solo-Klavier; Flöte, 2 Oboen, 2 Fagotte, 2 Hörner, Streicher
Aufführungsdauer: etwa 24 Minuten

An diesem Konzert, dessen erste Entwürfe in die Bonner Zeit zurückreichen, hat der Komponist mehrfach neu gearbeitet –

bis zur durchführungsartigen großen Kadenz zum 1. Satz, die er 1809 für den Gebrauch des Erzherzogs Rudolf, seines Klavierschülers, hinzukomponierte. Am 29. 3. 1795 spielte es der Komponist zum ersten Male in Wien. Die Wiener Zeitung vom 1. April berichtete, mit diesem Konzert habe »der berühmte Herr Ludwig van Beethoven ... den ungeteilten Beifall des Publikums geärndtet«.
Ganz regelmäßig gibt sich in der Orchestereinleitung zum *1. Satz* (Allegro con brio, 4/4-Takt) das energisch punktierte Hauptthema mit seinem gesanglichen Nachsatz. Interessant ist, daß dieses Thema wie eine Variante des Hauptthemas aus dem 1. Satz des C-Dur-Kl.-Konzerts wirkt: Im gleichen Metrum wie dort steht das Kopfmotiv, nur durch Punktierungen verändert. Und während im C-Dur-Konzert der Nachsatz den Marschcharakter ausprägt, gibt er sich hier lyrisch-gesanglich.

Insgesamt hat der Satz denn auch lyrischeres Gepräge. Nach energischer, unerwarteter Rückung von *c* nach *des* (ein Verfahren, das der Komponist später mehrfach nutzte) wird das 2. Thema in Des-Dur mit betont kantabler Linienführung vorgetragen.

Solche Wendungen bringen den schlichten Ablauf des Ganzen immer neu in Bewegung und weisen auf Eingriffe, die der Komponist später an seinem Jugendwerk vornahm. Besonders deut-

lich wird dies in der bereits erwähnten Kadenz. Sie bringt nach vorhergehender knapper Durchführung mit Kl. und Orchester eine zweite, nun sehr groß angelegte Durchführung im Kl. allein, in der vor allem das Hauptthema dramatisch und wirkungsvoll verarbeitet wird.
Wie im 1. Konzert ist auch hier der *2. Satz* (Adagio, Es-Dur, 3/4-Takt) ganz auf empfindungsvollen Gesang gestellt. Das Orchester beginnt und betont so den chorischen Charakter des Gesangsthemas, das dann vom Kl. übernommen wird. In der Wiederholung werden die Rollen vertauscht: Das Kl. beginnt, das Orchester folgt. Die Melodik wird hier figurativ besonders reich ausgestaltet. Gegen Ende des Satzes gibt es eine Akkompagnato-Szene, in der der Solist allein deklamierend hervortritt, während das Orchester dazwischen Teile des Hauptthemas intoniert.
Das *Rondo-Finale* (Molto allegro, 6/8-Takt) ist ganz und gar tänzerisch angelegt. Diesen Ton schlägt der Solist sogleich mit dem keck synkopierten Hauptthema an,

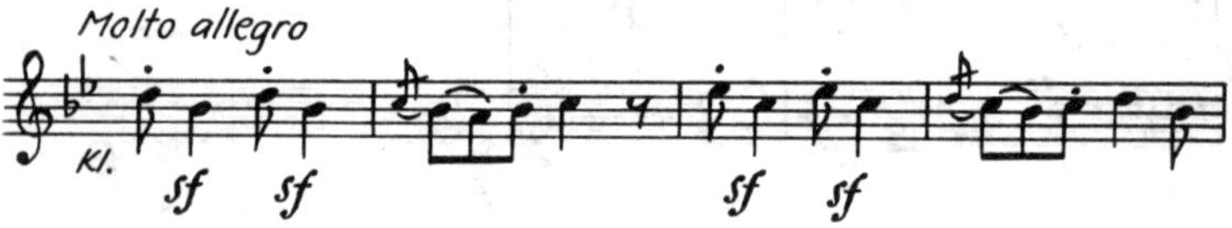

das Beethoven ursprünglich auftaktig konzipiert hatte. Erst in der Überarbeitung wurde durch Taktverschiebung der so besonders reizvolle synkopische Charakter hergestellt. Ein 2. Thema, ebenfalls zuerst im Kl., wirkt anmutig-beschwingt. Aber auch hier setzt Beethoven mit unerwartetem Sforzato den humoristischen Akzent. Ein weiterer, für den Verlauf wichtiger thematischer Gedanke in g-Moll (wiederum zuerst im Kl.) knüpft an die Synkopierungen des Rondothemas an.
Der im Hauptthema steckende Humor wird im Verlaufe des Ganzen durch virtuose Figurationen, witzige und pointierte Variationen neu ins Licht gerückt und verleiht dem Satz den Charakter eines jugendlich-unbekümmerten Kehraus – bis in den Abschluß hinein, der zunächst im Decrescendo bis zum pp führt, um danach mit plötzlicher Kraftentladung die »donnernden« Schlußakkorde zu erreichen.

3. Klavierkonzert c-Moll op. 37 (1800)

Besetzung: Solo-Klavier; 2 Flöten, 2 Oboen, 2 Klarinetten, 2 Fagotte, 2 Hörner, 2 Trompeten, Pauken, Streicher
Aufführungsdauer: etwa 35 Minuten

Dies ist das einzige Moll-Konzert Beethovens. Der Komponist brachte es am 5. 4. 1805 zusammen mit der 2. Sinfonie op. 36 in Schikaneders neuerbautem Theater an der Wien zur UA. In diesem Werk ist der neuartige Typ des sinfonischen Solokonzerts, der »dreisätzigen Sinfonie mit konzertierendem Klavier« (Schönewolf) voll ausgeprägt. Bei der Besprechung der 2. Sinfonie haben wir auf die von Goldschmidt zu Recht betonten Bezüge zu Mozarts »Zauberflöte« hingewiesen. Auch im c-Moll-Konzert spielt Mozarts Vorbild eine Rolle. Insbesondere lassen sich Anregungen durch das d-Moll-Kl.-Konzert des Salzburger Meisters erkennen. Beethoven hat dieses Werk sehr geschätzt, spielte es oft und komponierte auch neue Kadenzen. Freilich, bei aller Verbindung zum dunkel-tragischen Ton des Mozart-Konzerts – hier hebt Beethoven die musikalische Sprache seines Werkes ins Pathos einer neuen, aktiv-fordernden Idealität. »Moral ist die Kraft der Menschen, die sich vor anderen auszeichnen, und sie ist auch die meinige«, heißt es in einem Brief kurz vor dem Entstehen des c-Moll-Konzerts. Dieser Zug zum Aktiv-Kämpferischen gibt dem lakonisch formulierten Hauptthema des *1. Satzes* (Allegro con brio, alla breve) sogleich das Gepräge. Es steigert sich in der Orchestereinleitung aus leisem Beginn zu energischem ff-Ausbruch.

Besonders die punktierten Quarten (Q) am Ende des Themas erhalten in Durchführung und Coda des Satzes Bedeutung. Schon innerhalb der Exposition des Hauptthemas im Orchester wird eine verhaltene Gegenstimme entwickelt, werden Spannungen fixiert, die das sinfonische Geschehen vorantreiben. Den lyrisch-gesanglichen Gegensatz bildet das Es-Dur-Seitenthema. Vor Abschluß der Orchestereinleitung wird aus dem Hauptthema noch ein weiterer, später wichtiger c-Moll-Gedanke entwickelt. Dann setzt das Kl. mit virtuosen Skalen ein

und übernimmt die Führung. Besonders hervorzuheben ist jener Abschnitt der Durchführung, in dem Beethoven über dem Quartenmotiv aus dem Hauptthema eine große, ausdrucksvolle Gesangsszene des Kl. entwickelt. Durchführungscharakter hat auch in diesem Konzert die gewichtige Solokadenz. In der Coda findet der Wandel von dunkel-tragischem zu energisch-forderndem, kraft- und selbstbewußtem Gestus besonders fesselnde musikalische Gestalt: In Pk. und Bässen pocht »schicksalhaft« das Quartenmotiv, zunächst von leisen Kl.-Figurationen umspielt. Dann wandelt der Solist das Quartenmotiv in kräftige Signalrufe und löst so das energische Schlußtutti aus.
Der *2. Satz* (Largo, 3/8-Takt) steht in E-Dur. Das ist ein für den jungen Beethoven noch sehr ungewöhnlicher Wechsel vom vorhergehenden c-Moll in diese weit abliegende Tonart. Sie rückt aber die feierliche, gesangvolle Lyrik des Satzes in besonders sanftes, weiches klangliches Licht. Von erhabener Größe, ruhevoller Poesie ist der Gesang, mit dem das Kl. diesen langsamen Satz eröffnet.

Er wird dann im Wechsel mit dem Orchester vorgetragen. Dabei löst das Soloinstrument die Kantilene in immer zarteres, filigranartiges Figurenwerk auf. Der Mittelteil führt in neue Klangregionen: G-Dur bilden rauschende Arpeggien des Kl. und Streicherpizzikati den Klangteppich für sanfte Kantilenen der Fl. und Fag. Bei der Wiederholung des 1. Satzteils werden die Kl.-Figurationen noch reicher und ausdrucksvoller gestaltet. Sie führen in eine Kadenz mit besonders ausdrucksstarkem »redendem« Gestus. Die leise verklingende Coda wird schließlich von einem weihevollen Tuttischlag des Orchesters beendet.
Das *Rondo-Finale* (Allegro, 2/4-Takt) steht wieder in c-Moll. Dem seelenvollen Largo-Gesang folgt hier nicht der sorglose Kehraus, sondern energisches, humorvolles, aber auch aggressives Musizieren. Schon das eigenwillige, tänzerische Rondothema, mit

dem das Kl. beginnt, legt diese Haltung fest. Wichtiger Kontrast ist ein anmutiges As-Dur-Thema, in dem Kl. und Klar. zusammenwirken. Zwei Kadenzen sind in den Ablauf des Ganzen eingefügt. In der Presto-Coda schließlich wird aus dem Hauptthema eine energisch-freudige Variante gebildet, die zum kräftig-heiteren Ausklang des Konzerts führt, den Kl. und Orchester bestreiten.

4. Klavierkonzert G-Dur op. 58 (1805/06)

Besetzung: Solo-Klavier; Flöte, 2 Oboen, 2 Klarinetten, 2 Fagotte, 2 Trompeten, 2 Hörner, Pauken, Streicher
Aufführungsdauer: etwa 34 Minuten

Dieses Konzert hat Beethoven im März 1807 während seiner Akademie im Palais des Fürsten Lobkowitz zum ersten Male gespielt. Es gehört zeitlich wie der Haltung nach in die Nähe des Violinkonzerts und der B-Dur-Sinfonie. Das Hauptthema des 1. Satzes findet sich unter Entwürfen zur Oper »Leonore«. Der biographische Hintergrund wird erkennbar, dokumentiert auch durch vor einigen Jahren wiederentdeckte Briefe Beethovens an Josephine Brunsvik, verwitwete Deym: Der Zauber hohen Liebesglücks prägt den Ausdruckscharakter der Sinfonie wie der Konzerte. »Der Komponist hätte freilich nicht Beethoven geheißen, wenn das Hohelied der Gattenliebe nicht unter seinen Händen sich in die Liebe zur Gattung, nämlich des Menschengeschlechtes, verwandelt hätte« (Goldschmidt).

Mit bis dahin nicht gekannter lyrischer Intensität wird im *1. Satz* (Allegro moderato, 4/4-Takt), dem ausgedehntesten des Werks, die Idee erfüllten Glücks beschworen. Wie ein Motto stellt das Kl. allein den Akkordisches und Melodisches vereinenden, poetisch-versonnenen Hauptgedanken des Satzes unbegleitet an den Beginn (siehe NB S. 113). Nach diesem glückseligen Kl.-Monolog beginnt erst die Orchesterexposition mit dem Hauptthema in H-Dur, mit einer Entwicklung, die wieder in die Grundtonart führt. Verhalten setzt daraufhin das 2. Thema in a-Moll ein.

Später erst offenbart es, nach C-Dur gerückt, seinen sieghaften Marschcharakter. Das Kl. tritt mit sanft pochendem Rhythmus des Hauptthemas auf den Plan. Im Zusammenwirken mit dem Orchester werden aber nicht nur die vorgegebenen Themen poesievoll verarbeitet, sondern es tauchen auch neue Gedanken auf: eine lyrisch aufblühende Doppelschlagmelodie im Kl.-Diskant (B-Dur) sowie ein D-Dur-Marsch im Orchester. Das Figurenwerk des Kl. mit Trillern, chromatischen Passagen, Arpeggien in fast impressionistischer Farbigkeit weist auf Chopin voraus, zeigt vor allem Merkmale des Beethovenschen Spätstils (zum Beispiel in der Kl.-Sonate op. 111). Nach groß angelegter Kadenz, die das zuvor beschworene Glücksempfinden dramatisch infrage stellt (Beethoven schrieb dafür zwei Fassungen), wird der lyrische Grundton mit dem 1. Thema erneut aufgegriffen, bevor der Satz im Nachspiel mit Kl. und Orchester glanz- und kraftvoll abschließt.

Der *2. Satz* (Andante con moto, e-Moll, 2/4-Takt) entwickelt sich als klassische Elegie. Er wurde mit der Orpheus-Sage in Verbindung gebracht, in der die Klage des Sängers die Mächte der Unterwelt milde zu stimmen sucht. Zwei Haltungen stehen einander gegenüber: Die eine düster, drohend, unerbittlich, in ehernen Punktierungen unisono schreitend, den Streichern anvertraut; die andere als bittende, innig singende Kl.-Kantilene.

Kl. und Streicher stehen sich in diesem Satz als Dialogpartner gegenüber. Alle übrigen Orchesterinstrumente schweigen. Im Verlaufe des Dialogs gewinnt der Gesang des Kl. die Überhand gegenüber dem drohenden Streicherthema, das allmählich immer schwächer wird. Auch ein Kl.-Ausbruch mit Trillern, chromatischen Skalen im Diskant klingt beruhigend ab. Das Schreitmotiv der Streicher wirkt danach besänftigt, gelöst. So kann eine emporsteigende Kl.-Passage am Ende Orchester und Kl. im e-Moll-Akkord friedvoll zusammenbringen.
Ohne Pause schließt das *Rondo-Finale* (Vivace, G-Dur, 2/4-Takt) an. In C-Dur intoniert das Orchester zunächst leise das elastisch federnde Tanzthema »Alla polacca«. Es wird vom Kl. übernommen, schwungvoll ausgeziert.

Tutti und Solo spinnen den fröhlich-tänzerischen Reigen im Wechsel weiter. Das D-Dur-Seitenthema wird in der Diskantlage des Soloinstruments gesungen und klingt wie ein schwärmerisches Liebeslied. Für die Kadenz hat Beethoven seine eigene Improvisation notiert. Danach schließt der Satz temperamentvoll, mit einer Abwandlung des Rondothemas, nicht ohne daß auch hier (kurz vor dem Ende) eine poetische p-Episode mit lichtem Triolenwerk im Kl. den wirkungsvollen Kontrast zum Feuerwerk der Orchester-Schlußakkorde und brausenden Kl.-Triolen setzte.

5. Klavierkonzert Es-Dur op. 73 (1809)

Besetzung: Solo-Klavier; 2 Flöten, 2 Oboen, 2 Klarinetten, 2 Fagotte, 2 Hörner, 2 Trompeten, Pauken, Streicher
Aufführungsdauer: etwa 37 Minuten

Als »großes Konzert« hat Beethoven sein letztes Kl.-Konzert in der »Eroica«-Tonart Es-Dur selbst bezeichnet. Es ist zugleich seine bedeutendste Komposition in diesem Genre. Nach dem lyrisch-intimen G-Dur-Werk ist das 5. Kl.-Konzert ganz besonders stark vom politisch-gesellschaftlichen Geschehen seiner Zeit inspiriert. Wie die spätere A-Dur-Sinfonie, die »Egmont«-Musik klingt aus ihm der leidenschaftliche Appell zum Kampf der Völker gegen Napoleon, der damals im Zenit seiner Macht stand. Um so unsinniger ist es, daß gerade dieses Konzert bis heute im englischen Sprachraum den Beinamen »The Emperor« (Der Kaiser) trägt.
1809 komponiert, kam es im November 1810 in Leipzig mit dem Gewandhausorchester und dem Pianisten Friedrich Schneider zur sehr erfolgreichen UA.
Mit 582 Takten übertrifft der *1. Satz* (Allegro, 4/4-Takt) sogar den 1. Satz der 9. Sinfonie; er ist länger als die beiden folgenden Sätze zusammengenommen. Ungewöhnlich dazu sein Beginn: Nach einem Es-Dur-Akkord des Orchesters beginnt der Solist allein mit einer virtuos dahinbrausenden Kadenz, die nur von in sich kadenzierenden Orchester-Akkorden unterbrochen wird. »Es ist ein weltumspannender Ruf ›an alle‹. Nicht erst in der 9. Sinfonie hat Beethoven die ›Millionen umschlungen‹« (Goldschmidt).

Erst dann folgt die Themenexposition im Orchester, zunächst mit dem aufrüttelnd schwungvollen, heroischen Hauptthema in den Streichern (siehe NB S. 116). Der ihm innewohnende Marschduktus wird in der Fortspinnung sofort mit aller Deutlichkeit formuliert und gibt dem musikalischen Bild das kämpferische, »militärische« Profil. Als Marschweise präsentiert sich auch das 2. Thema, zunächst pp in es-Moll, dann mit weichem Schwung (dolce) und in Dur in den Hr.

Schließlich löst sich aus dem Elan des erneut auftretenden Hauptthemas ausdrucksvolles, thematisch ebenfalls wichtiges Streichermelos, ehe mit chromatisch aufstrebender Passage und Trillern im hohen Diskant der Solist das Wort ergreift. Er trägt sogleich das Hauptthema vor und führt es verändernd fort. Die Dialoge zwischen Solo und Orchester sind in diesem Satz von schwer beschreibbarer klanglicher Poesie und, im Kl., von großer Virtuosität. Immer wieder wird deutlich, daß dem »heldischen« Grundton beseelte, innige Lyrik zugeordnet ist. Das Wunder solch lyrisch-klanglichen Aufleuchtens vollzieht sich, wenn im sehr ausgreifend angelegten Durchführungsteil leise Kl.-Passagen im verminderten Septakkord und kurze Rufmotive der Holzbläser eine Stimmung erwartungsvollen Halbdunkels schaffen, aus der dann schließlich der Klang des vollen Orchesters um so strahlender hervorbricht, oder wenn das 2. Marsch-

thema, von zarten Kl.-Figuren umspielt, ebenfalls plötzlich in triumphierendes Licht des Orchesters gerückt wird. Umgekehrt löst sich energisch-kraftvolles Musizieren in poetisch zartes Klangfarbenspiel. Dies geschieht zum Beispiel, wenn nach mächtigen Kl.- und Orchesterakkorden der Solist zu energischen Doppeloktavpassagen ansetzt, die die Streicher fugierend übernehmen, und wenn in mehrfachem Ansatz dieser Entwicklung die Dynamik allmählich reduziert wird, bis sich aus den Oktavgängen des Kl. zartes, von Triolenbegleitung gestütztes Melodiespiel im Diskant entwickelt.
Der Dialog zwischen Solo und Orchester wird bis in die Coda weitergeführt. Beim Eintritt in die Reprise erklingt auch die Eröffnungskadenz des Solisten vom Satzanfang erneut, so daß sich eine gesonderte Kadenz vor dem Satzabschluß hier erübrigt.
Der *2. Satz* (Adagio, un poco moto, H-Dur, 4/4-Takt) verzichtet auf Trp. und Pk. Er stützt sich auf den gedämpften Klang der Streicher mit Holzbläsern und Hr., erhält so wie durch die gewählte Tonart weihevoll-innigen Charakter. Es geht um das »feierliche Betreten des Heiligtums der Freude« (Goldschmidt). In choralartigem Satz erklingt in den Streichern das Hauptthema.

Nach dem Prinzip des Wechsels von chorischem Orchestermusizieren und Solospiel schließt sich der Solist mit ausdrucksvollen Figurationen an, um schließlich seinerseits das Thema im vollgriffigen Satz vorzutragen. Im Kl.-Part wird es weiter aufs ausdrucksvollste figuriert, bis es erneut im Holzbläserchor aufklingt, nun vom Solisten in Sechzehntelbewegung begleitet.
Wie im 4. Kl.-Konzert folgen auch hier 2. und *3. Satz* (Rondo, Allegro, 6/8-Takt) unmittelbar aufeinander. Mit genialer Klangpoesie vollzieht Beethoven die Wendung von H-Dur zurück nach Es-Dur: Gleichsam traumhaft, pp, deutet sich am Ende des langsamen Satzes, nach plötzlichem Abgleiten der Baßlinie von h nach b, das Rondo-Thema des Finales (im Kl.) an, suchend und fragend, ehe es urplötzlich ff seine ganze kraftvoll gespannte und freudige Energie als Reigengesang offenbart.

Diesem Thema gibt die Verbindung von zwei- und dreiteiligem Rhythmus das besondere Profil. Seine sich aufstauenden Energien werden in einem chromatisch abwärtsführenden Zwischensatz und einem rhythmisch pendelnden Nachsatz aufgefangen, um dann mit um so größerer Kraft neu aufzubrechen.

Übrigens erinnert der Nachsatz sicher nicht zufällig an das Hauptthema der später entstandenen, inhaltlich mit dem Es-Dur-Konzert eng verbundenen 7. Sinfonie.

Weitere Themen, darunter ein lyrisches mit charakteristischem Doppelschlag, reichern das musikalische Bild an. Beethoven verbindet hier wie in manchem seiner Sinfonie-Finali Rondo- und Sonatenform. In der Coda schafft er noch einmal Spannung besonderer Art: In einem Duo zwischen Pk. und Kl. erlischt die Bewegung allmählich (Ritardando bis zum Adagio). Dann leitet der Solist (Più allegro) mit rollenden Oktavpassagen zum impetuosen Orchesterabschluß mit dem Rondo-Thema.

Violinkonzert D-Dur op. 61 (1806)

Besetzung: Solo-Violine; Flöte, 2 Oboen, 2 Klarinetten, 2 Fagotte, 2 Hörner, 2 Trompeten, Pauken, Streicher
Aufführungsdauer: etwa 45 Minuten

Beethovens Violinkonzert (ein Werk gleichen Genres aus der Jugendzeit blieb Fragment) steht heute wegen seiner lyrischen Schönheit in der Gunst der Hörenden wie der Interpreten ganz obenan.
Freilich: noch beträchtliche Zeit nach seiner UA galt es als unspielbar. Beethoven schrieb es verhältnismäßig rasch 1806 »par Clemenza pour Clement«, für den Wiener Geiger Franz Clement (1780-1842), einen bohemehaften Künstler, dessen phänomenales Können die Zeitgenossen zu höchster Bewunderung hinriß. Die Spielweise Clements hat offensichtlich die Anlage des Soloparts im Beethoven-Konzert inspiriert. Kühnheiten der Bogenführung nach dem Vorbild der italienischen Schule, sicheres und ausdrucksvolles Kantilenen- und Figurenspiel in den höchsten Lagen wurden bei Clement gerühmt; sie finden sich auch im Konzert. Clement brachte es in einer eigenen Akademie am 23. 12. 1806 zur UA. Nach einem Bericht Czernys war das »kaum 2 Tage nach seiner Vollendung«, so daß der Geiger sehr wenig Zeit zu intensiver Vorbereitung hatte. Dennoch wurde es von ihm »mit größter Wirkung produziert«.
Für das Verständnis dieses einzigartigen Konzerts, dessen lyrische Schönheit, dessen klassisches Ebenmaß stets von ganz unmittelbarer Wirkung sind und in dem der melodische Führungsanspruch des Soloinstruments sich mit sinfonisch empfundener Verbindung von Orchester und Vl. paart, sind biographische Zusammenhänge wichtig:
Das Vl.-Konzert steht in engem, bis zu thematisch-motivischen Gemeinsamkeiten führendem Zusammenhang mit der Oper »Fidelio«, mit der B-Dur-Sinfonie, mit lyrisch intendierter Kammermusik wie den Vc.-Sonaten op. 89 und 102, Nr. 1, der Violinsonate op. 96, der Kl.-Sonate op. 78. In die Entstehungszeit dieser Werke fallen dreizehn Briefe Beethovens an Jose-

phine Deym, geborene Brunsvik und Antwort-Entwürfe (vielleicht der »unsterblichen Geliebten«?) der Adressatin aus den Jahren 1804 und 1807. Hinter Florestan und Leonore stehen Ludwig und Josephine, steht das Glück erhoffter und ersehnter Gattenliebe. Zugleich ist für den Komponisten die Liebe der Gatten auch die zur Gattung, wird persönliches Glücksgefühl im Kunstwerk zum Preisgesang auf menschliches Glück schlechthin. Beethoven hat selbst solchen Bezug auf die Formel gebracht: »Der Mensch repräsentiert einzeln ebenso das Gesamtleben der Gesellschaft, wie die Gesellschaft nur ein etwas größeres Individuum darstellt.«

Bereits die ausgedehnte Orchestereinleitung zum *1. Satz* (Allegro ma non troppo, 4/4-Takt) zeigt in der Art der Themen Bezüge zu den oben genannten anderen Werken des Komponisten. Das eröffnende, in ruhigen Vierteln pochende Pk.-Motiv erinnert an die thematische Rolle der Pk. im langsamen Satz der B-Dur-Sinfonie. Anschließend bringt der Chor der Ob., Klar. und Fag. das innige, schwärmerisch aufsteigende und kantable Hauptthema,

dessen melodischer Duktus dem des Leonore-Florestan-Duetts (»Mein Mann / Mein Weib an meiner Brust ...«) eng verbunden ist, hier aber auf die Ebene lyrischer Verklärung rückt. Im Konzert wird die Kantilene weitergeführt zu drängender, aufstrebender Bewegung. Aus einem energischeren Zwischenteil erwächst dann das ebenfalls aus dem Pk.-Motiv sich entwickelnde Seitenthema (wiederum in D-Dur).

das sein Gegenstück im langsamen Satz der 4. Sinfonie (der Baßstimme des dortigen Hauptthemas) findet. Dieser Gedanke durchschreitet auch die Moll-Sphäre und führt, gemeinsam mit dem Pk.-Motiv (das akkordisch, im verminderten Septakkord, intensiviert wird), aus lyrischer Haltung zu kräftiger Gewißheit und energischer Bestätigung. Im Schlußteil der Orchestereinleitung erscheint ein 3. thematischer Gedanke, hymnisch in die Höhe steigend und dem 2. Thema verwandt, im Wechsel zwischen Bässen und 1. Vl.

Dann ergreift die Solo-Vl. mit einem Aufschwung in Oktavgängen und kurzer Eröffnungskadenz das Wort. Dolce, in leuchtend hoher Lage, singt sie gemeinsam mit den Holzbläsern das Hauptthema, das sie sogleich beseelt ausschmückt. Im Wechsel mit dem Orchester entwickelt das Soloinstrument die Hauptgedanken des Satzes weiter, voll feurigen Schwunges und lyrischer Innigkeit. Die Solo-Vl. ist es auch, die nach energischem, eng mit dem Pk.-Motiv verbundenem Aufschwung von der Durchführung zur Reprise führt.

Hier werden die Hauptthemen durch den Solisten noch einmal und noch reicher ausgeziert und figuriert. Wieder gibt die hohe Lage dem Spiel der Geige Zartheit und leuchtenden Glanz. Energisches Orchestertutti führt zur Kadenz, die wiederum in den leisen Einsatz des 2. Themas mündet. Bis zum Schluß behält die Solo-VI. die Führung. Nach einem kleinen Dialog mit dem Tag, über das 3. Thema der Exposition (NB S. 122 u.) löst sie mit weitausholenden, schwungvollen Sechzehntel-Passagen die kräftigen Schlußakkorde des Tuttis aus.

Der *2. Satz* (Larghetto, G-Dur, 4/4-Takt), eine der innigsten Tondichtungen der musikalischen Weltliteratur, setzt in den gedämpften Streichern pp mit einer feierlich-lyrischen Marschweise ein, die Anklänge an die Florestan-Melodik des »Fidelio« erkennen läßt.

Klar. und Hr., dann das Fag. übernehmen sie. Die Solo-Vl. spielt dazu in zärtlich figurierendem Kantilenenspiel die »Kommentare«. Mit der Marschweise leitet das Orchester (f) zum 2. Gesangsthema über, das nun die Vl. nach kadenzierendem Anlauf auf den besonders sonoren tiefen Saiten (G und D) vorträgt.

Dann erscheint das Hauptthema wieder und wird erneut variiert. Aus seinem Auftakt bildet sich schließlich ein majestätisches Orchestertutti, nach dem die Solokadenz unmittelbar in das *Rondo-Finale* (Allegro, 6/8-Takt) überleitet. Die Vl. trägt sogleich, nur von den Bässen gestützt, das beschwingte Rondothema vor.

Es ist aus dem Baß des Auftakts der Hauptmelodie des Larghettos entwickelt, hier vom feierlich-lyrischen Marsch zum freudigen Tanz umgeformt. Im Wechsel von Solo und Tutti entwickelt sich nun ein Musizieren, das erfüllt ist von freudigem Glücksgefühl, beschwingter Anmut. Auch das Seitenthema (g-Moll) bleibt in dieser Ausdruckssphäre. Nach der Solokadenz wird in der Coda der tänzerische Elan des Hauptthemas allein vorherrschend und führt zum froh bewegten Ausklang.

Konzert für Klavier und Orchester D-Dur nach dem Violinkonzert op. 61 (1807)

Besetzung: Solo-Klavier; Flöte, 2 Oboen, 2 Klarinetten, 2 Fagotte, 2 Hörner, 2 Trompeten, Pauken, Streicher
Aufführungsdauer: etwa 45 Minuten

Zu gleicher Zeit (1808) erschienen das Vl.-Konzert op. 61 und Beethovens Bearbeitung dieses Werks für Kl. und Orchester im Druck. Das Vl.-Konzert war dem Jugendfreund Stephan von Breuning gewidmet. Das Kl.-Konzert hatte Beethoven dessen Gattin Julie zugeeignet. Sie war eine gute Pianistin. Gerhard von Breuning, der Sohn Stephans aus erster Ehe, berichtet: »So war es natürlich, daß Beethoven an der talentvollen 18jährigen

Frau doppeltes Interesse nahm, und wir sehen ihn nicht allein zu vierhändigem Klavierspiel mit Julien vereint, sondern ihrem künstlerischen Streben überdies ganz besonders huldigend, indem er das Violinkonzert für Kl. selbst bearbeitete und ihr widmete«. Es war eine Art Hochzeitsgeschenk (die Hochzeit fand 1808 statt). Der Komponist hat die Substanz seines Vl.-Konzerts in dieser Bearbeitung nicht angetastet. Während er aber im Solopart des Vl.-Konzerts für die Drucklegung Erleichterungen vornahm, ging er für die Kl.-Fassung rigoros vom Original aus. So stellt er im Kl.-Konzert teilweise den originalen Solopart direkt wieder her. Darum wirken viele figurative Passagen vor allem im 1. und auch im letzten Satz ausgedehnter, reicher. Daß dabei der für die klanglich-spieltechnischen Eigenarten der Vl. konzipierte Solopart mit wenigen »Kunstgriffen« in einen Kl.-Part verwandelt wurde, macht den zusätzlichen Reiz dieses Werkes aus. Darüber hinaus hat der Komponist der Kl.-Fassung noch besonderes, andersartiges Gewicht durch vier neukomponierte Kadenzen gegeben: Eine große und bedeutende zum 1. Satz, eine für den Übergang vom 2. zum 3. Satz sowie zwei weitere für das Finale.

Die Kadenz zum 1. Satz verschiebt geradezu die konzeptionelle Gewichtung des Ganzen. Denn in ihr holt Beethoven zu großen Auseinandersetzungen aus, die das Glücksgefühl des Satzes auf dramatische Weise in Frage stellen. Nach virtuosem Beginn erscheint hier ein Marcia-Teil (Più vivace, $^4/_4$-Takt, A-Dur), in dem die Pk. zum Kl. hinzutreten. Im Kl.-Part selbst wird hier der kantable Gesang des Seitenthemas in einen energischen Geschwindmarsch verwandelt (auch er steht in »Fidelio«-Nähe). Die Pk. geben das pochende Motiv des Satzbeginns hinzu. Daran anschließend (Meno allegro, Presto) kommt es zu stürmisch-kämpferischen Auseinandersetzungen, ehe das Kl. über dem Pk.-Rhythmus noch in der Kadenz zu einer eigenen Reprise des Hauptsatzes findet und von dort aus unmittelbar am Satzschluß mitwirkt.

Romanzen für Violine und Orchester G-Dur op. 40; F-Dur op. 50 (spätestens 1802)

Besetzung: Solo-Violine; Flöte, 2 Oboen, 2 Fagotte, 2 Hörner, Streicher
Aufführungsdauer: 8 Minuten, 6 Minuten

Die beiden sehr populären Vl.-Romanzen gehören in die um 1800 einsetzende erste Periode kompositorischer Meisterschaft. Das F-Dur-Werk ist wohl das ältere. Das differenzierter gestaltete G-Dur-Werk, jüngeren Datums, entstand vermutlich 1802. In beiden Stücken weitet der Komponist den liedhaften Romanzenton zur feierlich-erhabenen Gesangsszene, in der das Soloinstrument als »Vorsänger«, das Orchester als »Chor« zu verstehen sind.
Die *F-Dur-Romanze* (Adagio cantabile, alla breve) bringt zu begleitendem Orchester in der Solo-Vl. sogleich weihevoll-lyrische Gesangsmelodik,

die dann im Wechselspiel mit dem Orchester virtuos ausgeschmückt wird.
Die *G-Dur-Romanze* (ohne Tempobezeichnung, alla breve) wird von der Solo-Vl. allein eröffnet, die ein doppelgriffiges, hymnisch singendes Hauptthema vorangestellt.

Das Orchester antwortet mit einer Wiederholung dieser Melodie. Auch im Folgenden ist der Wechsel von Solo und Tutti stärker ausgeprägt. Zudem wird dieses Stück von größerem Ernst erfüllt und weist auf die Ausdruckshaltung des langsamen Satzes im Vl.-Konzert voraus.

Konzert für Klavier, Violine und Violoncello C-Dur op. 56 (1803/04)

Besetzung: Klavier, Violine, Violoncello (als Soloinstrumente); Flöte, 2 Oboen, 2 Klarinetten, 2 Fagotte, 2 Hörner, 2 Trompeten, Pauken, Streicher
Aufführungsdauer: etwa 35 Minuten

Diese zwischen »Eroica« und »Fidelio« (1803/1804) entstandene Komposition, die im Mai 1808 zum ersten Male erklang, wird oft nur als Nachfolger des Typs der »konzertanten Sinfonie« und Musik einfach unterhaltenden Charakters mißverstanden. Harry Goldschmidt hat darauf aufmerksam gemacht, daß auch dieses Tripelkonzert in die Reihe der von starkem persönlichem Erleben (die Liebe zu Josephine Deym) geprägten Werke bis zum »Fidelio« gehört. Es geht um die »elysische Grundidee, das Feiern des ›ewigen‹ Hochzeitsfestes«. Darum liegen allen Sätzen Tanztypen zugrunde.
Der *1. Satz* (Allegro, 4/4-Takt) hat durchgehend Marschcharakter (Goldschmidt sieht ihn als Hochzeitsmarsch). Das feurige Hauptthema, zu Beginn in den tiefen Streichern,

aber auch das 2. C-Dur-Thema sowie weitere thematische Gedanken stehen in dieser Grundhaltung. Lediglich kurz vor Ende der Durchführung klingen (wie übrigens in allen Sätzen) ernstere Stimmungen an.
Der *2. Satz* (Largo, As-Dur, 3/8-Takt) ist ein feierlich stilisiertes Menuett. Über sordinierten Streichern singt das Solo-Vc. die innige Hauptmelodie, die den Menuett-Charakter sogleich festschreibt.

Vor allem sie wird im Folgenden ausgeführt und verziert. Am Satzschluß melden sich dunklere Klänge gleichsam warnend zu Wort.

Im *Finale* ist schließlich der Tanztyp schon in der Überschrift fixiert: Rondo alla polacca (3/4-Takt). Das feurige Polonäsenthema erklingt zu Streicherbegleitung zunächst im Solo-Vc.

Der Satz schließt attacca an das Largo an. Durch den raschen Wechsel von As-Dur nach C-Dur werden klanglich reizvolle Farbnuancierungen erreicht. Das Seitenthema wie ein wirkungsvoller Moll-Teil mit ungarischem Einschlag prägen den Polonäsen-Typ des Satzes weiter aus. Ein Wechsel in den geraden Takt (2/4-Takt, Allegro) gibt dem Ganzen zusätzlichen Bewegungsimpuls, läßt in fugierter Triolenbewegung energischen, dann auch ernsten Stimmungen Raum, ehe das Ganze in virtuoser 3/4-Takt-Stretta seinen Abschluß findet. Neben den wirkungsvoll eingesetzten Solo-Streichinstrumenten sind dem Kl.-Part verhältnismäßig einfache Aufgaben übertragen. Beethoven hatte ihn seinem damals noch jungen Schüler, dem Erzherzog Rudolph, zugedacht.

Vokalmusik

Beethovens Beitrag zu den Gattungen vokalsinfonischer Werke ist an Zahl nicht groß, an substantiellem Gewicht verdient er aber um so größere Beachtung. Im heutigen Musikleben mag es scheinen, als ob im Vergleich zu Sinfonik und Konzert diesem Genre – mit Ausnahme des Gipfelwerks, der »Missa solemnis« – weniger ein die Zeiten überdauernder Rang zuzumessen sei. In gewisser Hinsicht trifft dies auch zu. Das einzige Oratorium, »Christus am Ölberge«, in manchem auch die ungleich bedeutendere C-Dur-Messe op. 86 sind Meilensteine auf dem Weg zur »Missa solemnis«. Sie prägen in vielen Teilen das Wesen Beethovenscher Vokalsinfonik aus; den sinfonischen, dramatisch wie dramaturgisch Vokales und Instrumentales zum Ganzen fassenden Charakter dieser Musik und vor allem jenes Ethos, das hier, aus Wort und Musik bezogen, nicht anders als in der reinen Sinfonik, im Konzert, bestimmend wird. Mit Hilfe des gesungenen Wortes wird der Typ des Beethovenschen Humanitätsmelos (in der frühen Bonner »Kantate auf den Tod Josephs II.« WoO 87) geboren. Dies mag die Erkenntnis vertiefen helfen, daß es zwischen der Instrumentalmusik dieses Komponisten und seiner vokalen eigentlich keinen das Wesen betreffenden Unterschied gibt. Sinfonik und Vokalsinfonik gipfeln in dem Werkpaar der 9. Sinfonie mit Kantatenfinale und der »Missa solemnis« mit ihrem ausgeprägt sinfonisch-orchestralen Duktus. Ideengehalte, Ausdruckshaltungen fließen zusammen. Die durch den Einfluß der französischen Revolutionsmusik deklamatorisch, rhythmisch geschärfte Sprache im Instrumentalen verbindet sich mit dem lapidaren Melos, das im Oratorienstil Händels sein Vorbild hat.

Darum gehören neben den beiden Bonner Kantaten die C-Dur-Messe op. 86, die Konzert und Kantate mischende Chorphantasie op. 80 sowie die Kantate »Meeresstille und glückliche Fahrt« op. 112 zum lebendigen Bild Beethovens im Musikleben heute. Weniger vielleicht das gewaltige Gelegenheitswerk der Kantate

»Der glorreiche Augenblick« op. 136 (Text: Aloys Weissenbach) für vier Solostimmen, Chor und Orchester, in dem der Komponist den nach dem Sieg über Napoleon zum Wiener Kongreß zusammengekommenen Fürsten Europas in hymnischen Klängen seine Vision von der friedlichen Brüderlichkeit der Nationen vorführt, die nun herbeizuführen sei, »wenn ein gesprengter Weltteil wieder sich zum Ringe füget und schließt und zum Bunde friedlicher Brüder sich die gelöste Menschheit küßt«. Aber auch aus dieser Musik klingt mit packender Kraft das große Credo des Komponisten, freilich durch die Schwäche des Textes für uns heute belastet.

Größere Beachtung verdienen zwei hier zumindestens kurz zu erwähnende kantatenhafte Werke: Das »Opferlied« op. 121 b auf Verse von Friedrich von Matthisson und das »Bundeslied« op. 122 nach Goethe.

Als einstimmiges Lied wurde das »Opferlied« schon 1796 konzipiert. Beethoven hat sich immer wieder mit ihm beschäftigt. Auf der Grundlage der gleichen Melodie entstand um 1822 eine Fassung für drei Solostimmen, Chor, 2 Klarinetten, Horn, Bratschen und Violoncelli. Als op. 121 b erschien dann 1824 eine letzte Fassung für Solosopran, gemischten Chor, Orchester (2 Klarinetten, 2 Hörner, 2 Fagotte, Streicher; Aufführungsdauer: 5 Minuten). Höchste Klassizität der Anlage, Schlichtheit in der Folge von Vorsänger und Chor, der harmonischen Gestaltung macht diese Komposition bedeutend. Beethoven sah in den Matthisson-Versen, in denen die Idee der Verbindung des »Schönen mit dem Guten« das poetische Zentrum bildet, seine eigenen Ideale von Kunst und Leben poetisch vorgeprägt, und das Gedicht war für ihn darum »ein Gebet zu allen Zeiten« (Nottebohm).

Das »Bundeslied« op. 122 nach Goethe (»In allen guten Stunden«), das ebenfalls in den 90er Jahren des 18. Jahrhunderts entworfen wurde, und das dann als op. 122 1824 in eine Fassung für 2 Solo- und 3 Chorstimmen gebracht wurde, begleitet von 2 Klarinetten, 2 Hörnern und 2 Fagotten, ist als gesellig-unbeschwertes Gegenstück zum »Opferlied« zu betrachten.

Werkeverzeichnis (Auswahl)

- Messen: Messe *C* op. 86 (1807); Missa solemnis *D* op. 123 (1823).
- Oratorium Christus am Ölberge op. 85 (1803, F. X. Huber).
- Kantaten: Der glorreiche Augenblick op. 136 (1814, A. Weissenbach); Kantate auf den Tod Kaiser Joseph II. WoO 87 (1790, S. A. Averdonk); Kantate auf die Erhebung Leopolds II. zur Kaiserwürde WoO 88 (1790, S. A. Averdonk); Fantasie *c* für Kl., Chor und Orchester op. 80 (1808, C. Kuffner); Meeresstille und Glückliche Fahrt op. 112 (1815, J. W. von Goethe); Opferlied op. 121 b (1824, F. von Matthisson); Bundeslied op. 122 (1822, J. W. von Goethe).
- Einsätzige Werke mit Orchesterbegleitung (Arien, Kantaten, mehrstimmige Gesänge): Szene und Arie »Ah perfido!« op. 65 (1796, P. Metastasio); Terzett »Tremate, empi, tremate« op. 116 (1802); Arie »Prüfung des Küssens« WoO 89 (1790); Arie »Mit Mädeln sich vertragen« WoO 90 (1790, J. W. von Goethe); 2 Arien zum Singspiel »Die schöne Schusterin« WoO 91 (1796, I. Umlauf); Szene und Arie »Primo amore« WoO 92 (1795 bis 1801); Szene und Arie »No, non turbati« WoO 92a (1802, P. Metastasio); Duett »Nei giorni tuoi felici« WoO 93 (1803, P. Metastasio); Mit Klavierbegleitung: Kantate »Un lieto brindisi« WoO 103 (1814, C. Bondi); Hochzeitslied WoO 105 (1819, A. J. Stein); Lobkowitz-Kantate WoO 106 (1823, Beethoven).
- Gesangswerke ohne Begleitung: Mehrstimmige italienische Gesänge WoO 99 (1793–1802, P. Metastasio); Lob auf den Dikken WoO 100 (1801, Beethoven); Graf, Graf, liebster Graf WoO 101 (1802, Beethoven); Abschiedsgesang WoO 102 (1814, J. von Seyfried); Gesang der Mönche WoO 104 (1817, F. Schiller).
- Volksliedbearbeitungen: 26 Walisische Lieder für Singstimme, Kl., Vl., Vc. WoO 155 (1810/1812); 12 Schottische Lieder für Singstimme, Vl., Fl., Vc. WoO 156 (1818); 12 verschiedene Volkslieder für Singstimme, Kl., Vl., Vc. WoO 157 (1817/18); Lieder verschiedener Völker für Singstimme, Kl., Vl., Vc. WoO 158 (um 1815); 25 Schottische Lieder für Singstimme, Kl., Vl., Vc. op. 108 (1816); 25 Irische Lieder für Singstimme, Kl., Vl., Vc. WoO 152 (1810–1813); 20 Irische Lieder für Singstimme, Kl., Vl., Vc. WoO 153 (1810–1813); 12 Irische Lieder für Singstimme, Kl., Vl., Vc. WoO 154 (1810–1813).
- Lieder und Gesänge für eine Singstimme und Kl.: An die

Hoffnung op. 32 (1805, aus Tiedges Urania); Adelaide op. 46 (1796, F. von Matthisson); 6 Lieder op. 48 (1803, C. F. Gellert); 8 Lieder op. 52 (vor 1793, E. Claudius, S. Mereau, H. W. F. Ueltzen, J. W. von Goethe, G. A. Bürger, G. E. Lessing); 6 Gesänge op. 75 (1798–1809, J. W. von Goethe, A. von Halem, L. Reissig); 4 Arietten und ein Duett op. 82 (nach 1790, P. Metastasio); 3 Gesänge op. 83, Das Glück der Freundschaft op. 88, An die Hoffnung op. 94 (1810, 1803, J. W. von Goethe / 1813, aus Tiedges Urania); An die ferne Geliebte, Liederkreis op. 98 (1816, A. Jeitteles); Der Mann von Wort op. 99 (1816, F. A. Kleinschmidt); Lied Merkenstein op. 100 (1815, J. B. Rupprecht); Der Kuß, Ariette, op. 128 (1798/1822, C. F. Weisse); An einen Säugling WoO 108 (1783, J. von Döhring); Trinklied WoO 109 (1787); Elegie auf den Tod eines Pudels WoO 110 (1787); Punschlied WoO 111 (1790); An Laura WoO 112 (1790, F. von Matthisson); Klage WoO 113 (1790, L. Hölty); Der freie Mann WoO 117 (1795, G. C. Pfeffel); Seufzer eines Ungeliebten/Gegenliebe WoO 118 (1794/95, G. A. Bürger); Abschiedsgesang an Wiens Bürger WoO 121 (1796, Friedelberg); Kriegslied der Österreicher WoO 122 (1797, Friedelberg); Zärtliche Liebe WoO 123 (1797, K. F. Herrosee); La partenza – der Abschied WoO 124 (1798, P. Metastasio); Opferlied WoO 126 (1795, F. von Matthisson); Neue Liebe, neues Leben WoO 127 (1799, J. W. von Goethe); Ariette »in questa tomba oscura« WoO 133 (1807, G. Carpani); Sehnsucht – in 4 Fassungen WoO 134 (1807/08, J. W. von Goethe); Die laute Klage WoO 135 (1809, J. G. Herder); Andenken WoO 136 (1809, F. von Matthisson); Lied aus der Ferne WoO 137 (1809, C. L. Reissig); Der Liebende WoO 139 (1809, C. L. Reissig); Der Jüngling in der Fremde WoO 138 (1809, C. L. Reissig); An die Geliebte – in 2 Fassungen WoO 140 (1811, J. L. Stoll); Das Geheimnis WoO 145 (1815, J. H. C. von Wessenberg); Sehnsucht WoO 146 (1816, C. L. Reissig); Ruf vom Berge WoO 147 (1816, F. Treitschke); Resignation WoO 149 (um 1817, P. Graf von Haugwitz).

(WoO = Werk ohne Opuszahl; Numerierung nach: Kinsky/Halm – Das Werk Beethovens, München 1955)

Kantaten mit Orchester

Kantate auf den Tod Kaiser Josephs II. WoO 87 (1790)

Besetzung: Sopran, Baß; gemischter Chor; 2 Flöten, 2 Oboen, 2 Klarinetten, 2 Fagotte, 2 Hörner, Streicher
Aufführungsdauer: etwa 35 Minuten

An der Bonner Universität war es vor allem der ehemalige Würzburger Franziskanerpater und Professor der schönen Künste, Eulogius Schneider, der sich als feuriger Propagandist der bürgerlichen Aufklärung nicht nur beim Papst unbeliebt machte. Den Sturm auf die Pariser Bastille feierte er in Bonn mit leidenschaftlichen Versen, die auch der junge Beethoven verschlang. Dieser Eulogius Schneider erklärte sich ein Jahr später, 1790, bereit, auf den Tod des österreichischen Kaisers Joseph II. eine Trauerrede zu halten. Er sah in ihm den großen Mann, der bemüht war, dem Gedanken der Aufklärung in seinem Reich über die Finsternis reaktionärer Despotie zum Sieg zu verhelfen. Sicher eine Utopie, aber eine der Zukunft verpflichtete. Und eine Kantate auf den Tod des Kaisers sollte es geben. Ein junger Bonner Theologiestudent, Severin Anton Averdonk, lieferte ihm die durchaus nicht meisterlichen Verse nach Klopstock-Art. Reicha und Neefe wurden für die Komposition angesprochen, lehnten aber ab und verwiesen auf den jungen, gerade 19jährigen Bonner Hofmusikus Ludwig van Beethoven. Der nahm den Auftrag sofort an, stürzte sich mit Feuereifer auf die Arbeit. Und er verbiß sich so in ihr, daß das Werk zum Termin der Feierlichkeit, dem 19. 3., nicht fertig wurde. Schon hier wurde ihm der äußere Auftrag zum inneren, vor dem Termine nebensächlich erschienenen. Die Arbeit zog sich bis zum Frühsommer hin. Immerhin, als Haydn Weihnachten 1790 auf der Reise nach London durch Bonn kam, legte ihm Beethoven die Partitur dieser Kantate vor, »welche von Haydn besonders beachtet und ihr Verfasser zu fortdauerndem Studium aufgemuntert wurde« (nach einem Bericht von Beethovens Bonner Jugendfreund Wegeler).

Übrigens geriet die Komposition zunächst in Vergessenheit, erst in den 80iger Jahren des 19. Jahrhunderts wurde sie wieder aufgefunden. Eduard Hanslick war es, der in der Wiener »Neuen freien Presse« vom 13. 5. 1884 auf den Fund aufmerksam machte. Ganz gewiß war es nicht der protokollarische Anlaß, der Tod eines Monarchen, der den Komponisten so zur Gestaltung drängte. Wie Eulogius Schneider sah er, ein knappes Jahr nach dem Beginn der Revolution in Frankreich, im frühen Tod Joseph II. den großen Verlust für die erfolgreiche weitere Entwicklung bürgerlich aufklärerischer Ideen und ihrer Verwirklichung im deutschsprachigen Raum. Ein politisches Programm steckte in dieser Kantate, und es prägte auch ihre musikalische Gestalt so zukunftweisend für die musikalische Sprache des Komponisten, daß wir hier nicht nur die verständlichen großen Vorbilder, also den Lehrer Neefe, Gluck und Mozart vor allem, hören. Nach der Aufführung des wiedergefundenen Werks, 1885 in einem Wiener Gesellschaftskonzert, urteilte Johannes Brahms: »Es ist alles und durchaus Beethoven; man könnte, wenn auch kein Name auf dem Titelblatt stände, auf keinen anderen raten.«

Die Trauermusik des *1. Teils*, sowohl das einleitende Orchester-Largo (c-Moll, 3/4-Takt) wie der anschließende Chor (Larghetto, c-Moll, 2/4-Takt), »Todt, stöhnt es durch die öde Nacht« spricht jene Sprache pathetischer, schmerzlicher Trauer, die uns etwa aus dem Trauermarsch der »Eroica« so vertraut ist. Joseph wird gefeiert als der Held im Kampf gegen geistige Finsternis. Die anschließende *Baß-Arie* (Nr. 2) wird durch ein orchestrales Recitativo eröffnet; in wilder, jagender Baßbewegung, mit Tremoli der Vl., jähen Bläserakzenten tritt uns das »Ungeheuer Fanatismus« aus den Tiefen der Hölle entgegen, drohend und aggressiv. Pizarros Klangwelt aus dem »Fidelio« scheint vorausgenommen. In der Arie dann (Allegro maestoso, D-Dur, 3/4-Takt) wird der Held als Sieger gepriesen: »Da kam Joseph mit Gottes Stärke ... dem tobenden Ungeheu'r trat er aufs Haupt«. Zu energischen Orchesterklängen entfaltet sich die Singstimme in kraftvollen weiten Intervallschritten auf Dreiklangbasis, rollender Achtelbewegung. Am bekanntesten geworden ist der *3. Teil* der Kantate, die Arie für Sopran und Chor »Da stiegen die Menschen ans Licht« (Andante con moto, F-Dur, 3/4-Takt): Die von der Ob. in der sanften Orchestereinleitung angestimmte Melodie, welche dann Sopran und Chor nacheinander übernehmen, hat Beethoven später ungekürzt in seine »Ur-Leonore« übernommen, danach auch in seinen »Fidelio«. Sie erklingt, wiederum von der Ob. gespielt, dort an entscheidender Stelle im letzten Akt (Quintett), wenn Leonore »in größter Bewegung« Florestan die Ketten abnimmt.

Diese weit ausschwingende, ruhevolle Kantilene wird sehr zu recht als Musterbeispiel für beethovens »Humanitätsmelos« bezeichnet. Der 19jährige Komponist hat in der Kantate seine Sprache für ein Grundanliegen gefunden: Die musikalische Charakterisierung von Menschlichkeit, von Brüderlichkeit als großer Idee für künftige Generationen.
Im *4. Teil* geht es in Anlehnung an musikalische Passionstraditionen um die Leiden des »Dulders«, »der unter seinem Herzen, unter Schmerzen, das Wohl der Menschheit bis an sein Lebensende trug«. Sowohl das Rezitativ (Largo, d-Moll, $^4/_4$-Takt), »Er schläft, von den Sorgen seiner Welten entladen«, als auch die Arie in mildem Es-Dur (Adagio con affetto, $^3/_4$-Takt) leben vom expressiven Verknüpfen des selbständig geführten Orchesters und dem Melos der Singstimme. Chor und Soli führen im *letzten Teil* in die Welt schmerzlich-pathetischer Trauer des Beginns zurück (Largo/Larghetto).

Kantate auf die Erhebung Leopolds II. zur Kaiserwürde WoO 88 (1790)

Besetzung: Sopran, Tenor, Baß; gemischter Chor; 2 Flöten, 2 Oboen, 2 Klarinetten, 2 Fagotte, 2 Hörner, Posaune, Pauken, Streicher
Aufführungsdauer: etwa 25 Minuten

Im gleichen Jahre wie die »Kantate auf den Tod Josephs II.« entstand auch die auf seinen Nachfolger in der Würde des römisch-deutschen Kaisers. Die Krönung fand am 9. 10. 1790 in Wien statt. Im September und Oktober arbeitete Beethoven an seiner Komposition im Auftrage des Bonner Kurfürsten Maximilian Franz, seines Brotherrn, dessen Brüder sowohl der verstorbene Kaiser Joseph II. als auch der neue Kaiser Leopold II. waren. Den Text schrieb wie jenen zur Josephskantate Beethovens Kommilitone Averdonk. Das Werk ist trotz größeren vokalen und instrumentalen Einsatzes mehr »offiziöse Huldigung« als echtes schöpferisches Anliegen des Komponisten gewesen. Der Schmerz um den toten Monarchen als zentrale politische Gestalt der Aufklärung war Herzenssache des Komponisten. Die festliche Huldigung an seinen Nachfolger in der Kaiserwürde bedeutet zwar auch Hoffnung auf eine Nachfolge in der geistigen Haltung Joseph II. Diese Hoffnung erwies sich jedoch in praxi als Illusion, aber sie wurde immerhin spirituelles Element der Krönungskantate.

Sopran und Orchester erinnern sanft und verhalten im einleitenden *Rezitativ* (Adagio assai, 4/4-Takt) an den toten Fürsten, um dann in strahlendem D-Dur (Vivace) den Nachfolger zu bejubeln. Die Szene ist prächtig, dekorativ. Die anschließende *Sopran-Arie* (Allegro moderato, G-Dur, 4/4-Takt) »Fließe, Wonnezähre, fließe« mit ausführlichem Orchestervorspiel beschwört »Germania«: »Hörst Du nicht der Engel Grüße?«, weist auf den vom Olymp segnend herabschauenden Jehova. Beethoven kümmert sich um die Reimereien nicht allzuviel. Im hohen virtuosen Anspruch, im dramatischen Gestus klingt schon etwas von der musikalischen Leonoren-Charakteristik aus dem »Fidelio«. *Baß-Accompagnato* »Ihr staunt, Völker der Erde!« und *Tenor-Rezitativ* (mit Streichern) »Wie bebt mein Herz vor Wonne!« leiten zum *Terzett* (Andante con moto, A-Dur, 2/4-Takt) mit Klar., Hr. und Streichern, einem orchestral dicht gearbeiteten, lyrisch geprägten Satz, in dem, pathetisch akzentuiert, die Hoffnung der Völker sich artikuliert: »Groß wie der, den wir als Vater kannten, ist auch er.«

Mit festlichen Jubelrufen beginnt der *Schlußchor* (Un poco allegro e maestoso, D-Dur, 4/4-Takt), die bemerkenswerteste Nummer dieses Werks. Das fugierte Allegro vivace (alla breve-Takt) erinnert nicht nur durch die Worte an das Chorfinale der 9. Sinfonie:

Meeresstille und Glückliche Fahrt op. 112 (1814/15)

Besetzung: Gemischter Chor; 2 Flöten, 2 Oboen, 2 Klarinetten, 2 Fagotte, 4 Hörner, Trompete, Pauken, Streicher
Aufführungsdauer: etwa 8 Minuten

Die kleine Kantate auf Gedichte Johann Wolfgang von Goethes schrieb Beethoven 1814/15. Die erste Aufführung fand am 25. 12. 1815 zusammen mit der Ouvertüre op. 115 im großen Redoutensaal zu Wien statt. Der Komponist sandte dem Dichter seine Partitur nach Weimar, später ein verehrungsvolles Widmungsschreiben. Beides blieb unbeantwortet. »Von Beethoven Partitur empfangen« vermerkte Goethe unter dem 21. 5. 1822 in seinem Tagebuch kommentarlos.
Die Kantate war in den ersten Monaten des Wiener Kongresses entstanden. Es ist wohl anzunehmen, daß es zwischen dem politischen Ereignis und der Komposition einen gezielten Zusammenhang gab. Schon Goethes Verse waren mehr als Reflexion von Naturerleben. Die bleierne Reglosigkeit des Meeres, die »Todesstille fürchterlich«, ihr Zerreißen durch die Winde, das Zerteilen der Nebel, der befreite Blick auf das ferne Land – das war bei Beethoven auch ein politischer Appell. Leider ein vergeblicher, wie er bald erkennen mußte. Denn nach der Besiegung Napoleons durch die von ihm unterdrückten Völker begann in der Metternich-Ära die »fürchterliche Todesstille« erst recht.
Die Komposition besteht aus zwei Abteilungen. Der *1. Teil*, »Meeresstille« (Sostenuto, D-Dur, Alla-breve-Takt), malt im leisen harmonischen Chorgesang, den langausgehaltene Orchesterakkorde stützen, das regungslos ruhende Meer, auf das der Schiffer bekümmert schaut. Zweimal klingt in f-Akzenten und gehaltenen Klängen von Chor und Orchester die »ungeheure Weite«. Ungemein plastisch wird die allmähliche Veränderung dieser Stimmung in der zweiten Abteilung (»Glückliche Fahrt«) musikalisch gestaltet (Allegro vivace, D-Dur, $^6/_8$-Takt). Aus liegendem Baßton (Fis) lösen sich pp aufsteigende Triolen. Die Bewegung setzt sich leise über die Streicher bis zu den Fl. fort, nimmt an Stärke zu. Aus der Brise wird kräftiger Wind: f setzt – nun im *2. Teil* – der Chor ein, freudig und tänzerisch: »Die Nebel zerreissen, der Himmel ist helle, und Äolus löset das ängstliche Band.« Das Orchester treibt die Entwicklung immer stärker und zügiger voran. Der Chor wird wechselnd in Einzelstimmen

und vollstimmiges Tutti aufgeteilt. »Geschwinde ... schon seh' ich das Land« – die Schlußzeilen sind musikalischer Ausdruck hellen Freudenjubels.

Messen

Messe C-Dur op. 86 (1807)

Besetzung: Sopran, Alt, Tenor, Baß; gemischter Chor; 2 Flöten, 2 Oboen, 2 Klarinetten, 2 Fagotte, 2 Trompeten, 2 Hörner, Pauken, Streicher, Orgel
Aufführungsdauer: etwa 37 Minuten

Beethovens erste Meßkomposition entstand im Auftrag des Fürsten Nikolaus Esterházy und war für den Namenstag der Fürstin gedacht. Der Komponist arbeitete an der Partitur ungefähr ein halbes Jahr (1807). Es war die Zeit, da auch die Pastoral-Sinfonie entstand. Am 13.9.1807 fand in der Hofkirche zu Eisenstadt unter Beethovens Leitung die erste Aufführung statt. Der Fürst zeigte sich etwas verunsichert durch die originelle Musik, die kühne Gesamtanlage und meinte nach der Aufführung: »Aber lieber Beethoven, was haben Sie denn da wieder gemacht?« Beethoven hatte eine hohe Meinung von diesem Werk: »Von meiner Messe wie überhaupt von mir selber sage ich nicht gerne etwas, jedoch glaube ich, daß ich den Text behandelt habe, wie er noch wenig behandelt worden.« Das zielt auf die dramatisch gefaßte musikalische Textdeutung in Verbindung mit der Nutzung des sinfonischen Prinzips in der Gesamtanlage, erkennbar an motivischen Bezügen zwischen den Meßteilen. Beethoven deutet die lateinischen Worte in seiner Musik bildhaft, ausdrucksstark, und versteht sie als Ausdruck zutiefst menschlichen Denkens und Fühlens. So ist es auch erklärlich, daß er sich für seine Messe später einen deutschen Text wünschte, um sie in Konzerten aufführen zu lassen, um die Hörer mit Wort und Musik direkt anzusprechen. Das Werk, obgleich bei weitem nicht so anspruchsvoll wie die »Missa solemnis«, hat bis heute den Platz im Musikleben nicht gefunden, der ihm seiner Substanz wegen zusteht.
Im Aufbau folgt der Komponist den üblichen fünf Teilen der

Meßliturgie. Interessant ist, daß eine sogleich am Beginn des Kyrie auftauchende Begleitstimme der Vl.

in allen Teilen wiederkehrt. Hervorzuheben ist in diesem Werk die betont führende, selbständige Anlage der Singstimmen, sowohl des Solistenquartetts wie des Chors. Dem vokalen Teil ist das Orchester in der Ausarbeitung des motivischen Materials korrespondierend beigeordnet.

Den *»Kyrie«-Teil* (Andante con moto assai vivace, quasi Allegretto ma non troppo, C-Dur, 2/4-Takt) hat Beethoven selbst charakterisiert als »innige Ergebung, wahre Innigkeit religiösen Gefühls ... Sanftheit.« Zur erwähnten Begleitung der Vl. beginnt sogleich der Chor mit zartem, bittendem Ausdruck:

Die Solisten treten dialogisierend hinzu. Zwischen ihnen und dem Chor entfaltet sich fließender Wechselgesang, zum f (»Christe eleison«) und ff gesteigert. Kraftvoll bewegt (Allegro con brio, C-Dur, Alla-breve-Takt) erklingt das *Gloria* zu aufstürmenden Streicherskalen, Trp. und wirbelnden Pk. im Chor. Sanfter Streichergesang begleitet die Friedensbitte des »Et in terra pax«. Mit dem »Gratias agimus« beginnt der Solo-Tenor. Er und der Solo-Alt dialogisieren nun mit dem Chor. Voll dunklen Schmerzes singt der Solo-Alt (Andante mosso, f-Moll, 3/4-Takt) das »Qui tollis peccata mundi« (»Der Du die Sünden der Welt trägst«). Der Chor steigert seine Einwürfe »Miserere nobis« (»Erbarme dich unser«) bis zum leidenschaftlichen Aufschrei. Tröstend schwingt sich über den Gesang der Solisten eine edle Klar.-Melodie. Schließlich leitet der Chor in energisch-pathetischem Unisono

zum abschließenden Fugato (Allegro ma non troppo, C-Dur, $^4/_4$-Takt), in dem als zweiter, abgeleiteter Gedanke das »Cum sancto spiritus« in nicht minder plastischer, kraftvoller Profilierung sich hervorhebt.

Über den »Kyrie«-Figurationen stimmt der Chor das Glaubensbekenntnis, das *Credo*, an (Allegro con brio, C-Dur, $^3/_4$-Takt), gipfelnd im ff, in vollem akkordischem Chorsatz, von strahlendem Bläserklang gestützt bei »in unum Deum, patrem omnipotentem«. Das Lob des allmächtigen Vaters wird verkündet. Dieser Abschnitt ist allein dem Chor vorbehalten. Erst im Credo-Mittelteil (»Et incarnatus est«, Adagio, Es-Dur, $^2/_4$-Takt) kommen die Solisten im Wechselgesang mit dem Chor zu Wort. Menschwerdung, Kreuzigung, Begräbnis Christi erhalten musikalisch ebenso lyrisch-empfindungsreiches wie dramatisches Profil. Mit dem »Et resurrexit« des Solo-Basses (Allegro ma non troppo, C-Dur, $^4/_4$-Takt) wird die Szene der Auferstehung eingeleitet. Wieder klingt das Glaubensbekenntnis im akkordisch-signalhaften Chorgesang zu Trp.-Fanfaren des triumphierenden Orchesters (»sedet ad dexteram patris«). Das Ganze mündet in eine stürmisch bewegte, freie Fuge über ein energisch vorandrängendes Thema, dem man das große Vorbild Händels anmerkt: (Vivace, C-Dur, Alla-breve-Takt):

Im lieblichen A-Dur-Adagio ($^{4}/_{4}$-Takt) beginnt der Chor das *Sanctus*. Leise Pk.-Rhythmen und darüber weitausgreifende Akkordbrechungen in den 1. Vl. schaffen eine geheimnisvolle musikalische Szene freudiger Erwartung. Allegro, A-Dur, löst sie sich auf in energischem Chorfugato, in optimistische Lobpreisungen zum Ruhme Gottes. Zunächst singt das in den ersten drei Takten a cappella einsetzende Solistenquartett (Allegretto ma non troppo, F-Dur, $^{2}/_{4}$-Takt) in akkordischem Satz den Beginn des folgenden »Benedictus«. Dann dominieren innige Wechselgesänge zwischen Solisten und Chor. Dieser »Sanctus«-Teil erhält das besondere Gepräge durch eine idyllisch-anmutig sich wiegende melodische Figur, die ihn in ständigem Wechsel der Instrumente durchzieht:

Am Ende (Allegro, A-Dur, $^{4}/_{4}$-Takt) steht noch einmal jenes freundlich-beschwingte »Osanna«-Fugato, das bereits am Beginn des »Sanctus«-Satzes eine Rolle spielte:

Auch in dieser Messe konzentriert sich Beethoven wie später in der »Missa solemnis« im letzten Teil, dem *»Agnus Dei«*, auf die ohrenfällige, unmißverständliche Not des Krieges als Ausgang für das »Dona nobis pacem«. Es geht um eine sehr realistische

Gestaltung der Friedenssehnsucht der Menschen. Flehend klingt der Gesang des Chors in seiner gequälten, gewundenen melodischen Anlage zu pochenden Orchestertriolen in dunklem c-Moll:

In den Gesang des »Miserere nobis« mischt sich zunächst eine freundlich-zuversichtliche Klar.-Kantilene. Dann aber klingen in dieser Szene zu den wiederaufgenommenen Worten des »Agnus Dei« jähe Dissonanzen, wilde Orchesterakzente, ein gefährlich-martialisches Kriegsgetöse. Der Chor vermag sein »Miserere« nur noch zu stammeln. Nun, nachdem aus aller Bedrängnis die Klar. mit innigem Gesang sich löst, wird die Friedensbitte, diesmal zuerst vom Solistenquartett, erneuert, in frischem, klarem C-Dur (Allegro ma non troppo, 4/4-Takt) angestimmt. Jetzt erst ist Gewißheit errungen, daß die Friedenssehnsucht Erfüllung findet. In logischer dramaturgischer Konsequenz endet das »Agnus Dei« und damit die ganze Messe in einem Andante con moto, tempo del Kyrie (C-Dur, 2/4-Takt). Der Rückgriff auf den Kyrie-Anfang, aber nun auf die Worte »Dona nobis pacem«, verknüpft Gotteslob und Friedensbitte.

Missa solemnis D-Dur op. 123 (1819/23)

Besetzung: Sopran, Alt, Tenor, Baß; gemischter Chor; 2 Flöten, 2 Oboen, 2 Klarinetten, 2 Fagotte, Kontrafagott, 2 Trompeten, 4 Hörner, 3 Posaunen, Pauken, Orgel, Streicher
Aufführungsdauer: etwa 90 Minuten

»Missa solemnis« und 9. Sinfonie gelten als die beiden gigantischen Gipfelwerke im Schaffen Beethovens. Beide entstanden nicht aus äußerem, sondern gänzlich aus innerem Anlaß. Der Komponist nahm sich zwar vor, die Missa seinem kaiserlichen

Klavier- und Kompositionsschüler, dem Erzherzog Rudolph, für das Hochamt zu dessen Wahl und Einsetzung als Kardinalerzbischof von Olmütz (April und Juni 1819) zu schreiben. Aber im Bericht von Beethovens Sekretär Anton Schindler ist zu lesen: »Im Spätherbst 1818 sah ich diese Partitur beginnen, nachdem soeben die Riesensonate in B-Dur, op. 106 (die Hammerklavier-Sonate, d. V.), beendigt war. Den Sommer verlebte unser Meister wieder in Mödling. Dort besuchte ich ihn häufig und sah die Messe fortschreiten, auch hörte ich ihn Zweifel äußern an der möglichen Beendigung des Werkes zum festgestellten Termin, weil jeder ... Satz eine viel größere Ausdehnung gewonnen hatte, als es anfänglich im Plane gelegen.« Erst vier Jahre später, am 19.3.1823, erhielt der Erzherzog die Widmungspartitur.

Die Arbeit an der »Missa solemnis« erstreckte sich über mehr als vier Jahre. Neun Skizzenbücher zeugen vom Ringen um ihre endgültige Gestalt. Es war ein titanisches Ringen. Ein Erlebnisbericht Schindlers bezeugt uns dies. Er besuchte den Komponisten zusammen mit einem Wiener Musiker. »In einem der Wohnzimmer bei verschlossener Tür hörten wir den Meister über der Fuge des Credo singen, heulen, stampfen. Nachdem wir dieser nahezu schauerlichen Szene lange schon zugehorcht und uns eben entfernen wollten, öffnete sich die Tür und Beethoven trat vor uns mit verstörten Gesichtszügen, die Beängstigung einflößen konnten. Er sah aus, als habe er soeben einen Kampf auf Tod und Leben mit der ganzen Schar der Kontrapunktisten, seinen immerwährenden Widersachern, bestanden.«

Man hat Beethovens Ringen um die »Missa solemnis« mit den etwa einen gleichen Zeitraum umfassenden Arbeiten Michelangelos an der Deckenbemalung der Sixtinischen Kapelle mehr als dreihundert Jahre zuvor verglichen. »Von Herzen – möge es wieder zum Herzen gehen« schrieb der Komponist über die Partitur.

Wir wissen, daß er in jener Zeit schwerste persönliche Konflikte hinter sich hatte oder noch durchlebte: Den endgültigen Verzicht auf die »unsterbliche Geliebte«, den zur persönlichen Tragödie gesteigerten Kampf um die als Vaterschaft verstandene Vormundschaft über den Neffen Karl. Wir wissen, daß ihn die »Kälte des Zeitalters« der Metternich-Ära als glühenden Verfechter der Ideale der Französischen Revolution erbitterte.

Im Vormundschaftsprozeß um den Neffen hatte man ihn gehässig anzugreifen versucht. Er bringe seinem Neffen schiefe Begriffe von der Religion bei, achte die Religionslehren wenig, und der solcherart durch ihn beeinflußte junge Mann laufe Gefahr, ganz auszuarten und ein gefährliches Mitglied des Staates zu werden. Beethoven traf das tief. Er war gläubiger Christ. Freilich stand sein Glaube pfäffischer Korruptheit und Engstirnigkeit fern. Der religiösen Botschaft an alle Menschen, die guten Willens sind, fühlte er sich ebenso verbunden wie der großen Vision des »Frieden auf Erden«. Darum wurden ihm die Worte des lateinischen Meßtextes, den er genau studiert, den er sich wörtlich neu übersetzen läßt, zum geistigen Schlachtfeld. Die uralten Sätze und Formeln des liturgischen Meßtextes sind in seinem Werk neu aufgerichtet wie mosaische Gesetzestafeln, um im Bilde göttlicher Verkündung das Reich des Menschen zu beschwören, gemischt mit freimaurerischen Ideen, den Ideen vom »höchsten Wesen« aus den Revolutionsjahren, vor allem aber erfüllt von der Verantwortung des Menschen vor sich und dem Menschengeschlecht insgesamt.
So schießen in der »Missa solemnis« zusammen: Persönliches Leid und seine Überwindung, Zweifel und Niederlagen, das Bewußtsein erlittenen und anderen zugefügten Unrechts, das Beharren auf dem Recht des Menschen zu Menschlichkeit, der kritische, kämpferisch-trotzige Blick auf die nachrevolutionäre und nachnapoleonische Epoche dunkler Reaktion. Eine Reinschrift der Partitur der »Missa solemnis« sandte Beethoven an Luigi Cherubini in Paris mit den bezeichnenden Worten: »Die Kunst vereint die ganze Welt«. Bei der Arbeit an seiner Messe hat sich Beethoven in der Bibliothek des Erzbischofs Rudolph gründlich mit »alter Musik«, bis zu den Meßkompositionen Palestrinas, der Gregorianik, beschäftigt. Die Spuren dieser Studien finden sich in seinem Werk, nicht im Sinne einer Rückwärtswendung. Den alten lithurgischen Text, Anregungen alter Meister rückt er in den Kontext seiner Zeit und Epoche. Als »Oratorium vom inneren zum äußeren Frieden« (Schönewolf) hat sich dieses Werk vom katholischen Hochamt gelöst, spricht es zu allen Menschen, die guten Willens sind, ist es der 9. Sinfonie nahe in der sinfonischen Konzeption seiner fünf Sätze Kyrie, Gloria, Credo, Sanctus und Agnus Dei.
Bemerkt sei am Rande, daß Beethoven seine »Missa solemnis« nie vollständig gehört hat. Im Mai 1824 kamen in einer Akade-

mie in Wien nur Teile des Werks zur Aufführung. Die UA hatte zuvor, am 6. 4. 1824, im fernen Petersburg stattgefunden. Sie war dem Fürsten Galitzin zu danken, der dafür sorgte, daß der Zar Beethovens Einladung zur Subskription nachkam. In einem schönen Brief an den Komponisten schrieb der russische Aristokrat: »Man kann sagen, daß Ihr Genius Jahrhunderten vorausgeeilt ist und daß es jetzt vielleicht keinen Zuhörer gibt, der genug erleuchtet wäre, um die ganze Schönheit dieser Musik zu genießen. Aber die Nachkommen werden Ihnen huldigen und Ihr Andenken mehr segnen, als es die Zeitgenossen vermögen.«

Richard Wagner hatte recht, als er zum 100. Geburtstag Beethovens schrieb: »In seiner großen Missa solemnis haben wir ein rein sinfonisches Werk des echtesten Beethovenschen Geistes vor uns.« Beethoven vermochte es, mit grandioser klanglicher, harmonischer, melodischer Phantasie den Text musikalisch zu interpretieren, tonmalerisch, in der musikalischen Haltung. Er hat überdies den ganzen Text der Messe vertont, ohne Kürzungen oder Korrekturen. Das große Orchester, verstärkt durch KFag. und Pos., Org. und vier Hr., steht den Gesangsstimmen selbständig gegenüber. Die Gesangssolisten haben keine großen Einzelaufgaben. Sie treten als kleines vierstimmiges Ensemble dem großen Ensemble des Chors gegenüber oder zur Seite. Polyphonie durchdringt die ganze Partitur ebenso wie die deklamatorische Textinterpretation. Diese Prinzipen verschmelzen in der Gesamtanlage in sinfonischer dramaturgischer Konzeption, in thematischer Arbeit.

Der kursorische Überblick über das Ganze macht die Ideenkonzeption deutlich: Fünf Sätze bilden, dem Meßtext folgend, das Ganze.

1. Kyrie (Herr, erbarme Dich unser!), der Bittgesang;
2. Gloria in excelsis Deo (Ehre sei Gott in der Höhe), der Preisgesang;
3. Credo in unum Deum (Ich glaube an den einen Gott), das Glaubensbekenntnis.

Gloria und Credo gipfeln in großen Fugen, die eine mit triumphierendem Gestus Gottes Herrlichkeit preisend, getreu dem Motto des Komponisten: »Wie der Mann, so auch sein Gott«, die des Credo in enormem Ausmaß Vergangenheit, Gegenwart und Zukunft, die Idee der Ewigkeit, umgreifend.

4. Sanctus (Heilig ist der Herr Gott Sabaoth) – von hier an folgt

Beethoven dem Text konsequent weiter, geht aber musikalisch im Sinne seines Grundanliegens eigene Wege. Von inbrünstiger Bethaltung über die milde Verklärung des Benedictus (Hochgelobt sei, der da kommt im Namen des Herrn) führt die Musik zur Verschmelzung der Ebenen: Die Menschen wirken und handeln im Namen Gottes. Von daher ist die besondere Konzeption des 5. Teils, Agnus Dei (O du Lamm Gottes) zu verstehen. Das Erringen des inneren Friedens verbindet sich mit der Bitte und dem Kampf um den äußeren Frieden, errungen in dramatischer Auseinandersetzung.

Der *1. Teil* »Kyrie« (Assai sostenuto, Mit Andacht, D-Dur, Alla-breve-Takt) hat die Grundhaltung andächtigen Gebets, anrufend, beschwörend, auch schmerzlich flehend. Dem Text folgend (»Kyrie eleison« – »Christe eleison« – »Kyrie eleison«) ist das Ganze dreiteilig, A – B – A', angelegt. Voran steht eine Orchestereinleitung, die den ernsten, strengen Gottesanruf im D-Dur-Akkord von Orchester und Org. ebenso vorausnimmt wie das andächtige Flehen im über h-Moll einsetzenden Gesang der Streicher und Holzbläser. Mit dem dreimaligen, kraftvoll anhebenden, leise ausklingenden Kyrie-Ruf setzt dann der Chor ein, jeweils von einer Solostimme wie von zartem Echo gefolgt. Den strengen Kyrie-Rufen schließt sich in immer bewegterem, beschwörendem Flehen das »eleison« in den Chor- und Orchesterstimmen an. Das »Christe eleison« (Andante assai ben marcato, h-Moll, $^3/_2$-Takt) folgt dem gleichen Prinzip der Anrufung und Beschwörung. Nun eröffnen die Gesangssolisten, der Chor schließt sich an. Die Stimmen werden immer dichter kontrapunktisch ineinander verwoben. Hier ersteht in Beethovens Sicht die Gestalt des Gottessohnes als Symbol des Leidens in menschlicher Nähe, nicht göttlich-strenger Ferne und Erhabenheit. Der Wiedereintritt des »Kyrie eleison« (Tempo I, D-Dur, Alla-breve-Takt) ist nicht einfache Wiederholung des ersten Teils. Die schmerzliche Haltung des »eleison«-Flehens tritt nun in den Vordergrund, verstärkt durch chromatische Wendungen. Am Ende verhallt der Satz in leisem Deklamieren, im Gebet.

Der *2. Teil*, »Gloria in excelsis Deo« (Allegro vivace, D-Dur, $^3/_4$-Takt), hat mit dem ersten nicht nur die Tonart gemeinsam. Die beiden Sätze gehören nach dem Kontrastprinzip zusammen. In stärkstem Gegensatz zum flehenden Kyrie-Anruf steht dieser kraftvolle Preisgesang. Nach vier stürmischen Orchestertakten setzt ohne Umschweife das energiegeladene, in die Höhe jagende Gloria-Thema ein. Im Orchester wurde es vorgebildet, die Chorstimmen übernehmen es nacheinander. Es ist ein musikalischer Gedanke höchster Macht, größten Triumphes: Gottvater, wie ihn Beethoven sieht und empfindet:

Dieses Thema beherrscht rondoartig den ganzen Satz, immer neu ansetzend, kontrapunktisch verflochten. Erster jäher Kontrast: Das »et in terra pax«, homophon vom Chor deklamiert, mit deutlichem Akzent auf dem Wort »hominibus«. Beethoven legt Wert auf den Frieden für die Menschheit – das oberste Gebot. »Laudamus te«: Der jäh aufbrechende Lobgesang erklingt nun in der musikalischen Gestalt des Gloria-Themas. Und dann noch einmal in starkem Kontrast: Das vom Chor leise (pp) gemurmelte »adoramus te« (»wir beten Dich an«). Abschluß dieses ersten Gloria-Teils ist ein energisches Fugato über »glorificamus te«. Das Fugenthema, sich energisch aufreckend,

wird mit dem Gloria-Thema verbunden. Psalmodierend, leise, gibt das »Adoramus« den Kontrast. Dieses Chorfugato entwickelt sich zu festlichem Chor. Meno allegro, B-Dur, 3/4-Takt beginnt der zweite Abschnitt mit dem »Gratias agimus«. Hier hat das Solistenquartett das Wort. In lyrischem Wechselgesang, mit unterstreichenden Gegenstimmen der Holzbläser,

entfaltet sich diese durch sanfte Vorhalte akzentuierte Danksagung. Und wieder das triumphierende Gloria-Thema: Es feiert den König des Himmels (»Domine Deus, rex coelestis«). Eine große Steigerung wird hier aufgebaut bis zum wilden Chorschrei »Pater omnipotens« (»Allmächtiger Vater«), fff, mit vollem Orchester, dem Dröhnen der Org. und einem mächtigen Akkord der Blechbläser, zu denen sich erstmals in dieser Partitur die drei Pos. gesellen. Erneuter Kontrast: Das »Domine fili unigenite« im zarten, liebevollen Gesang der Solisten, schließlich des Chors.

Noch einmal setzt ff im Orchester (F-Dur) das Gloria-Thema zum »Domine deus« des Chors ein und mündet in den langsamen Mittelteil des Satzes: Larghetto, F-Dur, 2/4-Takt, »Qui tollis peccata mundi, misere nobis!« (»Der du hinwegnimmst die Sünden der Welt, erbarme dich unser«). Fl. und Klar. stimmen das Bitt- und Klagethema dieses Abschnitts an:

Das Ganze ist ein »schmerzgezeichneter Diskurs über den vielgehörten Leitgedanken aus Beethovens Mund: ›Wir fehlen allesamt – ein jeder fehlet anders‹« (Goldschmidt). Das Erschauern vor der gewaltigen Allmacht Gottes (»qui sedes ad dexteram patris«) wird ebenso musikalisch gestaltet wie der verzweifelte Schrei nach Erbarmen. »*O*, miserere nobis« heißt es in Erweiterung des lithurgischen Textes im flehend verklingenden fis-Moll-Ausklang des Larghettos.

Allegro maestoso, 3/4-Takt, wieder in hellem D-Dur, beginnt der Schlußteil dieses Satzes. In machtvoller Chordeklamation, feierlichen Dreiklängen des Orchesters erklingt der Preisgesang (»Quoniam tu solus sanctus« – »Du allein bist heilig«), mündend in eine gewaltige vierstimmige »Amen«-Fuge (Allegro ma non troppo e ben marcato, D-Dur, 4/4-Takt). Das Fugenthema

ist erfüllt von rastlos drängender, jubelnder Bewegung und endet in triumphierenden Amen-Rufen.
Gloria-Bewegung und Amen-Rufe des Chors verschlingen sich in polyphonem Stimmgeflecht. Nach mächtiger erster Steigerung gibt es einen Einschnitt auf leise verklingendem Cis-Dur-Akkord, dann schaltet sich das Solo-Quartett mit dem kürzer gefaßten Fugenthema ein, die Chorbässe intonieren dazu einen choralartigen Cantus firmus:

Danach steigert sich wieder die Gloria-Fuge im Chor, diesmal über einem 18 Takte lang ausgehaltenen Orgelpunkt auf *a* in tiefem Blech, Org. und rollendem Pk.-Wirbel. Beethoven schafft neue Spannung dadurch, daß nun (Poco più Allegro, alla breve) die Amen-Rufe in den Soli leise, psalmodierend erklingen, ehe Gloria-Fuge und Amen-Rufe des Chors zu neuer Steigerung führen. Ein neuer, noch einmal überhöhender Kulminationspunkt: Plötzlich, mit ganzer Kraft läßt der Chor das Fugenthema einstimmig, in lapidarer Monumentalität, erklingen. Von da geht es dann in immer neuen Steigerungen zur Presto-Coda (3/4-Takt). Sie erinnert an den Typ jener jubelnden Siegessinfonien (etwa in der »Egmont«-Musik), die Beethoven oft als Höhepunkte dramatischer Entwicklungen geschrieben hat. Hier wird nun das Gloria-Thema des Satzbeginns, das zuvor auch schon im Fugengeschehen immer wieder anklang, vom Chor noch einmal aufgenommen. Charakteristisch für den Schluß dieses Satzes ist, daß Beethoven beim dreimaligen Gloria-Ruf des Chors am Ende die Haupttonart nicht, wie damals üblich, über die Dominante erreicht (A-Dur), sondern, nach dem Vorbild alter Kirchenmusik, über die Subdominante (G-Dur).

Im *3. Teil*, dem »Credo«, gestaltet Beethoven das katholische Glaubensbekenntnis und das Wunder von Geburt, Tod und Auferstehung Christi, wiederum in gewaltigen musikalischen Ausmaßen, zugleich in zwingender dramaturgischer Konzeption. Sie ist vom letzten Teil des Satzes her am eindringlichsten verständlich: Die gewaltige Doppelfuge, über deren Entstehung wir eingangs Schindlers Bericht zitierten, ist über die entscheidenden Worte »et vitam venturi saeculi« gearbeitet (also über »das Leben in der zukünftigen Welt«). Ein weiterer Schlüsselsatz für Beethoven steht zuvor: »et homo factus est« – »und ist Mensch geworden«. Menschwerdung und Bekenntnis zur glücklichen Zukunft des Menschengeschlechts, das sind die zentralen Ideen dieses Credo-Satzes, der nicht zufällig mehrfach an die 9. Sinfonie erinnert.

Nach wenigen, ehern-majestätischen Orchestertakten (Allegro ma non troppo, B-Dur, $^{4}/_{4}$-Takt) beginnt der Chor in plastischer Sequenz mit den kontrapunktisch verklammerten Credo-Worten:

Sie erscheinen viermal, bezogen auf die orthodoxe Trinität, den Glauben an den Vater, den Sohn und den heiligen Geist. Beim vierten Mal werden die Glaubensartikel deklamatorisch von den Chorstimmen vorgetragen, dazu hören wir die Credo-Sequenzen vornehmlich in den Pos. in unmittelbarer Vorbereitung der Schlußfuge. – Der Auferstehung der Toten schließt sich die Idee vom ewigen Leben an.

Das musikalische »Sichtbarmachen« der Worte betreibt Beethoven in diesem Satz mit grandioser Konsequenz und Eindringlichkeit. Chromatische Steigerungen überhöhen »patrem omnipotentem«, den allmächtigen Vater. Allem Sichtbaren (»visibilium omnium«) wird in plötzlichem Leisewerden das Unsichtbare, das Unerkannte (»invisibilium«) zur Seite gestellt. Nach ff singt der Chor pp »ante omnia saecula« (vor allen Zeiten), um dann, g-Moll zu G-Dur, »Wandelnd, in freudigem Jubel« und »Deum de Deo, lumen de lumine« (Gott von Gott, Licht vom Licht) zu verherrlichen. Mit einem straffen, markanten Chorfugato wird schließlich die göttliche Allmacht, der alles Geschaffene zu danken ist, charakterisiert:

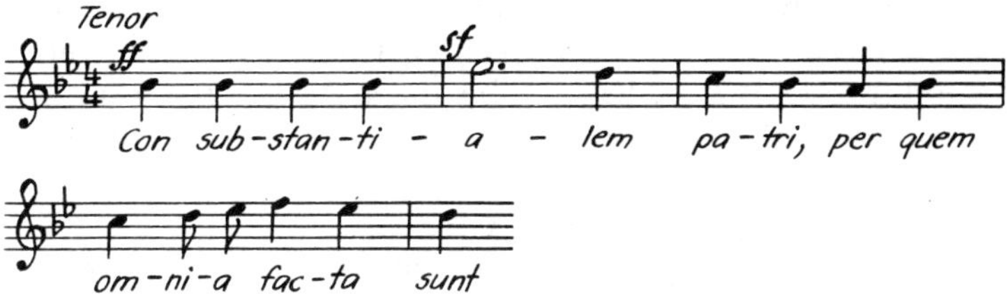

Sanftes Des-Dur prägt den Bericht von der Sendung Jesu. Sein »Niedersteigen vom Himmel« wird musikalisch nach altem Brauch Bachscher Figurenlehre in niederführenden Skalen verdeutlicht. Mit besonderer Eindringlichkeit und Innigkeit ist der Bericht von der unbefleckten Empfängnis Mariä und der Menschwerdung Christi musikalisch gestaltet. Adagio, d-Moll, 4/4-Takt erzählen die Solostimmen, nacheinander einsetzend. Dann tritt, als Symbol unberührter Jungfräulichkeit, über leise bebenden Holzbläser-Akkorden, die Fl. in hoher Lage, zum leise deklamierenden Chor. Der Solo-Tenor (Andante, D-Dur, 3/4-Takt) singt im Wechsel mit dem Chor von der Menschwerdung Christi (»et homo factus est«). Adagio espressivo, d-Moll, beginnt im Soloquartett, dann im Chor, der Klagegesang von Christi Kreuzigung. Über den schmerzvollen »passus«-Rufen (»gelitten«) singen Vl. und Fag. ihren Klagegesang. Und wiederum strahlend-leuchtender Gegensatz: Das »et resurrexit« (»Und er ist wieder auferstanden«), Allegro, 4/4-Takt, in kraftvoll akkordischem Chor-a capella. Allegro molto, F-Dur, Allabreve-Takt, malt der Chor in plastischem Fugato die Auferstehung:

Gottes Glanz und Herrlichkeit veranlaßt das Orchester zu einem fröhlichen Engelskonzert. Beethoven läßt sich Stück für Stück auf den Gehalt des Textes ein: Auf den Richtspruch in aufschreckenden Dissonanzen, den zögernden Ruf an die Lebenden, das Erinnern an die Toten. Allegro ma non troppo (F-Dur, 4/4-Takt) erscheint das Credo-Thema wieder, führt in großem Crescendo zur diesen Satz krönenden Doppelfuge: Allegretto, ma non troppo, B-Dur, 3/2-Takt, beginnen die Chorsoprane mit dem Fugenthema, die Chortenöre folgen mit dem Gegenthema über »Amen«:

Der Gegensatz zwischen dem fest und wuchtig, unbeirrbar auftretenden Thema und dem beweglicheren Gegenthema ist Motor der in großer Steigerung angelegten Fugen-Durchführung. Sie mündet zunächst in feierlich-akkordische Amen-Rufe des Chors, die modal kadenzieren. Dann wird das Tempo beschleunigt (Allegro con moto), ein Orchesterzwischenspiel rückt das

Fugenthema nach Moll. Die Streicher bringen das Thema zugleich verkürzt, verkürzt klingt auch das Gegenthema (in den Holzbläsern). Diese verkürzten Themen nimmt der Chor auf, in freudiger, beschwingter Bewegung. Ein neuer Höhepunkt wird hier über dem Orgelpunkt *F* erreicht. Am Ende schließlich (Grave) verbindet Beethoven die Themen der Fuge und des Credo. Im »Amen« des Soloquartetts, das den erhabenen und innigen Ausklang des Satzes einleitet, erklingt zudem im Sopran eine Melodie, die stark an den Gesang der Leonore im »Fidelio« erinnert: »Komm, Hoffnung, laß den letzten Stern der Müden nicht erbleichen«.

In milde, leuchtende Höhen strebt diese Musik, Ausdruck der Hoffnung, künftigen schönen und freien Lebens, des Glaubens an eine bessere Welt.
Der *4. Teil*, das »Sanctus«, mit Heiligpreisung und Lobgesang, ist in seiner Poesie und tief verinnerlichten Lyrik eines der großen Ausdruckswunder der Musik. Andacht, Versenkung ins Gebet führen Beethovens große Vision herbei: »... die Menschen wandeln im Namen Gottes« (Goldschmidt).
Adagio, mit Andacht (h-Moll, 2/4-Takt), wird im Orchester die Stimmung frommer Versenkung geschaffen. Fag. und tiefe Streicher, Klar. und Va., dazu in feierlicher Ruhe Hr. und Pos. eröffnen und behalten auch beim Eintritt des vom Alt angeführten Solo-Quartetts selbständige Funktion. Das »Sanctus«-Motiv

erinnert beziehungsreich an die musikalische Gestaltung der Menschwerdung im »Credo« (»et homo factus est«). Tremoli der Streicher und Pk. zu den fast geflüsterten Gebetsrufen erinnern uns wiederum nicht zufällig an Ähnliches im Finale der

9. Sinfonie (»Über Sternen muß er wohnen«). Allegro pesante, D-Dur, 4/4-Takt, folgt dem erschauernden Gebet der Freudenhymnus des Solistenquartetts, im Sopran zu jubelnder Höhe getrieben,

von Streichern umrauscht, Bläsern akzentuiert, in majestätischem »gloria tua« mündend.
Dann Generalpause. Ein energisch-kraftvolles Chorfugato über »Osanna in excelsis« (Presto, D-Dur, 3/4-Takt) eröffnet den zweiten Teil des Satzes. Danach die Versenkung ins Gebet: eingeleitet von einem Orchester-Präludium (Sostenuto ma non troppo, G-Dur, 3/4-Takt), den alten Brauch des Org.-Präludierens aufgreifend, in chromatischer Entwicklung der Holzbläser und imitatorisch geführten Streicher zu fahlem G-Dur-Akkord gelangend. In diese Stimmung tiefster Andacht schwebt aus ätherischer Höhe die Solo-Vl. mit zwei Fl. langsam, Andante molto cantabile e non troppo mosso (12/8-Takt) hernieder: Die Ausgießung des heiligen Geistes. In dieser Szene innigster Verklärung stammeln die Chorbässe ihr »Benedictus, qui venit in nomine Domini« (»Gelobt sei, der da kommt im Namen des Herrn«). Feierlich schreitende Akkorde der Trp., Pos. und Pk. bestimmen dann die Diktion auch des Chors. Die Pos. verbinden sich mit den Stimmen der Menschen, die Solo-Vl. schwebt über dem Ganzen in himmlisch verklärtem Lichte. Im befreienden Jubel des erneuten »Osanna in excelsis« ist der Höhepunkt erreicht. Solo-Vl. und wiederkehrendes »Benedictus« mischen sich dazu. Göttliche Vision und Menschsein sind eins.
Das *Finale* der »Missa solemnis«, »Agnus Dei«, führt den im »Sanctus« errungenen Frieden zwischen Gott und Menschen weiter als große Zukunftsvision. Das »Dona nobis pacem« (»Gib uns Frieden«) in diesem Meßteil trägt in Beethovens Partitur den berühmten Eintrag »Bitte um inneren und äußeren Frieden«. Der dreimalige Einbruch drohend zerstörerischer, kriegerischer Musik treibt den Antagonismus Krieg–Frieden ins Extrem. Ein Zitat aus Händels »Messias« hat seinen beson-

deren Stellenwert. Wird doch die Gestalt des Messias als Friedensfürst verstanden. Beethovens Skizzenbücher zeigen sein Ringen um diesen Satz. Da heißt es: »Dona nobis pacem noch in Moll, denn man bittet ja um Frieden; darum den Frieden allein behandeln, als wäre er schon da. Es kann auch Stärke der Gesinnungen des inneren Friedens über alles sein.«
In der endgültigen Fassung dieses Satzes steht dann freilich nicht das »Dona nobis pacem« in Moll, wohl aber das eröffnende »Agnus Dei« (Adagio, h-Moll, $^4/_4$-Takt). Das Orchester trägt die Hauptgedanken vor, klagend und in dunklen Klangfarben (Fag., Hr. und Streicher). Der Solobaß beginnt mit der Bitte um Erbarmen. Im Wechselgesang von Solisten und Chor wird aus der Klage Bitte und drängende Forderung. Das »Dona nobis pacem« (Allegretto vivace, D-Dur, $^6/_8$-Takt) stellt sie in klare, reine Dur-Klänge, zu denen sich der Chor zusammenfindet. Es geht um einen noch nicht vorhandenen Frieden. Unruhige Figuren in den Streichern deuten darauf hin. Im Zwiegesang mit dem Baß stimmen die Chorsoprane (S) einfach und edel ihren Friedensgesang an,

in den auch – über weiter unruhig wogender Begleitung – die anderen beiden Chorstimmen sich einfügen. Dieser sich an Intensität steigernden Friedensbitte folgt abrupt das Bild der Schrecken des Krieges: Allegro assai (F-Dur, $^4/_4$-Takt) kündigen sie sich zunächst leise, aus weiter Ferne an. Angsterfüllt reagieren die Streicher. Plastisch wird der Schrecken der Menschen vor den Schrecken des Krieges gemalt, in Orchestertremolo, Rezitativen von Alt- und Tenorsolo, die »timidamente« (furchtsam) bezeichnet sind. »Miserere nobis« (Erbarme dich unser) bittet der Chor. Aber der Feind rückt näher. Trompetengeschmetter, kriegerische Musik zeigen die aufs höchste gewachsene Gefahr. Das Friedensflehen des Soloquartetts mündet dann aber in ein machtvolles Fugato des Chors: Aus Verzweiflung wird energisches Sich-Auflehnen, wächst die Kraft zum Widerstand. Gerade hier zitiert Beethoven das Händelsche Fugenthema aus dem »Messias« auf die Worte der Friedensbitte.

Der Völker- und Friedensfürst wird beschworen. Kraftvolle Friedensrufe klingen auf. Und dann führt Beethoven die Prinzipien des Krieges und des Friedens in einem wilden Presto-Orchestersatz zu kämpferischer Auseinandersetzung. Spitz (Stakkato), mit schneidendem Triller, aggressiv das eine, zuerst in den Vl. kantabel und innig, dem Friedensgesang des Anfangs nachgebildet, das andere in tiefen Streichern und Fag. (vgl. NB S. 155):

Aber noch einmal bricht die kriegerische Musik über das Ganze herein (B-Dur). ff, mit vollem Orchester und Org., setzt der Chor sein »Agnus Dei« dagegen. Doch allmählich erlahmen die Kräfte des Bösen. In strahlender Höhe nimmt der Solosopran die Friedensrufe des Chors auf. Nur noch aus der Ferne klingt der kriegerische Rhythmus der Pk. in den sich ausbreitenden Frieden, in die sanfte Friedensmelodie des Chors. Der Friedensgesang und das Händel-Motiv verschmelzen, das Orchester nimmt den »pacem«-Ruf auf. Mit strahlend aufsteigenden Skalen, Figuren aus dem Gloria, führen die Streicher die festliche Messe zum Schluß.

Weitere Vokalwerke

Christus am Ölberge op. 85 (1803)

Besetzung: Seraph (Sopran), Jesus (Tenor), Petrus (Baß); gem. Chor; 2 Flöten, 2 Oboen, 2 Klarinetten, 2 Fagotte, 2 Hörner, 2 Trompeten, 3 Posaunen, Pauken, Streicher
Aufführungsdauer: etwa 36 Minuten

Dieses Oratorium – es blieb Beethovens einziges – entstand innerhalb weniger Wochen im März 1803. Schon wenig später, am 5. 4. des gleichen Jahres, kam es im Theater an der Wien zur UA, zusammen mit der 2. Sinfonie und dem 3. Kl.-Konzert. Das Werk leidet unter einem schwachen und phantasielosen Text des Opernlibrettisten Franz Xaver Huber. Beethoven hat ein Jahr später noch Bearbeitungen vorgenommen, da ihm selbst, wie er an Breitkopf und Härtel schrieb, »wohl hernach einiges nicht ganz entsprach«.
Das Oratorium gestaltet die biblische Szene von Christi Auseinandersetzung mit Gott auf dem Ölberg und seine Gefangennahme. Beethoven setzt dabei auf den Oratorienstil Händels, ließ sich aber auch – nicht zum Vorteile des Ganzen – von den Gesangskoloraturen und der Empfindsamkeit der Neapolitanischen Opernschule anregen. Dieses erste große vokalsinfonische Werk Beethovens zeigt ihn auf dem Wege zu dramatisch eindringlicher Gestaltung, wie sie sich später in der C-Dur-Messe, der »Missa solemnis« oder dem Finale der 9. Sinfonie

ausprägte. Darum finden sich in dem 6teiligen Oratorium immer wieder Stellen, die die »Klaue des Löwen« erkennen lassen.
Florestan-Nähe wird im *1. Teil* hörbar: in der Orchesterintroduktion (Grave, 4/4-Takt; Adagio, 6/8-Takt, es-Moll) mit ihrem dunklen Pathos, dessen schmerzliche Akzentuierungen sich in sanftem G-Dur am Ende lösen, im dramatischen Rezitativ, mit dem Jesus Gottvater anruft (g-Moll, »Jehovah, du mein Vater! O sende Trost und Kraft und Stärke mir! Sie nahet nun die Stunde meiner Leiden.«), schließlich in der Jesus-Arie (Allegro, c-Moll, 4/4-Takt, »Meine Seele ist erschüttert«), die durch den sinfonischen Einsatz des Orchesters Gewicht erhält.
Im *2. Teil* wird der Seraph als Bote Gottes exponiert, in gesanglich virtuoser Szene mit Rezitativ (A-Dur) und Arie (G-Dur, Larghetto, 3/8-Takt, »Preist des Erlösers Güte«). Allegro, G-Dur, 4/4-Takt tritt der Chor der Engel hinzu. Allegro molto, in fugiertem Satz gibt es auch hier einen groß angelegten dramatischen Höhepunkt (»Doch weh! Die frech entehren das Blut, das für sie floß«).
Den *3. Teil* bestimmt das As-Dur-Duett zwischen Jesus und dem Seraph (Adagio molto, 3/4-Takt, »So ruhe denn mit ganzer Schwere, auf mir, mein Vater, dein Gericht«), in dem vor allem ausdrucksvolles Melos sich einprägt, große Beethovensche Humanitätsgesänge vorausnehmend.
Ein wenig opernhaft gerät der *4. Teil* mit einem ergebenen Jesus-Rezitativ zu sanften Menuett-Klängen des Orchesters (F-Dur, 3/4-Takt). Dem folgt (alla marcia, C-Dur, 4/4-Takt) ein pp-Chor der Krieger (»Wir haben ihn gesehen, nach diesem Berge gehen, entfliehen kann er nicht«). Dramatisch wirkungsvoller Kontrast hierzu ist der *5. Teil*, von einem leidenschaftlichen Jesus-Rezitativ (Tempo della Marcia, C-Dur, 4/4-Takt, »Die mich zu fangen ausgezogen sind, sie nahen nun«) eröffnet, mit barbarischen Kriegergesängen (Allegro molto, D-Dur, 4/4-Takt), denen der Tenor-Chor der Jünger ängstlich gegenübersteht.
Im letzten *6. Teil* tritt zunächst Petrus auf, um Jesus zu verteidigen (Rezitativ Jesus-Petrus). Terzett und Chor folgen (Allegro ma non troppo, B-Dur, 4/4-Takt): Jesus widersetzt sich dem Aufbegehren des Jüngers Petrus – auch er soll sich dem Willen Gottes fügen. Die Szene gewinnt opernhaftes Gepräge durch den hinzutretenden Allegro-molto-Chor der Krieger (»Auf, auf! Ergreifet den Verräter!«). Angsterfüllt lassen sich die Jünger hören: »Ach, wir werden seinetwegen auch gehaßt, verfolget sein!«

Jesus ergeht sich dabei in breitem, koloraturdurchwirktem Gesang. Imponierend gelang Beethoven das hymnische Finale, das ein machtvolles Orchester-Maestoso ff einleitet, ein von händelschem Pathos geprägtes Thema bestimmt

und das am Ende, Più Allegro, in jubelnden C-Dur-Klang mündet.

Fantasie für Klavier, Chor und Orchester c-Moll op. 80 (1808)

Besetzung: Solo-Klavier; gemischter Chor; 2 Flöten, 2 Oboen, 2 Klarinetten, 2 Fagotte, 2 Hörner, 2 Trompeten, Pauken, Streicher
Aufführungsdauer: etwa 17 Minuten

Dieses in Anlage und Besetzung eigenartige Werk kam in Beethovens großer Akademie am 22. 12. 1808 zur ersten Aufführung, gemeinsam mit der 5. und 6. Sinfonie, Teilen der C-Dur-Messe und dem 4. Kl.-Konzert. Beethoven improvisierte damals den einleitenden Kl.-Part, den er erst später für die Drucklegung notierte. Er gibt uns also interessanten Einblick in seine von den Zeitgenossen vielgerühmte Improvisationskunst.
Die Chorfantasie ist in drei Abschnitte gegliedert. Den Kl.-Improvisationen folgen als *Mittelteil* acht Variationen über das Liedthema des Werks im Orchester. Der *letzte Teil* (»Finale« überschrieben) wird dann zur Kantate erweitert. Der Chor übernimmt die Melodie. Nicht nur das Verfahren des Übergehens von der instrumentalen in die vokale, wortgebundene Sphäre, auch die Liedmelodie selbst weisen unmißverständlich auf die 9. Sinfonie voraus. Die Tatsache, daß sich Beethoven für seine Chorfantasie recht kurzfristig einen Text von Christoph Kuffner »zurechtschneidern« ließ, legt die Vermutung nahe, er habe hier eigentlich eine andere Idee und vielleicht auch einen anderen Text (aus Schillers Freudenode nämlich) im Sinne gehabt. Die Reigenmelodie der Chorfantasie

nutzte Beethoven bereits früher, in Bonn, für sein Lied »Gegenliebe« (Text: Bürger). Dort nimmt sich die recht unbeholfene Wortdeklamation allerdings seltsam aus. Mit dem Kuffnerschen Text für die Chorfantasie war der Komponist auch nicht zufrieden. Für die Drucklegung wünschte er sich (vergeblich) einen anderen, in dem aber bezeichnenderweise das Wort »Kraft« beibehalten werden sollte.

Mit virtuoser Kl.-Improvisation beginnt das Werk (Adagio, 4/4-Takt). Pathetische Akkordik, wuchtige Oktavpassagen, brillantes Arpeggien- und Skalenspiel vermitteln einen Eindruck von Beethovens Improvisationskunst. Dieses kraftvolle Präludieren gibt der Klavierfantasie zugleich eigenes dramaturgisches Gewicht. Sie ist das mächtige Vorspiel zum Folgenden. Dort stehen sich zunächst (Allegro, 4/4-Takt) eine drohend aus der Tiefe in den Streicherbässen aufsteigende Marschweise und ein inniger Gesang des Kl. gegenüber.

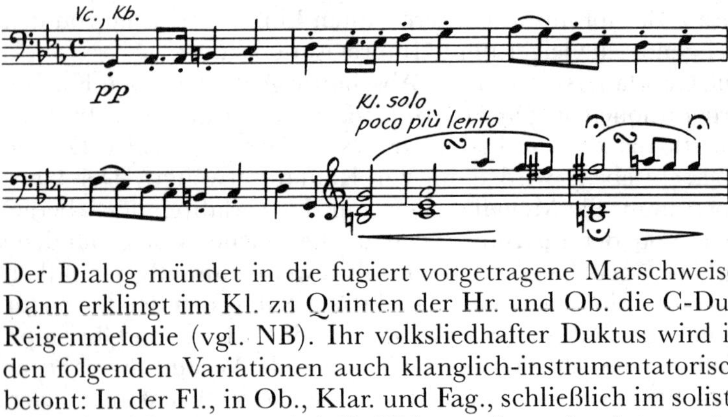

Der Dialog mündet in die fugiert vorgetragene Marschweise. Dann erklingt im Kl. zu Quinten der Hr. und Ob. die C-Dur-Reigenmelodie (vgl. NB). Ihr volksliedhafter Duktus wird in den folgenden Variationen auch klanglich-instrumentatorisch betont: In der Fl., in Ob., Klar. und Fag., schließlich im solistischen Streichquartett wird die Weise variiert, ehe sie unverändert in ein kraftvolles Orchestertutti mündet.

Nach diesem idyllischen Aufzug des Themas brechen in den folgenden Variationen die Gegensätze wieder auf. c-Moll (Allegro molto) tragen sie Kl. und Orchester erneut aus. Als lyrischer Kontrast wirkt das anschließende Adagio (A-Dur, 6/8-Takt), in dem Klar. und Fag. der Melodie hymnische Dimensionen geben. Die Variationen mündet in einen Geschwindmarsch (Marcia, assai vivace, F-Dur, 2/4-Takt) als triumphierendem Abschluß. Im 3. Abschnitt der Chorfantasie (»Finale«) klingt zunächst der düstere c-Moll-Marsch noch einmal auf. Kraftvolle Kl.-Arpeggien führen zu aufmunternden Hr.-Klängen dann die Reigenmelodie wieder ein, die nun der Chor übernimmt (C-Dur, 4/4-Takt): »Seid gegrüßt, laßt euch empfangen von des Friedens Melodien!« (Bei Kuffner: »Schmeichelnd hold und lieblich klingen unsres Lebens Harmonien«). Der Vortrag der drei Strophen wechselt von den Frauen- in die Männerstimmen und bezieht endlich den ganzen Chor ein. Die musikalische Intensität wird gesteigert bei den Zeilen »Nehmt denn hin, ihr lieben Freunde (bei Kuffner: ›schönen Seelen‹) froh die Gaben schöner Kunst.« Im Presto-Finale steigert sich die Entwicklung. Mit mächtigem Pathos wird das Bündnis von »Geist« (bei Kuffner: »Lieb'«) und »Kraft« besungen. Dreimal klingt am Ende ff der Ruf »und Kraft«.

Kleinere Vokalwerke und Lieder

Neben den beiden Messen haben sich von Beethovens Vokalmusik vor allem eine Reihe von Liedern im Bewußtsein größerer Öffentlichkeit unserer Tage gehalten. Dabei verweist das Werkeverzeichnis auf eine beträchtliche Fülle vokaler Kompositionen sehr unterschiedlicher Art.

Eine Sonderstellung nehmen die Kanons, musikalischen Epigramme und Scherze ein, die der Komponist meist aus bestimmten biographischen Anlässen schrieb, um Adressaten zu ehren, auch humorvoll zu ärgern. Bekannt geworden ist jener 4stimmige Kanon, den Beethoven dem Erfinder des Metronoms auf den launigen Text »Ta ta ta ... lieber Mälzel, leben Sie wohl, sehr wohl! Banner der Zeit, großer Metronom« (WoO 162) widmete. Gar manche der Kanons sind aber auch

Beethovens Gedankenwelt charakteristisch erhellende Sinnsprüche, geschrieben auf Text-Sentenzen, die für ihn gleichsam programmatische Bedeutung hatten. So entstand als Stammbuchblatt der 6stimmige Kanon über die Goethe-Worte *Edel sei der Mensch, hülfreich und gut* (WoO 185):

Gleich dreifach wurde die aus der griechischen Antike stammende, von Seneca lateinisch überlieferte Sentenz *Ars longa, vita brevis* (Lang ist die Kunst, kurz das Leben) komponiert, als Kanon zu zwei (WoO 170), zu vier Stimmen (WoO 192) und als Rätselkanon (WoO 193). Im April 1826 entstand auf die Worte »Es muß sein, ja, es muß sein! Heraus mit dem Beutel« (WoO 196) ein Kanon zu vier Stimmen. Beethoven hatte damals von einem Bekannten die leihweise überlassenen Stimmabschriften seines B-Dur-Streichquartetts op. 130 zurückgefordert. Auf die zögernde Zusage: »Wenn es sein muß!« schrieb Beethoven seinen humorvollen Kanon

Das Thema wurde überdies im Herbst des gleichen Jahres im Schlußsatz des letzten Quartetts (F-Dur op. 135) verwendet. Dort steht über dem Satz erläuternd: »Der schwer gefaßte Entschluß«.
1803 wandte sich George Thomson, Sekretär einer schottischen wissenschaftlichen Akademie in Edinburgh, an Beethoven und bat um Mitarbeit an einer Ausgabe schottischer Lieder. Beethoven erhielt die Melodien, schrieb dazu Sätze, meist für Klaviertrio, dazu Vor- und Nachspiele. Die Melodien wurden nachträglich textiert, mit Versen bedeutender Poeten wie Lord Byron, Robert Burns. Beethoven betrachtete diese Gelegenheitsarbeiten zwar als willkommenen Broterwerb, hat sich ihnen doch aber auch mit viel Liebe, Sorgfalt und Phantasie gewidmet. So

entstanden die Zyklen *25 Schottische Lieder* (op. 108) und *25 Irische Lieder* (WoO 152). Neben diesen Auftragsarbeiten hat sich Beethoven aber auch aus eigenem Antrieb immer wieder mit Liedgut verschiedenster Völker befaßt und meisterliche Bearbeitungen und Sätze für unterschiedliches Instrumentarium geschrieben. So entstanden Bearbeitungen von Liedern aus Schweden, aus Tirol und der Schweiz, aus Dänemark, Polen, Portugal, Rußland, Spanien, Ungarn, Italien, Frankreich. Er habe an solchen Weisen »la plus grande partie con amore« gearbeitet, heißt es in einem Brief des Komponisten von 1810. Er hatte, wie Haydn und auch Mozart, großes Interesse für Volksmelodien, hörte er in ihnen doch die »Stimmen der Völker in Liedern«, wie Herder. Die Intonationen dieser nationalen Kunst der Völker hinterließen nicht nur Spuren in seiner eigenen musikalischen Kunstsprache. Das schöpferische Interesse an ihnen ist schönes Zeugnis der Volksverbundenheit Beethovenscher Tonkunst.
Rund hundert Klavierlieder finden sich im Beethovenschen Werkeverzeichnis. Eine ganze Reihe dieser Kompositionen erfreuen sich auch heute noch beträchtlicher Beliebtheit. Und sie haben beachtlichen historischen Stellenwert. Mit ihnen entwikkelt der Komponist das klassische Lied Haydns und vor allem Mozarts besonders dadurch weiter, daß er dem Sinn der vertonten Texte in Bezug auf die musikalische Struktur, den musikalischen Wortgestus, größte Aufmerksamkeit widmet. Die gestalterischen Möglichkeiten werden vom einfachen Strophenlied zu kantatenartigen Bildungen, zum musikalisch wie dramaturgisch geplanten und ausgearbeiteten Liedzyklus geweitet.
Ein typisches und bis heute sehr bekanntes Beispiel Beethovenscher Liedkunst, die in einfachster dreiteiliger Anlage Wortdeklamation und Wortsinn kunstvoll gesteigerten Ausdruck zu verleihen vermag, ist das Lied *Ich liebe dich* (WoO 123) auf Verse von Karl Friedrich Wilhelm Herrosee. Es entstand um 1797. Zunächst war das Ganze im Sinne eines Strophenlieds als musikalische Grundlage für alle fünf Strophen der Textvorlage gedacht. Dann aber wurde als Liedanfang nur die 2. Strophe (»Ich liebe dich«) verwendet. Und für die charakteristisch variierte Veränderung des musikalischen Anfangsteils wurden die Worte der 3. Strophe bei Herrosee eingesetzt: »Drum Gottes Segen über dich«.
Das Ganze wirkt volksliedhaft schlicht und ist doch auf kleinstem Raum melodisch, harmonisch und in der Begleitung mei-

sterhaft im Sinne der Aussage differenziert. Schon der 1. Teil zeigt das. In ganz regelmäßigem Melodiebau, zu gleichmäßig wogender Begleitung, die nur die besonderen harmonischen Einfärbungen akzentuiert, klingt das kleine Liebeslied:

Die sinngebenden Wortakzentuierungen in der Melodie entwikkeln sich mit steigender Intensität (vgl. NB a und b bis zum Schluß c). Ähnliches vollzieht sich im Mittelteil auf der Dominanttonart, und vor allem im Schlußteil, der variierte Wiederholung des Anfangsteils ist: Die melodischen Aufschwünge steigern sich zur Septime (»Gott schütze und erhalt dich mir«), das Klavier greift melodisch stärker in die Entwicklung ein. Der Liebesgesang gewinnt an Eindringlichkeit, wird schwärmerisch und innig zugleich.

Etwa zur gleichen Zeit (1795/96) entstand die Vertonung der *Adelaide* (op. 46) von Friedrich von Matthisson, dessen gefühlvolle Verse in Klopstock-Nachfolge es dem jungen Beethoven besonders angetan hatten. Er sandte sein Werk dem Dichter später mit liebevoller Widmung. 1797 erschien es bei Artaria im Druck mit dem Untertitel »Eine Kantate für Singstimme mit Begleitung des Clavier«. Die relativ hohe Opuszahl 46 erhielt es später. Übrigens hat der Dichter einige Jahre danach in einer Gesamtausgabe seiner Gedichte zur »Adelaide« vermerkt: »Mehrere Tonkünstler beseelten diese kleine lyrische Phantasie durch Musik; keiner aber stellte nach meiner innigsten Überzeugung gegen die Melodie den Text in tiefere Schatten als der genialische Ludwig van Beethoven zu Wien.« Dieses Lied ist in der Anlage wie eine kleine Arie konzipiert, mit dem Wechsel von langsamem (Larghetto) und raschem Abschnitt (Allegro molto). Die Melodik folgt mit ihren vielen Vorhalten als Ausdruck von Sehnsucht und Liebesklage dem empfindsamen Liedstil der Zeit. Besonders in den sehnsuchtsvollen »Adelaide«-Rufen wird das deutlich. Zugleich aber ist auch als melodische Quelle die Volksliedintonation erkennbar, wie der Beginn erweist:

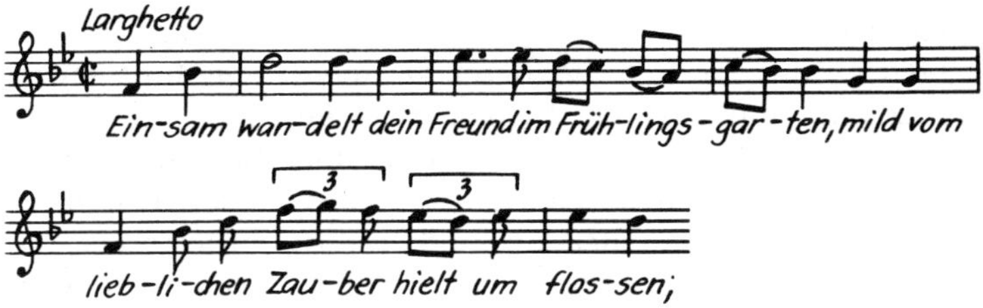

Besonders die Steigerung sehnsüchtigen Verlangens im Allegro-molto-Teil führt zu ganzen Ketten von Vorhaltsbildungen:

Wie sich in dieser volksliedhaften Vorhaltsmelodik Beethovensches Humanitätsmelos vorprägt, zeigt die Tatsache, daß eine Wendung aus dem Allegro molto – »Einst, o Wunder! entblüht auf meinem Grabe eine Blume der Asche meines Herzens« –

später in der Florestan-Melodik des »Fidelio« anklingt, dort zu den Worten: »Euch werde Lohn in bessern Welten«.

Liebessehnsucht und Naturstimmung, in den Versen vorgegeben, finden in dieser Lied-Kantate in der Singstimme, aber auch im sorgsam ausgearbeiteten Klavierpart, der hier ganz zum Partner des Singenden wird, Ausdruck – beim Flöten der Nachtigall ebenso wie beim Flüstern des Laubes im zarten Abendlüftchen.
Im Sommer 1803 entstand der Zyklus *Sechs Lieder* nach Gedichten Christian Fürchtegott Gellert (op. 48). Anlaß war der frühe Tod der Gräfin von Browne, deren Gatten die Gesänge gewidmet sind. Es sind geistliche Lieder, ernste Gesänge, teilweise in choralartigem Gestus. Deutlich wird in ihnen Beethovens Religiosität, die sich aus dem Begriff des »Höchsten« als Instanz für Moral und Ethos verstehen läßt und für die pantheistische Verschmelzung von Gottheit und Natur steht. Die während der Arbeit an der »Eroica« geschriebenen Lieder (»Bitten«, »Die Liebe des Nächsten«, »Vom Tode«, »Die Ehre Gottes aus der Natur«, »Gottes Macht und Vorsehung«, »Bußlied«) künden in machtvollem Lapidarstil von Kraft und Größe dieses Religionsgefühls. Am bekanntesten aus diesem Zyklus wurde »Die Ehre Gottes aus der Natur«, das 4. Lied, vom Komponisten selbst als »majestätisch und erhaben« charakterisiert. Ganz aus dem Dreiklang entwickelt ist die lapidare Melodik.

Harmonische Rückungen (von G-Dur nach Es-Dur bei »Wer trägt der Himmel unzählbare Sterne?«) prägen das charakteristische Klangbild dieses Hymnus, auf das Beethoven auch später bei ähnlichen Themenkomplexen (in der 9. Sinfonie z.B.) immer zurückgreift.
Der Zyklus *Acht Lieder* (op. 52) ist eine von Beethoven selbst besorgte Zusammenstellung früher Kompositionen dieses Genres. Aus diesen Bonner Stücken fallen chansonartig-fröhliche Nummern (»Urians Reise um die Welt«, »Marmotte« – Beethovens erste Goethe-Vertonung) reizvoll auf. Gewichtiger ist der ebenso anmutige wie leidenschaftlich-feurige Gesangsduktus, den Beethoven für Goethes »Maigesang« (»Wie herrlich leuchtet mir die Natur«) gefunden hat.

Goethes Lyrik wird zu einem zentralen Thema des Liedkomponisten Beethoven. Ein interessantes Beispiel seiner gründlichen Auseinandersetzung mit Versen des Dichters ist die Tatsache, daß er das berühmte Mignon-Lied *Sehnsucht* (WoO 134) in vier Fassungen komponiert hat und so auch 1808 in einer Zeitschrift erscheinen ließ. Im Autograph ist vermerkt: »Nb: Ich hatte nicht Zeit genug, um ein Gutes hervorzubringen, daher mehrere Versuche. Ludwig van Beethoven«.

Drei der Fassungen stehen in g-Moll, nur eine, die dritte, ist in Es-Dur geschrieben. Der Vergleich zeigt vor allem eine zunehmende Verlangsamung des Tempos: I = Andante, poco agitato (3/4-Takt), II = Poco andante (6/8-Takt), III = Poco adagio (Es-Dur, 3/4-Takt), IV = Assai adagio (6/8-Takt). Deutlich wird, wie der Komponist hier nach drei Versuchen in reiner Strophenliedform die überzeugendste Lösung in der 4. Fassung fand: Bei Goethe steht die 1. Zeile der 1. Strophe (»Nur wer die Sehnsucht kennt, weiß, was ich leide«) noch einmal am Ende der 2. Strophe. Da steckt die kompositorische Lösung: Der 1. Strophe gehört der 1. Liedteil. Die 2. Strophe wird in einem leidenschaftlich sich steigernden Mittelteil gestaltet, bis auf den bereits die 1. Strophe eröffnenden Text, der nun im Lied als Wiederholung des 1. Teils zu dessen Melodie erscheint. Das Zweistrophengedicht wird als dreiteiliges Lied geformt.

Unter den *Sechs Gesängen* (op. 75) sind drei Goethe-Vertonungen von Gewicht: Der Gesang der Mignon, »Kennst du das Land, wo die Zitronen blüh'n«, in arienhafter Diktion und Anlage, »Herz, mein Herz, was soll das geben?« (»Neue Liebe, neues Leben«) in lebhaft-feurigem 6/8-Schwung und das »Flohlied« aus »Faust I«. Letzteres, schon Anfang der 90iger Jahre des 18. Jahrhunderts in Bonn begonnen, nutzt Goethes Verse mit beißendem musikalischen Spott als Satire auf aristokratische Allüren, die dem feurigen Republikaner Beethoven locker in der Feder saß. Wahrhaft stechend, mit blitzendem Rapier, fährt der Musiker zu Goethes Worten dem höfischen Zopf zuleibe. Übrigens: von den zahlreichen Vertonungen dieses Goetheschen Textes bis zur genialen Version Mussorgskis ist die Beethovens die erste!

Als op. 83 erschienen dann *Drei Gesänge* ausschließlich nach Gedichten Goethes (1810): »Wonne der Wehmut«, »Sehnsucht«, »Mit einem gemalten Band«.

Einen besonderen Höhepunkt im Beethovenschen Liedschaffen

stellt der im April 1816 vollendete Zyklus op. 98, *An die ferne Geliebte,* dar.

Die Verse stammen von dem Arzt Alois Jeitteles. Als Medizinstudent in Wien lebend, hatte er die Texte Beethoven zugesandt. Die Komposition spiegelt persönliches Erleben wider. Es gehört in den Umkreis der berühmten Briefe an die Unsterbliche Geliebte. Zum ersten Mal in der klassischen Liedliteratur vor Franz Schubert werden die Gesänge zu einem als Ganzes konzipierten, musikalisch eng verzahnten Zyklus geformt. Skizzen beweisen, daß Beethoven um diese neue Art der Gestaltung gerungen hat, wie um manches andere größere Werk. Der kompositorische Plan ist schon aus der Tonartenfolge der sechs Lieder ersichtlich: Es-Dur – G-Dur – As-Dur / As-Dur – C-Dur – Es-Dur. Außerdem gehen die Lieder pausenlos ineinander über. Das Klavier schafft in Vor- und Nachspielen die ausdrucksmäßigen, die harmonischen Übergänge. Das ergibt eine fast sinfonische Dichte der musikalischen Zusammenhänge. Daß im letzten Lied noch einmal der Gesangsbeginn des 1. Liedes aufklingt, ehe das Ganze zum jubelnden Preisgesang des liebenden Herzens geführt wird, macht die zyklische Idee des Ganzen deutlich.

»Ziemlich langsam und mit Ausdruck« (Es-Dur, 3/4-Takt) beginnt das 1. Lied in strophischer Anlage, mit einer ganz aus dem Wortduktus empfundenen Gesangsgestaltung.

Bei den Wiederholungen prägt sich in den Veränderungen des Klavierparts die Veränderung der Stimmungen und Haltungen aus. Poco allegretto, »ein wenig geschwinde« (G-Dur, 6/8-Takt), brechen sich im 2. Lied lebhaftere Empfindungen Bahn (»Wo die Berge so blau aus dem nebligen Grau schauen herein«). Die Gesangsmotive werden durch den Instrumentalpart leise imitiert, wie ein Echo in den Bergen. Im Mittelteil (C-Dur) verharrt die Singstimme zwölf Takte lang auf einem Ton, die Melodie liegt im Klavier – eine Szene inniger, träumerischer Versunkenheit. In drängendem Crescendo, nach und nach geschwinder bis zu assai allegro, wird der variierte Beginn dieses Liedes zum Ausdruck von »Liebesgewalt« und »innerer Pein«.

Mit stockenden Akkorden, von e-Moll nach As-Dur führend, wandelt sich die Szene im 3. Lied (Allegro assai, 4/4-Takt). In herbstlich falber und kahler Natur, mit segelnden Wolken und eilenden Bächlein bleibt die Sehnsucht nach der Liebsten wach. In heiterer Bewegung, huschendem Stakkato-Gesang, munteren Klaviertriolen wird das gestaltet.

Die Rückung nach Moll bringt erst im Mittelteil auch trübe Herbststimmung ins Spiel. »Nicht zu geschwinde, angenehm und mit viel Empfindung« klingen im 4. Lied (As-Dur, 6/8-Takt) die Klaviertriolen weiter, steigen in die Höhe, erhalten durch Triller lockeren, leichten und anmutigen Charakter. Die Melodik ist mit der des vorhergehenden Liedes charakteristisch verbunden.

Aber nun ist Frühling, milde Lüfte verzaubern die Welt. Im Mai erklingt ein fröhlich-munteres Wanderlied, vom Klavier in ausführlicher, 14taktiger Einleitung vorbereitet: Die schwungvolle C-Dur-Weise des 5. Liedes (Vivace, 4/4-Takt)

rückt bei der strophischen Wiederholung durch Transposition in immer neues Licht. Schon ganz »schubertisch« wirkt dabei gegen Ende der kurze Wechsel von Dur nach Moll. Bisher waren alle Lieder strophisch angelegt. Das letzte, 6. Lied (Andante con moto, cantabile, Es-Dur, 2/4-Takt) macht die einzige Ausnahme. Es ist in Variationen eines Grundgedankens angelegt:

Wie der Beginn eines langsamen Sonatensatzes mutet die Klavierbegleitung über diesem Thema an. Die Widmung ist zugleich Überwindung von Melancholie, Trennungsschmerz, denn »vor diesen Liedern weichet, was geschieden uns so weit, und ein liebend Herz erreichet, was ein liebend Herz geweiht.« Damit setzt, wieder »ziemlich langsam und mit Ausdruck«, die Anfangsmelodie des 1. Liedes ein, der Zyklus rundet sich. Hier am Ende allerdings steigert sich das Ganze zum Allegro molto e con brio, zum jubelnden Preisgesang auf die liebenden Herzen, die nicht zu trennen sind.

Zum Vokalschaffen Beethovens zählen neben den bereits genannten Werken eine ganze Reihe ein- und mehrsätziger Kantaten, teils mit Klavier- teils mit Orchesterbegleitung, dazu a ca-

pella-Werke, zum überwiegenden Teil für bestimmte Anlässe oder Gelegenheiten komponiert.
Hierher gehören eine Reihe mehrstimmiger italienischer Gesänge auf Texte von Pietro Metastasio, die zwischen 1793 und 1802 während der Studien bei Antonio Salieri entstanden. Dazu zählt auch die reizvolle Cantate campestre *Un lieto brindisi* (WoO 103) für Sopran, zwei Tenöre und Baß mit Klavierbegleitung, die, auf einen Text des Abbate Clemente Bondi komponiert, am Johannistag 1814 im Weinhaus bei Wien zu Ehren des Arztes Dr. Johannes Malfatti, dessen Patient Beethoven war, aufgeführt wurde. Das Stück, das in einer Fassung ohne originalen Text überliefert ist, wurde von Harry Goldschmidt in kompletter Fassung unlängst neu vorgelegt (vgl. Goldschmidt: Beethoven-Studien 1, Die Erscheinung Beethoven, VEB Deutscher Verlag für Musik, Leipzig 1974). Zum Geburtstag des Fürsten Ferdinand Lobkowitz schrieb Beethoven im April 1823 auf eigene Textworte eine Glückwunschkantate für Sopransolo, Chor und Klavierbegleitung, die sogenannte *Lobkowitz-Kantate* (WoO 106).
Erwähnung verdienen darüber hinaus Arien, Szenen und mehrstimmige Sologesänge mit Orchester, die oft als Einlagen für Theateraufführungen entstanden.
Als Beispiel der Komposition im dramatischen italienischen Opernstil müssen Szene und Arie *Ah perfido!* (op. 65) für Sopran mit Orchesterbegleitung genannt werden. Textdichter des Recitativo accompagnato (»Ah! perfido, spergiuro, barbaro traditor, tu parti?« – »Ha, Treuloser, Verräter, so willst du grausam mir entfliehen?«) ist Pietro Metastasio (die Zeilen stammen aus seiner Oper »Achille in Sciro«); der Autor des Arientextes (»Per pietà, non dirmi addio« – »Welche Qual, von dir zu scheiden«) ist unbekannt.
Nach Entwürfen 1796 in Wien entstand die Komposition nur wenig später in Prag. Im gleichen Jahr wurde sie in Leipzig durch die aus der Mozart-Biographie bekannte Prager Sängerin Josepha Dušek zum ersten Male aufgeführt. Der verzweifelte und innig klagende Gefühlsausbruch der von Achilles verlassenen Deidamia wird hier mit großem Pathos geformt, dem Beispiel dramatischer Opern- und Konzertarien Mozarts folgend, in Melodik und Orchestersprache aber besonders dem zugespitzten dramatischen Kontrast des Themas verpflichtet. Dem effektvoll-pathetischen Recitativo accompagnato folgen

in der Es-Dur-Aria wirkungsvoll gesetzte Kontraste zwischen beseeltem Abschiedsschmerz und dramatisch aufbegehrenden Abschnitten mit kühn gespanntem melodischem Gestus:

Voll dramatischem Pathos, ebenso wirkungs- wie charaktervoll ist auch das italienische Terzett für Sopran, Tenor und Baß mit Orchesterbegleitung, »Tremate, empi, tremate« (op. 116), an dem Beethoven bereits 1801 zu arbeiten begann und das er dann für das zweite seiner patriotischen Konzerte am 27. 2. 1814 vollendete. Es erklang neben der Schlachten-Sinfonie, neben der Uraufführung der 8. Sinfonie. Den Sopranpart sang die berühmte Anna Milder-Hauptmann. Auf ein ungewöhnliches, wenig bekanntes und dennoch bedeutendes Werk sei schließlich hingewiesen: den *Elegischen Gesang* (op. 118) für vier Singstimmen mit Streichquartettbegleitung, im Sommer 1814 in Baden bei Wien geschrieben. Das Stück ist ein Gedenkgesang zum 3. Todestag der 24jährigen Eleonore von Pasqualati, der Gattin des Freiherrn Johann Pasqualati, der zum engen Freundeskreis Beethovens gehörte. Ungewöhnlich die Besetzung: ein Doppelquartett für Stimmen und Streichinstrumente. Der Autor des Textes (»Sanft wie du lebtest, hast du vollendet«) ist unbekannt. »Langsam und sanft«, E-Dur, 3/4-Takt, singen Stimmen und Instrumente in polyphoner Anlage. Alles ist Linie und klangliche Ausgewogenheit, hinweisend auf den zukünftigen polyphonen Satz der späten Streichquartette, der hier noch aus der Beziehung zu Wort und Gesang sich entfaltet – ein Stück edelsten, ruhevollen Ebenmaßes, klassischer Vollendung. Nicht von gleichem Gewicht ist ein anderer Trauergesang Beethovens, *In questa tomba oscura* (WoO 133, »In dieses Grabes Dunkel«), eine Arietta für Gesang und Klavier auf Worte von Giuseppe Carpani, 1807 als Beitrag zu einem Sammelwerk von Vertonungen verschiedener Komponisten zu diesem Text geschrieben. In dem As-Dur-Lento mit dramatisch sich steigerndem Mittelteil ist bei aller Würde und Ausgewogenheit das Pathos der italienischen Oper unverkennbar, dem Beethoven hier seinen Tribut zollt.

Kammermusik

Ludwig van Beethovens Gesamtschaffen wird von drei Hauptpfeilern getragen: von der subjektiven, Persönlichstes berührenden Ausdruckswelt der Klaviersonaten, von den monumentalen, an die Adresse der Menschheit gerichteten Lösungen der Sinfonien und von der weitgefächerten Sphäre der Kammermusik. Was jedoch hier dem Begriff Kammermusik untergeordnet wird, betrifft in bezug auf Gattungen und Formen, auf Hörerwartung und soziologische Bestimmung, auch auf kompositorischen Anspruch sehr Heterogenes. Beethovens Kammermusik reicht vom Bläserduo bis zum Oktett, vom Streichtrio bis zum Streichquintett, von der Violinsonate bis zum Klavierquintett. Darunter befinden sich Werke, die noch ganz im Bereich fürstlicher Tafelmusik aufgehen, und solche, die von höchster Gedanklichkeit geprägt sind. Auch besteht ein nicht geringer Wesensunterschied zwischen Kompositionen, die auf Bestellung, und solchen, die aus selbstgefaßtem Entschluß geschaffen wurden. Diese Vielschichtigkeit begegnet weder beim Klavierwerk noch in der Sinfonik. Beethovens Vorstellungen und Absichten in seinem kammermusikalischen Œuvre sind durchgreifenden Wandlungen unterworfen, sie reflektieren nicht nur seinen Entwicklungsweg vom Frühschaffen bis zum Alterswerk, sondern spiegeln auch die Veränderungen des gesellschaftlichen Umfelds wider.

In der Bonner Jugendzeit und in den ersten Wiener Jahren erobert er sich schrittweise zunächst jene Gattungen der Kammermusik, die sich noch aus der gesellschaftlichen Sphäre höfischen Musizierens heraus begreifen, Werke unterhaltsamen Charakters, dem alten Divertimentostil verpflichtet oder ihm sehr nahestehend. Hierbei überwiegen Kompositionen für Bläserensemble, noch deutlich den Vorbildern eines Joseph Haydn und Wolfgang Amadeus Mozart verhaftet. Gerade in einigen Divertimenti Mozarts mehren sich die Anzeichen einer Überwindung der Grenzen herkömmlicher Gesellschaftsmusik mit ihrer Besetzungsvielfalt und relativen Anspruchslosigkeit, ihrem unverbindlichen Konversationston und der lockeren Vielsätzigkeit. An diesem Punkt aber sieht Beethoven einen Ansatz, in der Kammermusik jene Straffung und inhaltliche Vertiefung zu erreichen, die ihm vorschwebt. In den Experimenten der frühen Klaviersonaten von Opus 2 (1795) bis zur »Pathétique« op. 13 (1799) zeichnet sich bereits eine entscheidende gedankliche Konzentration und vor allem eine geschärfte Darstellung des revolutionären Pathos, wie es in jener Zeit von Frankreich vielstimmig herüberschallte, ab.

Indem Beethoven in den 90er Jahren verschiedene Ensemblewerke für Bläserbesetzungen vom Duo bis zum Oktett schreibt, überwindet er zugleich diese Gattungen. Nach 1800 greift er nicht wieder auf sie zurück; sie haben sein Interesse verloren. Die handwerklichen Erfahrungen beim meist paarweise angelegten Bläsersatz aber bringen kompositionstechnischen Gewinn für später. Sowohl das Sextett für je zwei Klarinetten, Hörner und Fagotte op. 71 (1796) als auch das Rondino für acht Bläser WoO 25 (1792?), und das Oktett op. 103 (1792) sind echte Gebrauchsmusik, liebenswert im Ton, gekonnt im rein Handwerklichen, aber doch weit entfernt von bedeutungsschwerer Aussage. Die Grenzen liegen im Bläserklang. Seiner unbezweifelbaren Farbigkeit einerseits fehlt es andererseits an Expansions- und Modulationsvermögen, vor allem aber an der Fähigkeit zum verschmelzenden Gesamtklang. Gerade dies aber war eine der wichtigsten Voraussetzungen für den Siegeszug der klassischen Sinfonie im frühen 19. Jahrhundert. Im Zusammenhang mit dieser Entwicklung mußte das Bläser-Divertimento zurücktreten. Es ist kein Zufall, daß das bekannte Septett op. 20 (1800) gewiß den krönenden Abschluß von Beethovens Divertimentokunst bedeutet, daß zugleich aber auch durch die Hinzunahme von vier Streichinstrumenten alte Begrenzungen durchbrochen werden und hiermit das sinfonische Gebiet des Kammerorchesters betreten wird.

Es ist weiterhin kein Zufall, daß dort, wo das Klavier in die Kammermusik einbezogen wird, von Anfang an gehaltvollere Werke entstehen. Die Vormachtstellung dieses Instruments beim häuslichen und öffentlichen Musizieren, bei der Improvisation und selbst beim Suchen nach neuen Wegen in der Komponierstube hatte sich seit Mozart allgemein durchgesetzt. Insbesondere für Beethoven bedeutete das Klavier Medium für das

eigene Virtuosentum. Kein Wunder also, wenn gleich in den Klaviertrios op. 1 (1793/94), mit denen sich der junge Meister der Wiener Öffentlichkeit präsentierte, dem Tasteninstrument durch bravouröses Laufwerk, dynamische Kontraste, kraftvolle Akkorde und feingliedriges Spiel die beherrschende Rolle zugeteilt wird. Das musikalische Geschehen wird über weite Strekken vom Klavier bestimmt, Violine und Violoncello fungieren als Partner. Mit einem Schlage ist eine qualitativ neue Stufe erreicht: Die Wirkung in der Öffentlichkeit beruht jetzt nicht mehr auf galantem Divertissement und den Artigkeiten anregenden Plauderns, sondern auf ernsthaftem Gespräch und gedanklicher Konzentration. Zugleich fällt ein konzertanter Zug ins Gewicht. In erhöhtem Maße wenden sich diese Werke an ein breites Publikum. Vom Klaviertrio aus läuft nun die Entwicklung weiter zu den frühen Sonaten für Klavier und Violoncello bzw. Violine (op. 5 bzw. op. 12). Weitere Differenzierungen folgen. Während auch Mozart bereits Violinsonaten geschaffen hatte, stößt Beethoven mit seinen Kompositionen für Klavier und Violoncello in Neuland vor. Vor allem mußte dem tiefen Streichinstrument melodische Souveränität verliehen werden – eine Form der Unabhängigkeit und Eigenständigkeit gegenüber dem Klavier, wie es sie bis dahin noch nicht gab. Daß sich daraus wiederum Konsequenzen für den Klavierpart ergaben, beweisen die späteren Kammermusikwerke mit diesem Instrument: Anpassung, klanglicher Ausgleich und motivisch-thematische Balance der beteiligten Partner sind oberstes Gebot, eine geradezu »republikanische« Forderung, die alte Hierarchien des Ensemblespiels überwindet.
Am deutlichsten freilich vollzieht sich dieser Wandel in der Kammermusik für Streicher. Die beiden Streichtrios op. 3 (1792) und op. 8 (1796/97?) sind noch in Divertimentoart geschrieben – vielsätzig, locker gefügt, mit Menuetts und anderen Tänzen ausgestattet, und doch, namentlich im erstgenannten Trio, begegnet schon thematische Arbeit, wie sie für die Kammermusik charakteristisch ist. Mit den drei Streichtrios op. 9 (1798) aber haben sich die Gewichte bereits eindeutig zugunsten kammermusikalischer Durchgestaltung verschoben. Dieses Opus 9 ist insofern bemerkenswert, als es noch der im 18. Jahrhundert sehr beliebten serenadenhaften Streichtrio-Besetzung folgt, zugleich aber mit seiner fest umrissenen Thematik und Prägnanz der musikalischen Charaktere sowie der moti-

vischen Feinarbeit durch und durch den gehobenen Anspruch von Kammermusik erfüllt. Von hier aus ist es nur noch ein Schritt bis zum Streichquartett, zu jener Gattung, die sich Beethoven kurz vor der Jahrhundertwende erobert hat und die für ihn zum Herzstück aller Kammermusik werden sollte. Die sechs Streichquartette op. 18 (1798–1800) sind Abschluß und Aufbruch in einem. In ihnen kulminiert Beethovens bisherige Entwicklung von der Auseinandersetzung mit Haydns und Mozarts Quartetten bis zur künstlerischen Definition des eigenen Quartettstils; zugleich bilden sie wiederum die Basis für künftige Lösungen, stehen sie am Anfang eines langen, steilen Weges. Um 1800 hat Beethoven die Hauptlinien seines Schaffens gezogen: experimentell am weitesten ausgreifend in der Klaviersonate, auf das Streichquartett konzentriert in der Kammermusik, als orchestrale Großform in der 1. Sinfonie.
Schon ein flüchtiger Blick auf die künstlerische Produktion der nächsten fünfzehn Jahre bis zum Wiener Kongreß läßt zweierlei sofort erkennen: das rapide Anwachsen musikalischer Gattungen allgemein und zugleich die auffällige Beschränkung auf ganz bestimmte Besetzungsformen in der Kammermusik im besonderen. Ganz offentsichtlich hat Beethoven das unterschiedliche Niveau der Aufnahmefähigkeit eines sozial heterogenen Publikums berücksichtigt, ohne sich freilich damit abfinden zu wollen. An die breite Öffentlichkeit wendet sich in jenen Jahren der Sinfoniker, der Schöpfer des »Fidelio«, der Solokonzerte, der Ouvertüren und Ballettmusiken. Die Kammermusik hingegen bleibt auf die Wiener Kreise aufgeklärter Aristokraten und gebildeter Bürger beschränkt, nun allerdings mit dem Anspruch des moralisch-künstlerischen Bekenntnisses. Dies erklärt sowohl, warum die konventionelle Divertimentokunst verlassen wurde, als auch, warum sich Beethoven auf das kunstvolle Streichquartett, auf die Duosonate mit Klavier und das Klaviertrio beschränkt – auf Gattungen also, die er schon vorher in den Rang des Bedeutsamen gehoben hatte. Bis 1815 entstehen – parallel zur 1. bis 8. Sinfonie – allein elf der insgesamt sechzehn Streichquartette und ebenso elf von sechzehn Duosonaten, darunter die drei »Rasumowsky-Quartette« op. 59, das sog. »Harfenquartett« op. 74, das f-Moll-Quartett op. 95, die »Frühlingssonate« op. 24, die »Kreutzer-Sonate,« op. 47, die Vc.-Sonate op. 69. Weder der Inhalt noch die technischen Schwierigkeiten für die Ausführenden entsprechen mehr den Vorstellungen des

bloßen Musikliebhabers. Und die Reaktionen der Öffentlichkeit? Zunehmend Verwunderung und Unverständnis – »Flickwerk eines Wahnsinnigen« vermerkte die Kritik zum Opus 59. Noch ablehnender sollte die Meinung zu den Spätwerken ausfallen: »... düstere, leere, trockene, plan- und geschmacklose Spekulationen« (Gottfried Weber in der Zeitschrift »Caecilia«). Es mehrten sich die Stimmen derer, die den Intentionen Beethovens gerade auf dem Gebiet der Kammermusik nicht folgen wollten oder konnten. »Für Klavier- und Violinspieler begann eine neue Epoche durch Louis van Beethoven. Seine ersten Sonaten, seine ersten Quartette wurden mit wohlbegründetem Jubel aufgenommen«, schrieb Ignaz von Mosel, Komponist und Kritiker der Beethoven-Zeit, dann aber fährt er bedauernd fort: »Aber siehe da, zwar allmählich, aber immer mehr entfernte er sich von der anfänglich eingeschlagenen Bahn, wollte sich eine durchaus neue brechen und geriet endlich auf Abwege.« Beethovens eigentliche Absicht, sein gerade in den Jahren bis 1815 offensichtliches Streben nach einem Niveau-Ausgleich in den verschiedenen Genres, ohne jedoch deren Spezifik zu gefährden, wurde nicht verstanden. So profitiert seine Sinfonik von der thematischen Arbeit in den mittleren Streichquartetten, so bestehen deutliche Zusammenhänge zwischen dem großzügig-virtuosen Stil der »Kreutzer-Sonate« (1803) und der ein Jahr darauf entstandenen »Waldstein-Sonate« für Klavier. Oder umgekehrt: der lyrische, gesanglich verwobene Ton der Klaviersonate Fis-Dur op. 78 (1809) und Es-Dur op. 81a (1810) findet Widerhall in der letzten Violinsonate G-Dur op. 96 (1812) und im letzten Klaviertrio B-Dur op. 97 (1811). Verwandte Haltungen verbinden auch das 4. Klavierkonzert op. 58, die 4. Sinfonie op. 60 und das Violinkonzert op. 61 mit der A-Dur-Sonate op. 69 für Klavier und Violoncello – Werke, die in kürzester Frist (1806/07) entstanden sind. Weitere Beziehungen solcher Art lassen sich mühelos feststellen. Sie unterstreichen das Einheitliche, die innere Geschlossenheit des Beethovenschen Schaffens in den Jahren höchster Produktivität. Dahinter steht die gewaltige Kraftanstrengung eines Unbeugsamen, der nach Universalität strebt, der den Atem der Geschichte verspürt und ihn uns spüren läßt, der an Illusionen festhält, die er sich aus der Jugendzeit bewahrt hat, als ihn die Ideen der Aufklärung und der Französischen Revolution erstmals beflügelten.
Die Zeit nach dem Wiener Kongreß ließ alle Hoffnungen auf die

Gewinnung neuer Hörerschichten schwinden. Zur allgemeinen Enttäuschung über das politische Klima der Restauration treten persönliche Sorgen um den Neffen Karl, die fortschreitende Ertaubung und mancherlei Krankheiten. Dies alles mündet in eine allgemeine Schaffenskrise. Nach 1815 verebbt vorerst der produktive Strom. Indessen hält Beethoven an seiner Grundüberzeugung von der Verbrüderung aller Menschen fest. Das Schaffensbild ändert sich jedoch grundlegend. An den Verleger C. F. Peters schreibt er 1822: »Wäre mein Gehalt nicht gänzlich ohne Gehalt, ich schriebe nichts als Opern, Sinfonien, Kirchenmusik, höchstens noch Quartetten ...« In dieser Vorliebe für große Formen mag sich ein umfassendes Mitteilungsbedürfnis äußern. Doch außer der 9. Sinfonie und der »Missa solemnis« sind weitere »große« Projekte unausgeführt geblieben. Die Stagnation ist allgemein. Nach der 8. Sinfonie (1812) tritt im sinfonischen Schaffen eine Pause von zwölf Jahren ein. Mit dem Klavierkonzert Es-Dur war schon 1809 das letzte Wort zum Instrumentalkonzert gesprochen. Und die Kammermusik klingt vorerst mit dem großen B-Dur-Trio (1811) und der G-Dur-Violinsonate (1812) aus.

Da schlägt Beethoven bereits 1814/15 mit den Klaviersonaten op. 90 und den beiden Violoncellosonaten op. 102 ein nächstes Kapitel seines Schöpfertums auf. Zögernd noch, doch unüberhörbar kündigt sich der neue Stil an – subjektiver, inniger und zugleich objektiver und geschärfter als bisher, »freier« in den Formen und doch auf neue Art unerhört konsequent in den einsamen Bekenntnissen der späten Klaviersonaten, der Diabelli-Variationen und Bagatellen, der letzten Streichquartette. Wieder beschreibt der Meister den neuen Weg zuerst in den Klavierkompositionen. Von 1816 bis 1822 entstehen die fünf Sonaten op. 101, 106, 109, 110 und 111. Dann erst, in den letzten drei Lebensjahren, wendet er sich noch einmal dem Streichquartett zu. In dichter Folge, oft sogar in zeitlicher Parallelität, entstehen die Quartette op. 127, 132, 130, 131, 135 sowie die Große Fuge op. 133. Seine Schreibweise ist diffiziler geworden, inniger in der melodischen Führung, polyphoner in der Verknüpfung der Stimmen, heftiger im Aufeinanderprallen der Gegensätze. Die musikalische Sprache atmet Gelassenheit und Ungestüm, inneren Frieden und übermütigen Humor. Der Tonraum ist extrem geweitet – abrupte Wechsel aus höchsten Höhen zu dunkelsten Tiefen, von zartestem Filigran zu erdenhafter Derbheit. Motivische Verwandtschaften binden die Werke aneinander. Mit letzter Konsequenz geht die thematische Arbeit in der Gedankenwelt dieser Quartette auf. Beethovens ausschließliche Hinwendung zum Streichquartett als der kunstvollsten Ausdrucksform klassischer Kammermusik am Ende seines Lebens unterstreicht nachdrücklich jenen weiten und steilen Weg, der mit unterhaltsamer Gesellschaftsmusik in mannigfaltiger Besetzung begann und in der musikalisch lapidaren Aussage des Wesentlichen in einer einzigen Gattung gipfelt. Doch immer, auf jeder Stufe des kompositorischen Schaffens, blieb er seinen moralischen Grundsätzen treu. Sie wurzeln in der Menschenliebe und besitzen in der kämpferischen Überwindung des Inhumanen ihren kategorischen Imperativ.

Werkeverzeichnis

◆ Werke f. 2 Instr.: Duo f. 2 Fl. *G* WoO 26 (1972); Duo f. Va., Vc. *Es* WoO 32, »Duett mit zwei obligaten Augengläsern« (1798?); Duos f. Klar., Fag. WoO 27 (3) *C, F, B* (vor 1792?).

◆ Werke f. 1 Instr. m. Kl.: Sonaten f. Kl., Vl. op. 12 (3) *D, A, Es* (1797/98); op. 23*a* (1800); op. 24 *F* (1801); op. 30 (3) *A, c, G* (1802); op. 47 *A* (1803); op. 96 *G* (1812); Sonaten f. Kl., Vc. op. 5 (2) *F, g* (1796); op. 69 *A* (1808); op. 102 (2) *C, D* (1815); Sonate f. Kl., Hr. *F* op. 17 (1800); 12 Variationen f. Kl. u. Vl. über »Se vuol ballare« *F* WoO 40 (1792/93); 12 Variationen f. Kl., Vc. über »Ein Mädchen oder Weibchen« *F* op. 66 (1798?); 12 Variationen f. Kl., Vc. über ein Thema aus G. F. Händels »Judas Makkabäus« *G* WoO 45 (1796?); 7 Variationen f. Kl., Vl. über »Bei Männern, welche Liebe fühlen« *Es* WoO 46 (1801?); 10 variierte Themen f. Kl. m. Fl. oder Vl. op. 107 (1817/18); Rondo f. Kl., Vl. *G* WoO 41 (1793/94); 6 deutsche Tänze f. Kl., Vl. WoO 42 (1795, ersch. 1814); 2 Stücke f. Mand., Cemb. *c, Es* WoO 43 (1796?); Sonatine u. Thema m. Variationen f. Mand., Cemb. *C, D* WoO 44 (1796).

◆ Werke f. 3 Instr.: Trio f. Vl., Va., Vc. *Es* op. 3 (1792); Serenade f. Vl., Va., Vc. *D* op. 8 (1796/97?); Trios f. Vl., Va., Vc. op. 9 (3) *G, D, c* (ersch. 1798); Serenade f. Fl., Vl., Va. *D* op. 25 (1798); Trio f. 2 Ob., EHr. *C* op. 87 (1794); Variationen f. 2 Ob., EHr. über »Là ci darem la mano« *C* WoO 28 (1796/97).

◆ Werke f. 2 Instr. m. Kl.: Trio f. Kl., Vl., Vc. *Es* WoO 38 (1790?); op. 1 (3) *Es, G, c* (ersch. 1795); op. 70 (2) *D, Es* (ersch. 1809); op. 97 *B* (1811); Trio in einem Satz *B* WoO 39 (1812); Trio f. Kl., Klar. oder Vl., Vc. nach dem Septett op. 20 *Es* op. 38 (1803?); Trio f. Kl., Fl., Fag. *G* WoO 37 (1786–90); Trio f. Kl., Klar., Vc. *B* op. 11 (1798); 14 Variationen f. Kl., Vl., Vc. *Es* op. 44 (ersch. 1804); Variationen f. Kl., Vl., Vc. über »Ich bin der Schneider Kakadu« *G* op. 121 a (ersch. 1824).
◆ Werke f. 4 Instr.: Quartette f. 2 Vl., Va., Vc. op. 18 (6) *F, G, D, c, A, B* (1798–1800); op. 59 (3) *F, e, C* (1806; ersch. 1808); op. 74 *Es* (1809); op. 95 *f* (1810); op. 127 *Es* (1822/25); op. 130 *B* (1825/26); op. 131 *cis* (1826); op.132 *a* (1825); op. 135 *F* (1826); Große Fuge *B* op. 133 (1825); Quartett *F* nach der Kl.-Sonate op. 14 Nr. 1 (1801/02).
◆ Werke f. 3 Instr. m. Kl.: Quartette f. Kl., Vl., Va., Vc. WoO 36 (3) *Es, D, C* (1785).
Werke f. 5 Instr.: Quintette f. 2 Vl., 2 Va., Vc. *Es* op. 4 nach dem Oktett op. 103 (1796); op. 29 *C* (1800/01); op. 104 *c* nach dem Trio op. 1 Nr. 3 (1817); Fuge *D* op. 137 (1817).
◆ Werk f. 4 Instr. m. Kl.: Quintett f. Kl., Ob., Klar., Fag., Hr. *Es* op. 16 (1797).
◆ Werke f. 6 Instr.: Sextett f. 2 Klar., 2 Hr., 2 Fag. *Es* op. 71 (1796); Sextett f. 2 Vl., Va., Vc., 2 Hr. *Es* op. 81 b (1795?); Marsch f. 2 Klar., 2 Hr., 2 Fag. *B* WoO 29 (?)
◆ Werk f. 7 Instr.: Septett f. Vl., Va., Vc., Kb., Klar., Hr., Fag. *Es* op. 20 (1800)
◆ Werke f. 8 Instr.: Oktett f. 2 Ob., 2 Klar., 2 Hr., 2 Fag. *Es* op. 103 (1792); Rondino f. 2 Ob., 2 Klar., 2 Hr., 2 Fag. *Es* WoO 25 (1792?).

WoO = Werk ohne Opuszahl; (Numerierung nach Kinsky/Halm. Das Werk Beethovens, München 1955)

Streichquartette

Ende Oktober 1792 schrieb Graf Waldstein dem noch nicht 22jährigen Beethoven kurz vor dessen Abreise nach Wien ins Stammbuch, er möge dort »Mozart's Geist aus Haydn's Händen« entgegennehmen. Wohl an keinem Schaffensgebiet des Meisters läßt sich diese Voraussage des Bonner Gönners unmittelbarer ablesen als an den Streichquartetten. Haydn hatte diese klassische Gattung begründet, sich ein ganzes Leben lang mit ihr auseinandergesetzt und schließlich Meisterwerke geschaffen, von denen Mozart in »langer und mühsamer Arbeit« lernte. Als Beethoven sich dem Streichquartett zuwandte, lagen die Ergebnisse der beiden Meister vor. Erste Frucht seiner Beschäftigung mit den großen Vorbildern ist Opus 18, sechs Quartette, geschaffen zwischen 1798 und 1800 und schon geprägt von den Merkmalen des unverwechselbar persönlichen Stils: thematische Prägnanz, Kontrastreichtum, konzise Formgebung, Gleichwertigkeit der vier Stimmen und vor allem eine gesteigerte Individualisierung der Tonsprache.
Nach einer Pause von etwa fünf Jahren – in dieser Zeit entstanden die ersten drei Sinfonien, Klavier- und Violinsonaten – trat Beethoven 1805/06 mit den drei Streichquartetten op. 59 hervor. Ihre Entstehung fällt, rechnet man die beiden folgenden Quartettschöpfungen Es-Dur op. 74 (1809) und f-Moll op. 95 (1810) dazu, in die Jahre konzentriertesten Schaffens. Diese fünf Streichquartette aus der mittleren Periode stellen den Gipfel klassischer Quartettkunst dar. Eine von innen her veränderte und leidenschaftlich erregte Tonsprache, harmonische und dynamische Kühnheiten und bis dahin nicht gekannte spieltechnische Anforderungen zeugen von einer aufs äußerste geforderten und tiefgreifende Gegensätze bezwingenden Gestaltungskraft.
Erst zwölf Jahre später greift Beethoven noch einmal auf die Gattung zurück. Und wieder vollzieht sich ein unglaublicher Wandel. Zwischen 1822 und 1826 arbeitet er an den späten fünf Quartetten – es wurden seine letzten Kompositionen überhaupt. Das Unvergleichliche, wahrhaft »Un-Erhörte« dieser Werke, die oftmals abrupten Wechsel der Inhalte von gedanklicher Schwere zu sublimer Heiterkeit, vom Klagegesang zum drastischen Humor, der in äußerste Extreme getriebene Ausdruck, die »Auflösung« und zugleich wechselseitige Durchdringung von Sonatenform und Fugenprinzip sowie die außeror-

dentlichen Schwierigkeiten der Interpretationen haben dazu geführt, daß die »späten Quartette« von bürgerlichen Exegeten häufig mit der Aura des Geheimnisvollen, Unbegreiflichen, »Überirdischen« umgeben wurden – Unverständnis und Fehldeutungen blieben nicht aus. Heute wird das Spätwerk Beethovens zunehmend als – gewiß sehr komplizierte – Äußerung eines ungebrochenen Realismus begriffen, der von Menschenliebe und der Kraft getragen wird, die die in ihrer ganzen Schärfe erkannten Konflikte mit den Mitteln der Kunst zu bewältigen sucht.

Sechs Streichquartette op. 18 (1798–1800)

Beethovens erstes Quartettopus umfaßt, noch dem Brauch der Zeit folgend, sechs Werke. Sie wurden zwischen 1798 und 1800 geschrieben und dem Fürsten Franz von Lobkowitz gewidmet. Zuerst entstand das D-Dur-Quartett, später an 3. Stelle stehend. Ihm folgte das G-Dur-Werk (Nr. 2). Im Juni 1799 übergab Beethoven die Stimmen des Quartetts F-Dur seinem Freund Karl Amenda. Doch noch vor der Veröffentlichung des Opus 18 im Jahre 1801 erhielt dieser eine Nachricht Beethovens: »Dein Quartett gib ja nicht weiter, weil ich es sehr umgeändert habe, indem ich erst jetzt Quartetten zu schreiben weiß.« Ein Vergleich der beiden Fassungen des F-Dur-Quartetts läßt erkennen, wie der Komponist um Thematisierung und Konzentration gerungen hat. Programmatisch stellte er nun die Endfassung an den Anfang des ganzen Zyklus.

Streichquartett F-Dur op. 18 Nr. 1

Aufführungsdauer: etwa 27 Minuten
Allegro con brio – Adagio affettuoso ed appassionato – Allegro molto – Allegro

Aus dem energischen und rhythmisch prägnanten Kopfmotiv entwickelt sich das Hauptthema des *1. Satzes* (siehe NB S. 184 oben).
Bis in die letzten Winkel bleibt es allgegenwärtig, wandert durch die Stimmen, spaltet sich in Motive und Teilmotive auf, trennt die Partner und führt sie wieder zusammen. Was hier vielfach als Spiel erscheint, verdichtet sich aber verschiedentlich schon – vor allem in der Durchführung – zu bangen Fragen.

Der 2. *Satz*, ein tiefempfundener Trauergesang, hebt sich mit seiner schmerzlichen Kantabilität aus der eher spielerisch gelösten Umgebung deutlich heraus. Von dem Jugendfreund Karl Amenda ist überliefert, Beethoven habe dabei an den Abschied Romeos und Julias im Grabgewölbe gedacht. Der duettierende Gesang von 1. Vl. und Vc. leitet die große Szene ein, die aber zunehmend von beunruhigenden Figuren gestört wird. Nach dramatischer Zuspitzung verlischt das Ganze in einem ergreifenden Abgesang. »Les derniers soupirs« (die letzten Seufzer) hatte Beethoven in sein Skizzenbuch notiert. Nach dieser konfliktgeladenen Klage wirkt das *Scherzo* unproblematisch und erfrischend. Charakteristisch hier sind die Synkopen im Hauptsatz und die keck springenden Oktaven im Trioteil. Noch unbeschwerter gibt sich das *Finale* mit seinem quirligen Thema:

Freilich fehlt es auch diesmal nicht an Spannungen, so im Mittelteil, wo das Thema nicht nur in Moll erscheint, sondern von einer »widersprechenden« Gegenstimme bedrängt wird:

Doch bald schon sind die Schatten wieder verflogen. In munterer Laune findet der Satz seinen Abschluß.

Streichquartett G-Dur op. 18 Nr. 2

Aufführungsdauer: etwa 22 Minuten
Allegro – Adagio cantabile – Allegro – Allegro molto quasi presto

Wegen seiner graziös-artigen »Verbeugungen« im *1. Satz* erhielt das Werk nicht zu Unrecht den Beinamen »Komplimentierquartett«:

Der galante Konversationston rückt diese Musik noch einmal in die Nähe der Divertimentokunst des 18. Jahrhunderts. Die 1. Vl. führt mit reichem Figurenspiel die Unterhaltung, an der sich die übrigen Partner rege beteiligen, bis hin zum einträchtigen Pizzicato der zarten Schlußakkorde. Schwärmerisch und empfindsam, dabei stets in gemessenem Schritt, gibt sich sodann der *langsame Satz*. In seiner Anmut steht er dem alten Menuett näher als der eben erst erschlossenen Ausdruckswelt des Beethovenschen Adagios. Ganz überraschend bricht ein übermütiges Allegro herein, bevor der gesangvolle Anfangsteil in reizvoll abgewandelter Weise wiederholt wird. Im nachfolgenden *Scherzo* herrscht vollends ungetrübte Freude. Geistreiches Motivspiel, an dem die vier Instrumente gleichermaßen teilhaben, fördert das launige Musizieren. Dem leichtfüßigen Scherzo ist ein zwar gefestigtes, doch ebenso humorvolles Trio entgegengesetzt. Im *Schlußsatz* treten die Grundgesetze dieses Quartetts noch einmal mit aller Deutlichkeit hervor. Das spritzige Thema, motivisch als Frage und Antwort angelegt (siehe NB S. 186 oben), führt zu einem fröhlichen Kehraus aller Beteiligten, einer echten Finalszene mit vielen Überraschungen und verblüffenden harmonischen Wendungen. Dabei sind musikalisch-gedankliche Bin-

dungen an den 1. Satz (mehr oder minder auch an die anderen Sätze) nicht zu überhören. Eine heitere Gesellschaft hat sich eingefunden. Ihre Pointen finden sich aber nicht, wie sonst üblich, in der Rondoform, vielmehr hat Beethoven – und dies ist nochmals überraschend – den Sonatensatz zugrunde gelegt.

Streichquartett D-Dur op. 18 Nr. 3

Aufführungsdauer: etwa 20 Minuten
Allegro – Andante con moto – Allegro – Presto

Dieses entstehungsgeschichtlich erste Quartett Beethovens beginnt mit einem weit ausschwingenden, in seiner Anmut an Mozart gemahnenden Thema,

dessen lyrischer Duktus dem ganzen *1. Satz* eine Geschmeidigkeit verleiht, an der die schärfer geschnittenen Nebengedanken selbst in der dramatisch erregten Durchführung letztlich nichts auszurichten vermögen. Der *2. Satz* ist von gleichmäßig-ruhiger Bewegung erfüllt. Die 2. Vl. trägt den liedhaften Hauptgedanken vor. Ein zweiter Einfall, graziös und fast nur getupft, wirkt kontrastierend, während später das Liedthema in dunkle Mollregionen eintaucht, aus denen es sich bald um so leuchtender wieder erhebt. Der *3. Satz* ist seinem Wesen nach ein Scherzo – lebhaft im Charakter und elastisch in den Konturen. Im Minoreteil dagegen gleiten flüchtige Figuren über ausgehaltene

Töne und geben dem Ganzen fast etwas Zwielichtiges. Das *Finale* steht wieder im hellen Licht der Wirklichkeit. Der tänzerische, an eine Tarantella erinnernde Hauptgedanke durchpulst den in Sonatenform angelegten Satz. Dem Seitenthema wird dabei wenig Einfluß gestattet. Dafür aber entfaltet sich besonders in der Durchführung ein freudig-bewegtes Spiel, das im Jubel der Coda endet.

Streichquartett c-Moll op. 18 Nr. 4

Aufführungsdauer: etwa 22 Minuten
Allegro ma non tanto – Andante scherzoso quasi Allegretto – Allegretto – Allegro

Nach bedeutsamen c-Moll-Kompositionen wie dem Kl.-Trio op. 1 Nr. 1 (1795), dem Streichtrio op. 9 Nr. 3 (1798) und den beiden Kl.-Sonaten op. 10 Nr. 1 (1796) und op. 13 (1799) wird nun auch das Stqu. in die Sphäre des Pathetisch-Leidenschaftlichen einbezogen. Mit seinem ernsten Charakter hebt sich das c-Moll-Quartett von den Schwesterwerken deutlich ab, wenn auch der tragische Grundzug nicht in allen Sätzen gleichermaßen vorherrscht. Doch anders als in den genannten Moll-Werken gibt sich das Hauptthema des *1. Satzes* nicht als lapidare Geste oder vorwiegend rhythmischer Impuls, sondern drängende Leidenschaftlichkeit durchflutet die nicht weniger als dreizehn Takte umfassende Anfangsgestalt:

Wuchtige Akkorde und eine Generalpause schließen die Entwicklung zunächst ab. Das als Gegensatz angelegte, aber motivisch aus dem Hauptgedanken abgeleitete 2. Thema in freundlichem Es-Dur stellt durch seine fast schwelgerische Sanglichkeit den Gegenpol in diesem erregten Geschehen dar:

Doch überall lauert Bedrohung. In der Durchführung werden neue Gegenkräfte mobilisiert. Hier treibt die dramatische Auseinandersetzung dem Höhepunkt zu. Und doch erscheint das Hauptthema nirgendwo in Teilmotive aufgebrochen, der melodische Zusammenhalt bleibt gewahrt. Der Konfliktstoff reicht in die Reprise hinein, und selbst die Coda vermag nicht von der drückenden Last der tragischen Handlung zu befreien. Um vieles leichter wiegt das *Scherzo,* dessen gefälliges Thema (es erinnert an das Andante der 1. Sinfonie) und seine kontrapunktisch-unterhaltsame Durchführung eher an galante Zierlichkeiten denken lassen. Unüberhörbar freilich sind auch da merkwürdig verhaltene, von leisem Schmerz durchzogene Episoden. Das nachfolgende *Menuett* hingegen ist dem einstigen Modetanz entwachsen. Leidenschaftlicher Ausdruck, harmonische Wechsel und dynamische Spannungen lassen ein Charakterstück entstehen, das an die Vorgänge des Kopfsatzes unmittelbar anknüpft. Der *Schlußsatz* stürmt sodann in ungestümer Wildheit dahin, wiederum reich an Kontrasten und dynamischen Akzenten. Die zum Prestissimo gesteigerte Coda läßt überraschend die 1. Vl. im pp verebben, bevor mit herrischer Gebärde die Schlußschläge ff herausgeschleudert werden.

Streichquartett A-Dur op. 18 Nr. 5

Aufführungsdauer: etwa 26 Minuten
Allegro – Menuetto – Andante cantabile – Allegro

Die helle Tonart A-Dur verleiht dem Werk Leichtigkeit, die durch die aufgegliederte Thematik im *1. Satz* noch unterstützt wird. Über weite Strecken führt die 1. Vl. mit ihrem figurenreichen konzertierenden Spiel, während die übrigen Partner viel-

fach nur »begleiten«. Doch schon die überraschenden Wendungen des kontrastierenden Seitenthemas von e-Moll über G-Dur nach E-Dur (in der Reprise erscheint dieser Vorgang eine Quinte tiefer) lassen die Harmlosigkeiten vergangener Zeiten vergessen. Auch in der Durchführung hat die bloße spielerische Bewegung zielgerichteter thematischer Arbeit Platz gemacht. Erst die Reprise und die kurze Coda kehren zum heiteren Grundton des Satzes zurück. Im *2. Satz* wechselt die liedhafte schlichte Strophe von der 1. Vl. zur Va., bevor auf kleinstem Raum, jetzt wieder von der 1. Vl. angeführt, eine rasche Steigerung zum ff erfolgt. Im Trio vereinen sich jeweils zwei Stimmen, die einander gleichfalls ablösen.
Der *3. Satz*, von jeher besonders beliebt, bildet das Herzstück des Quartetts. Auf ein sehr ebenmäßig gebautes und wiederum im paarigen Stimmensatz angelegtes Thema

folgen fünf im Charakter sehr unterschiedliche Variationen, die den 30jährigen Beethoven auf der Höhe seiner Kunst zeigen. Gleich die 1. Variation ist ein Meisterstück. In humorvollem Staccato setzen die Instrumente nacheinander vom Vc. bis zur 1. Vl. aufsteigend ein, bis sie sich in gemeinsamer Sechzehntel-Bewegung finden. In übermütig auf und ab wogenden Sechzehntel-Triolen umspielt dann in der 2. Variation die 1. Vl. die harmonischen Stützen. Ganz anders die 3. Variation: Va. und Vc. singen sich in schöner Kantilene aus, während die beiden Vl. alles mit zarten Ornamenten umkränzen. Und wieder ein radikaler Wandel! Die gleitenden Achtel und das pp der 4. Variation lassen das Thema wie in fahlem Licht erscheinen. Die 5. Variation hingegen mutet wie ein derber Bauerntanz an, mit heftigen Akzenten und spaßigen Sprüngen im Baß. Nahtlos folgt darauf ein beruhigender Abgesang, eigentlich die 6. Variation, in der die fallende Linie des Themas zu neuer und besonderer Wirkung gelangt. Im *Finale* schlägt die Stimmung endgültig um. Das Hauptthema ähnelt in seinem »durchbrochenen« Anlauf sehr dem des 1. Satzes.
Doch stimmen nun gleich alle vier Instrumente mit musikali-

schem Eifer ein – ein Finale mit geradezu sinfonischem Atem! In nicht erlahmender Lebendigkeit werfen die Stimmen die Motive einander wie Bälle zu. Das innige Seitenthema von fast choralhafter Schlichtheit (es ähnelt sehr dem Seitenthema aus dem Schlußrondo der *Sonate pathétique* op. 13) bleibt dabei Episode. Kontrapunktische Feinarbeit beherrscht die Durchführung. Spielerische Laune und ungebrochene Freude lassen für konflikthafte Zuspitzungen keinen Platz. Doch alle Ausgelassenheit wird zu guter Letzt abgefangen im p des milden A-Dur-Schlußakkords.

Streichquartett B-Dur op. 18 Nr. 6

Aufführungsdauer: etwa 25 Minuten
Allegro con brio – Adagio ma non troppo – Allegro – Adagio. Allegretto quasi Allegro

Aus unbändiger Musizierlaune heraus ist das jubilierende Dreiklangsthema des *1. Satzes* geboren. Die 1. Vl. stimmt es an, das Vc. antwortet:

Aus diesem heiteren Dialog ergibt sich eine angeregte Unterhaltung der vier Partner, die es dabei an frischen Gedanken nicht fehlen lassen. Zwar kontrastiert das Seitenthema in harmonischer und rhythmischer Beziehung, doch wird es schon bald wieder von der Dreiklangsthematik verdrängt. Noch intensiver gestaltet sich die Konversation in der Durchführung, die neben dem Kopfthema noch einem Skalenmotiv aus der Exposition größeren Raum gewährt. Doch tiefschürfende Auseinandersetzungen kann es da nicht geben. In ungebrochener Frische endet der Satz. Das Gegenstück hierzu bietet der *2. Satz*. Der Dreiklang wird nun ins Schwärmerische gerückt. Eine zarte Gegenmelodie ist vollends Ausdruck der Empfindsamkeit, die sich noch in dem schwermütigen es-Moll-Mittelteil verstärkt. Äußerst sensibel reagieren die vier Instrumente aufeinander und schaffen ein Bild von leicht zu gefährdender Schönheit. Einen besonderen Reiz metrischer Natur hält das *Scherzo* bereit: Das plaudernde Thema kann sich nicht entscheiden, ob es dem vorgegebenen $^{3}/_{4}$-Takt angehört oder sich (durch ständige Akzentverschiebungen) dem $^{6}/_{8}$-Takt ergeben soll:

In übermütigen Sprüngen hüpft die 1. Vl. im Trio über das gelassene Spiel der anderen hinweg. Der eigenartigste Satz des Quartetts ist ohne Zweifel das *Finale*. Unerwartet und ungewöhnlich steht zu Beginn eine langsame Einleitung mit der Bezeichnung *La Malinconia* (Die Schwermütige). Dunkle Töne, noch ausgeprägter als im 2. Satz, stockend und zweifelnd, erzeugen eine melancholische Stimmung, die zum attacca subito sich anschließenden unbekümmerten Schlußrondo in denkbar größtem Gegensatz steht. Doch auch dieser »Kehraus« erfährt eine zweimalige »melancholische« Unterbrechung, die das heitere Spiel in Frage zu stellen scheint. Danach aber siegen in der Prestissimo-Coda dennoch Freude und Ausgelassenheit.

Drei Streichquartette op. 59 »Rasumowsky-Quartette« (1806)

Über fünf Jahre ließ Beethoven vergehen, ehe er sich erneut mit dem Stqu. beschäftigte. Inzwischen hatte der Geiger Schuppanzigh in Wien (seit 1804) öffentliche Quartettabende ins Leben gerufen. Die bis dahin geübte Kunst im privaten Kreis konnte nun einem größeren Publikum präsentiert werden. Dies aber entsprach ganz den Vorstellungen Beethovens, dessen *Eroica* soeben uraufgeührt worden war. Die neuen Quartette zeigen auch gleich eine neue Schreibart – der Stil ist konzertanter, die Form geweitet, die Ansprüche an Spieler und Hörer sind wesentlich erhöht. Fürst Andreas Rasumowsky, russischer Gesandter in Wien und Auftraggeber der Quartette, ist der Widmungsträger von Opus 59, das unter der Bezeichnung »Rasumowsky-Quartette« in die Literatur eingegangen ist. Die ersten Publikumsreaktionen auf die im Frühsommer 1806 geschriebene Quartettfolge bestanden in Unverständnis, Ablehnung und Spott: »Verrückte Musik«, »schade um das Geld«, »Flickwerk eines Wahnsinnigen«. Dieses »Flickwerk« aber erweist sich als eine Quartett-Trilogie, als kammermusikalischer Zyklus, wie es ihn in dieser Konsequenz der gedanklichen Zusammenhänge und motivischen Bezüge im Schaffen Beethovens bislang noch nicht gegeben hatte.

Streichquartett F-Dur op. 59 Nr. 1 (1806)

Aufführungsdauer: etwa 36 Minuten
Allegro – Allegretto vivace e sempre scherzando – Adagio molto e mesto – Allegro

Die Gipfelleistung gestalterischer Konzentration in der 5. Sinfonie findet im ersten der »Rasumowsky-Quartette« ihr Gegenstück in einem Höchstmaß von Gedankenfülle und großflächiger Entwicklung. Sanft, aber doch unvermittelt schwingt sich der *1. Satz* mit dem Hauptthema (a) im Vc. ein, von klopfenden Achteln der 2. Vl. und Va. sekundiert. Die 1. Vl. spinnt den thematischen Faden fort, erreicht einen ersten Höhepunkt und führt zu immer neuen, aber dem 1. Thema verwandten Einfällen. Selbst das Seitenthema (b) bleibt in der Nähe des Hauptgedankens:

An die Stelle des vertrauten Themendualismus ist jetzt ein ganzes Bündel abgewandelter Gestalten getreten. Alles bleibt in permanenter Entwicklung, und so gleitet das Geschehen fast unmerklich in die Durchführung hinüber. Hier bedrängt kontrapunktische Arbeit das innige Thema, es erscheint gleichsam zerlegt und wird schließlich durch ein Fugato beinahe ganz aufgehoben. Auch die Grenze zur Reprise ist fließend, und fließend findet das Hauptthema auch wieder zu sich selbst. In der Coda endlich offenbart sich der tiefere Sinn des Satzes: Er liegt in dem Siegeszug eines von Freudigkeit erfüllten Gedankens, im Erstarken eines großen Charakters an den Gefährdungen eines langen Weges. Auch der *2. Satz* sprengt erheblich den Rahmen eines tänzerischen Mittelsatzes. Das Vc. skandiert einen Scherzando-Rhythmus, dem die 2. Vl. melodisch-graziös antwortet:

Wie eine Devise beherrscht der Anfangsrhythmus das Gesamtgeschehen, dabei immer neue Gestalten hervorbringend. Es ist ein Scherzo, dessen Vielfalt der Motive und Modulationen, der Rhythmen und Spielweisen in der frei gehandhabten Sonatenform aufgeht. Der *3. Satz* ist eine ergreifende Klage, ein Trauergesang von einmaliger Schönheit. Die Stimmen der vier Instrumente umschlingen einander gleichsam in gemeinsamem Schmerz. Das ganze Netz gedanklicher Beziehungen, das sich daraus ergibt, kann wiederum nur durch die Sonatenform dargestellt werden. Die Durchführung gibt einer tröstlichen Melodie Raum, doch vermag sie nicht, den tiefen Ernst des Geschehens auf Dauer zu mildern. Eine filigranhafte Solokadenz der 1. Vl. am Satzende läuft schließlich in einen Triller aus, unter dessen chromatischer Fortschreitung schon das Hauptthema des *Finalsatzes* erscheint. Der Schmerz (f-Moll) ist in Freude (F-Dur) umgewandelt. Wie schon im 1. und 2. Satz gibt auch diesmal das tiefe Streichinstrument den Anstoß. Es ist ein »thème russe«, das Beethoven der Volksliedsammlung von Iwan Pratsch (1790) entnommen hatte. Sicherlich ist dies als Reverenz an Rasumowsky zu verstehen, doch stellt sich zugleich die innere Verwandtschaft zum Thema des 1. Satzes heraus:

Doch welche Wandlung erfährt das Volksliedthema! Nicht nur, daß Beethoven die Originalmelodie beschleunigt, er führt sie auch vom naiven ersten Erscheinen bis in die Kompliziertheiten thematischer Verarbeitung und kontrapunktischer Verknüpfung. Im kurzen Verweilen vor dem Schluß erstrahlt das russische Thema noch einmal in seiner ganzen kantablen Schönheit. Dann aber zwingt Beethoven alle Energie in bündige Presto-Takte zusammen, demonstrativ und unwiderruflich vom Sieg der Freude kündend.

Streichquartett e-Moll op. 59 Nr. 2 (1806)

Aufführungsdauer: etwa 32 Minuten
Allegro – Molto adagio – Allegretto – Presto

Dieses Werk stellt gleichsam die Antithese zum F-Dur-Quartett dar. Bereits die ersten Takte des *1. Satzes* bewirken den Umschwung. Der rezitativischen Herausforderung durch die beiden Anfangsakkorde folgt ein Motiv, das nach einer Generalpause halbtönig gerückt wiederholt erscheint:

Diese Konfrontation von Akkord und Linie bildet das polare Spannungsfeld des Satzes. Keine geschlossenen Melodiekurven mehr, sondern zerklüftet und unvereinbar stehen sich auf engstem Raum die Elemente gegenüber. Keine breit angelegte Darstellung der Gedanken, sondern angespannte Motivarbeit schon in der Exposition. Gegensätze stoßen hart aufeinander, Leidenschaft paart sich mit Klage, schmerzvolle Melodik verbindet sich mit kontrapunktischer Strenge. Das archaisierende Thema des *Molto adagio* nimmt bereits manches vom »Dankgesang« des späten a-Moll-Quartetts op. 132 vorweg:

Zu diesem Einfall soll Beethoven beim Anblick des gestirnten Himmels angeregt worden sein. Die ausführliche Spielanweisung »con molto di sentimento« erfaßt nicht nur die Choralmelodie, sondern auch die sie kontrapunktierenden Figuren, die Triolenketten, die ganz in Harmonie gebettete Dreiklangsmelodik des 2. Themas, die dynamischen Steigerungen und Ausbrüche. Und so führt Beethoven sein Choralthema bis zum gebieterischen ff, durch zusätzliche Sforzati noch geschärft, bevor es zurücksinkt in die Sphäre der Ruhe. Dem folgt ein elegisches *Allegretto* mit synkopierten Rhythmen. Das Maggiore E-Dur enthält (wie schon das F-Dur-Quartett) eine russische Melodie:

Sie begegnet uns in Modest Mussorgskis *Boris Godunow* und in Peter Tschaikowskis *Mazeppa* wieder. Beethoven zitiert diese Melodiezeile fortwährend, wobei neben umrankenden Triolen in zunehmendem Maße Imitationen zu einer Verdichtung führen und die Volksliedmelodie dabei ganz in den kammermusikalischen Stil Beethovens integriert wird. Aus der schmerzlichen Stimmung des Allegretto-Satzes schwingt sich mit Vehemenz das geigerische, virtuose Rondothema des *Prestos* auf. Überraschend setzt es in C-Dur ein, um sich dann nur flüchtig nach e-Moll zu wenden. Sogleich hat es aber schon wieder C-Dur erreicht:

Durch den ganzen Satz zieht sich jene harmonische Unentschiedenheit mit deutlichem Fingerzeig auf das nachfolgende C-Dur-Quartett. Zugleich aber setzt sich der Hauptgedanke über alle anderen Einfälle sicher und selbstbewußt hinweg. Die Durchführung hat sinfonisches Gewicht, ist reich an Imitationen und Modulationen. Schließlich nimmt die eher elegische Haupttonart e-Moll den freudig-festlichen Charakter des C-Dur an. Mit kraftvollen Akkorden ist der Schlußpunkt gesetzt.

Streichquartett C-Dur op. 59 Nr. 3 (1806)

Aufführungsdauer: etwa 30 Minuten
Andante con moto. Allegro vivace – Andante con moto quasi allegretto – Grazioso – Allegro molto

Nach der eher lyrischen Einstimmung des F-Dur-Quartetts und der Wendung zum Tragischen im e-Moll-Werk bewirkt nun das C-Dur-Quartett den Ausgleich, die sieghaft strahlende Lösung. Offenbar um die Bedeutung dieses die Trilogie des Opus 59 beschließenden Quartetts zu unterstreichen, stellt Beethoven eine *Introduzione* an den Anfang. Dieses aus der Sinfonik bekannte Prinzip wendet er hier zum ersten Mal im Stqu. an.

Mit rhythmisch federnden Motiven beginnt der schnelle *1. Satz*, die Grundtonart zunächst nur umkreisend:

Erst mit dem nachfolgenden, recht kompakten Gedanken (er läßt an das Finalthema des e-Moll-Quartetts zurückdenken) erklingt klares C-Dur:

Für die Durchführung hat dieser Gedanke allerdings keine Bedeutung, doch markiert er den Repriseneintritt. Dagegen ist der Satz über weite Strecken angefüllt mit lockerem Spiel von Elementen der Anfangsgestalt. Was sich beim Hören vordergründig als leicht überschaubar darstellt, ist in Wirklichkeit auf verwikkelte Vorgänge »im Innern« zurückzuführen. Hinter freudiger Bewegtheit lauern Konflikte. Auch der *2. Satz* erweist sich – wenn auch in ganz anderer Form – als »doppelbödig«. Der romanzenartige, gleichmäßig dahinfließende Erzählton hatte schon zu Beethovens Zeiten die Hörer sogleich gefangengenommen. Hiermit begibt sich der Komponist in das Reich der romantischen »Stimmung«, von der Novalis einmal sagte, sie deute auf »musikalische Seelenverhältnisse«. Und doch: da sind immer wieder aufbegehrende Akzente inmitten jener dunkel gefärbten »slawischen« Melancholie, da erhalten die Pizzikato-Partien des Vc. durch Crescendi etwas leicht Bedrohliches. Bloßer Hingabe an balladenhafte Stimmung steht die geschärfte Wachheit der Gedanken entgegen. Dafür aber atmet das nachfolgende *Menuett* noch einmal rokokohafte Unschuld. Doch gerade in der Konfrontation des Arglosen mit den Vorgängen in den ersten beiden Sätzen ist der Konfliktstoff zu sehen. Das offenbart sich im jähen Umschlagen in der Coda. Aus der Tiefe steigen Schatten auf, stellen das Vorangegange in Frage und drängen nach endgültiger Entscheidung im *Finale*, das sich attacca subito anschließt. Dieser Schlußsatz ist nicht nur die Krönung des Quartetts, sondern die generelle Zusammenfassung des ganzen Opus 59. Mit Recht hat Harry Goldschmidt auf den Ensemblecharakter hingewiesen, auf die Funktion eines Opernfinales, in dem sich noch einmal alle Akteure der Handlung vereinen. Der Satz ist fugisch angelegt. Die Va. löst mit dem agilen Thema eine Entwicklung aus, die ungestüm alles in den Strudel festlichen Treibens zieht. Konflikte und Zweifel sowohl der ersten Sätze als auch der früheren Quartette sind weggewischt:

Fugenprinzip und Sonatenform durchdringen einander dabei. Nebenstimmen fungieren als »2. Thema«, Modulationen kennzeichnen den durchführungsartigen Mittelteil. Unangefochten setzt das Fugenthema seinen Siegeszug fort, teils in Einzelstimmen, teils paarweise – ein Sinn für Lebensfreude, Willenskraft und Selbstüberwindung. In den Skizzen zum Finale findet sich die Eintragung Beethovens: »... kein Geheimnis sey dein Nichthören mehr – auch bey der Kunst«.

Streichquartett Es-Dur op. 74 (1809)

Aufführungsdauer: etwa 31 Minuten
Poco adagio. Allegro – Adagio, ma non troppo – Presto – Allegretto con variazioni

Mit diesem Es-Dur-Werk wollte Beethoven offensichtlich wieder eine Quartettgruppe eröffnen (»Nächstens über Quartetten, die ich schreibe«, 1809). Über die Gründe, warum der Plan nicht ausgeführt wurde, ist nichts Näheres bekannt. In dem politisch bewegten Sommer 1809 (Napoleon hatte im Mai Wien besetzt) waren bereits zwei bedeutsame Es-Dur-Kompositionen entstanden – das 5. Kl.-Konzert op. 73 und die Kl.-Sonate *Les Adieux* op. 81 a. Das Stqu. op. 74 jedoch hebt sich im Stil deutlich von ihnen ab. Ein auffällig gelöster, geradezu freundlich-heiterer Ausdruck spricht aus dem Werk, das aber zugleich schroffe Gegensätze und eine Reihe von Form-Besonderheiten aufweist. Häufig wiederkehrende, durch alle vier Stimmen wandernde Pizzicato-Effekte im *1. Satz* haben zu der Bezeichnung *Harfenquartett* geführt. Eine langsame Einleitung bereitet gleichsam fragend den *Allegro-Satz* vor, dessen antithetisches Hauptthema sogleich eine polyphone 2. Stimme auslöst:

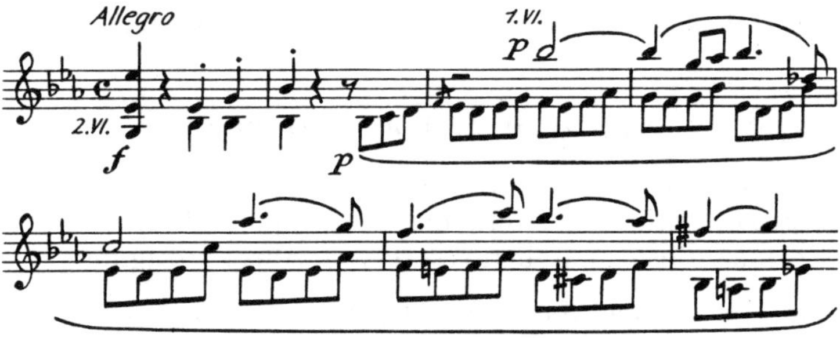

Immer wieder greifen die »Harfen«-Pizzicati, aber auch heftige Akkordfolgen in die fließende Bewegung ein, zwar störend, doch nicht eigentlich Konflikte schaffend. Von besonderer Wirkung sind in der Reprise die lebhaft auf und ab wogenden Spielfiguren der 1. Vl. zu den Pizzicato-Folgen der übrigen Instrumente. Im *2. Satz* verschmilzt polyphone Sanglichkeit mit der Kunst thematischer Abwandlung. Auch hier fehlt es nicht an Momenten, die den Frieden der schönen Kantilenen gefährden – Verdüsterungen in Moll, dazwischenfahrende Forte-Wendungen. Harfenartige Figuren treten gegen Schluß in den Begleitstimmen auf. Der *3. Satz* erweist sich als ein dramatisch erregtes Scherzo. Die Thematik gemahnt an die 5. Sinfonie:

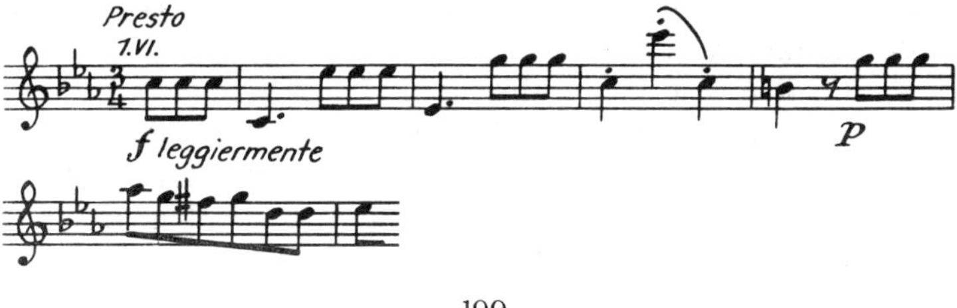

Tragisch gespannte Presto-Abschnitte wechseln mit bis zur Wildheit gesteigerten Prestissimo-Teilen in C-Dur. Dieser Presto-Satz stellt die eigentliche Antithese zur scheinbar heiteren Welt der Ecksätze dar. Das direkt sich anschließende *Finale* beginnt mit einem fast naiv zu nennenden Variationsthema, dem sechs recht unterschiedliche Variationen folgen. Die Kühnheit beruht hier nicht sosehr auf Beethovens Kunst der Abwandlung als vielmehr auf der demonstrativen Schlichtheit dieses Quartettschlusses. Innigkeit wechselt mit energischem Zugriff. Und doch durchzieht das Ganze ein freudiges Grundgefühl, das bis zur Ausgelassenheit in der Coda gesteigert wird. Mit zwei p-Akkorden endet überraschend das vielgestaltige Werk.

Streichquartett f-Moll op. 95 (1810)

Aufführungsdauer: etwa 21 Minuten
Allegro con brio – Allegretto ma non troppo – Allegro assai vivace, ma serioso – Larghetto espressivo. Allegretto agitato

Unmittelbar nach Vollendung der Musik zu Goethes *Egmont* komponierte Beethoven im Juni 1810 das f-Moll-Quartett op. 95. Tonartliche Übereinstimmung besteht zur »Egmont«-Ouvertüre, aber auch zur fünf Jahre zuvor entstandenen Kl.-Sonate »Appassionata«. In den f-Moll-Bezirk begibt sich Beethoven immer dann, wenn es ihm um die große leidenschaftliche Gebärde, um konzentriertesten Ausdruck, um den fundamentalen Gegensatz von Verzweiflung und deren kämpferischer Überwindung zu tun ist. Persönliche Erlebnisse spielen da vielleicht eine größere Rolle als sonst. Der abgewiesene Heiratsantrag an Therese Malfatti im Mai 1810 mag als ein biographisches Datum stehen für die düstere seelische Verfassung, in der sich Beethoven zu jener Zeit befand. *Quartetto serioso* nannte er das neue Werk, doch trägt es weit mehr »Appassionata«-Züge. »Zusammengeraffter, energischer, inniger« – diese Charakterisierung Beethovens durch Goethe 1812 trifft in besonderem Maße auf das f-Moll-Quartett zu.
Gleich aus dem zornig auffahrenden Hauptthema des *1. Satzes* spricht der ganze Ernst dieser Musik (siehe NB S. 201 oben).
Das melodiöse Seitenthema in Des-Dur versucht vergeblich gegen die Unduldsamkeit und finstere Kraft des Anfangsthemas anzukämpfen. Immer wieder unterbrechen heftige Attacken

den kantablen Fluß. In der äußerst gedrängten und dramatisch sich zuspitzenden Durchführung haben Lyrismen keinen Platz. Gebieterisch herrscht die Zentralgestalt. Die »beiden Prinzipe«, die gegensätzlichen Inhalte, prallen am Reprisenbeginn hart aufeinander: Nach dem Hauptthema erklingt unmittelbar der Seitengedanke, der dann sogar an Boden gewinnt. Doch der bald folgende Zugriff des düsteren Anfangsthemas macht alle Hoffnung wieder zunichte. Unerbittlich drängen die erregten Motive zum Schluß, bis sie vom Kampf ermattet im pp verklingen. Mit stockenden Baßschritten – eine Umbildung des Hauptthemas aus dem 1. Satz – beginnt mottohaft der *2. Satz*. Mehrfach tritt nun dieses Motto auf. Grüblerisch steht es dem innigen Liedgedanken in der 1. Vl. gegenüber. Und noch ein 3. Thema rückt in den Vordergrund – ein gedankenvolles chromatisches, das im Mittelteil kontrapunktisch durchgeführt wird, von den abwärts führenden Baßschritten gleichsam meditierend unterbrochen. Am Ende leitet ein verhaltener verminderter Septakkord zum *3. Satz* über, einem grimmigen Scherzo mit zwei versöhnlicheren Trioteilen in Des-Dur. Die schroffen Motive stellen aufs neue die ganze Tragweite ernsten Ringens in den Mittelpunkt:

Der punktierte Rhythmus entstammt übrigens der Fortführung des Hauptthemas aus dem 1. Satz. Und der Rhythmus ist es, dem alle anderen Elemente sich unterordnen. Kein Entrinnen scheint möglich bis zur energischen Konsequenz des Schlußtaktes. Ein schwer lastendes *Larghetto* leitet das *Finale* ein. In diesem Schlußsatz vollzieht sich, wenn auch erst gegen Ende hin, die Wandlung von elegisch-bewegtem Geschehen über leidenschaftlichen Disput zum befreienden F-Dur der Coda.

Streichquartett Es-Dur op. 127 (1822–1825)

Aufführungsdauer: etwa 38 Minuten
Maestoso. Allegro – Adagio, ma non troppo e molto cantabile – Scherzando vivace – Finale, alla breve

Mit diesem Werk eröffnet Beethoven die Reihe der späten Quartette, die zwar nicht – wie einst Opus 18 und Opus 59 – als Zyklus angelegt sind, aber doch in vielerlei Hinsicht innere Verwandtschaft erkennen lassen.
Anfang November 1822 fragt der russische Fürst Nikolai Galitzin (Golizyn) aus Petersburg bei Beethoven an, ob er ihm »un, deux ou trois nouveaux quatuors« (»ein, zwei oder drei neue Quartette«) schreiben und zugleich widmen wolle. Zu diesem Zeitpunkt arbeitete Beethoven bereits an einem neuen Stqu., dem Es-Dur-Quartett op. 127. Allerdings wurde seine Fertigstellung durch die Arbeit an der 9. Sinfonie verzögert. Doch gleich nach der Wiener UA Anfang Mai 1824 wendet sich Beethoven wieder der Quartettkomposition zu. In rascher Folge entstehen nun die letzten fünf Werke: op. 127, 132, 130, 131, und 135. Die ersten drei wurden Galitzin gewidmet. Im Februar 1825 war das Es-Dur-Quartett fertiggestellt, die UA hatte das Schuppanzigh-Quartett übernommen – ein Mißerfolg, nicht nur der außerordentlichen technischen Schwierigkeiten wegen, sondern wohl in erster Linie auf Grund des gänzlich neuen »Tons«, der die Musiker irritiert haben mag. Das erste der drei *Galitzin-Quartette* trägt noch in manchem die Merkmale der mittleren Schaffenszeit. In seiner klar abgegrenzten Viersätzigkeit ist es mühelos zu überschauen, wenngleich sich der neue Stil schon deutlich manifestiert.
Die sechs den *1. Satz* eröffnenden Maestoso-Takte fungieren hier nicht als langsame Einleitung, sondern gleichsam als harmonisches Motto, reduziert auf die Elementarformel der klassischen Kadenz mit Tonika, Dominante und Subdominante:

Das schmiegsame, weich konturierte Allegro-Hauptthema bildet dazu den eigentlichen Kontrast:

Dagegen erzeugt der aus motivischer Verwandlung hervorgegangene Seitengedanke keinerlei Spannung. Die Maestoso-Phrase aber tritt noch zweimal in Erscheinung: am Ende der Exposition und am Kulminationspunkt der Durchführung. Diese Eigentümlichkeit unterstreicht die antithetische Spannung zwischen dem »Motto« und dem Allegro-Satz als Ganzem. Während in der Durchführung diese Grundspannung auf engstem Raum zusammengedrängt erscheint (den Maestoso-Takten folgt das Allegro-Thema auf dem Fuße), löst sich in der verschleiert einsetzenden Reprise und noch mehr in der zart verklingenden Coda alle Gespanntheit in polyphon verwobenes Spiel und fließende Bewegung auf. Im *2. Satz* erscheinen die Gedankenkräfte des ganzen Werkes gesammelt. So hat sich die Kompaktheit des Maestoso-»Mottos« in eine polyphon aufgefächerte Fläche verwandelt, aus der heraus sich ganz organisch das sanft schwingende und doch in sich ruhende Variationsthema entwickelt. Fünf sehr unterschiedliche Variationen erschließen nun eine Fülle von Gedanken, begonnen mit der alle vier Stimmen erfassenden figurativen Auflösung des Themas in der 1. Variation über die anfangs gefestigte, dann aber immer mehr in kleingliedrige Gebilde zergehende 2. Variation (Andante con moto, $^{4}/_{4}$) bis zum überraschenden E-Dur der 3. Variation (Adagio molto espressivo, alla breve). Mit ihrer expressiven Sanglichkeit stellt diese Variation mitten im Quartett eine Insel der Ruhe und des Friedens dar. Die Streichinstrumente verkörpern gleichsam vier menschliche Stimmen. Danach führt der Weg mit der 4. Variation zurück nach As-Dur, weicht kurz, aber bedeutungsvoll nach cis-Moll aus, bevor in der letzten Variation erneut die gleichmäßige Sechzehntel-Bewegung nach und nach alle Stimmen erfaßt. Nur die Coda läßt zweimal den melodischen Fluß ins Stocken geraten, und mit einer fragenden Fermate wird die Antwort des *3. Satzes* herausgefordert. Dieser nun beginnt mit vier Pizzicato-Akkorden, die – so scheint es – das Spiel der thematischen Abwandlung lediglich unterbrechen. Denn die vom Vc. vorgetragene Motivfolge erweist sich zum einen als rhythmische Zuspitzung des Adagio-Themas, zum anderen läßt sich das ganze, sehr ausführlich gestaltete Scherzo durchaus als 6. Variation begreifen. Das hartnäckige Festhalten am punktierten Grundrhythmus und an der fast formelhaften Motivbildung bringt erstmals in diesem Werk musikalische Gegenkräfte ins Spiel. Und ein Spiel ist es in der Tat: keine thematische Arbeit, keine konfliktgeladenen Entwicklungen und Zuspitzungen, eher ein kaleidoskopartiges Schütteln mit Gedankensplittern, als ob die ganze Last der geistigen Arbeit des langsamen Satzes in der nicht minder geistreichen Form sublimer Heiterkeit aufgefangen werden solle. Den melodisch-harmonischen Kräften wird jetzt rhythmische Vitalität entgegengesetzt. Ein flüchtig dahinhuschendes Trio (Presto, es-Moll) läßt vorübergehend Schemenhaftes anklingen. Die Coda erinnert noch einmal an das Trio.

Das *Finale* setzt der fließenden Bewegung des 1. Satzes, dem Adagio-Gesang des 2. und der pointierenden Rhythmik des Scherzos eine pastorale Idyllik entgegen. Es ist kein beherztes oder gar auftrumpfendes Finale, dafür ein Satz voll feinster Beziehungen zu Vorausgegangenem. Die wiegende Bewegung über liegenden Tönen

durchzieht den ganzen Satz, prägt seinen Charakter, auch wenn noch zwei Seitenthemen kräftigere Akzente setzen. Die zugrunde liegende Rondoform ist stark vom Sonatenprinzip durchdrungen. Doch der Durchführung fehlt es auch diesmal an dramatischen Entwicklungen und Entscheidungen. Die ausgedehnte Coda aber offenbart den tieferen Sinn des Quartetts. Denn mit der überraschenden Wendung nach C-Dur und der gesteigerten Bewegung im 6/8-Takt (Allegro con moto) erscheint zugleich das pastorale Rondothema rhythmisch geschärft und entpuppt sich als Variante des Hauptthemas aus dem 1. Satz (vgl. NB S. 203):

Nicht Kampf der Gegensätze war die Idee des Werkes, vielmehr die Wandlung der Gestalten, der Wechsel der Bilder, der Metamorphosen in den Gefilden der »klassischen Heiterkeit«.

Streichquartett a-Moll op. 132 (1825)

Aufführungsdauer: etwa 40 Minuten
Assai sostenuto. Allegro – Allegro ma non tanto – Molto adagio – Andante – Alla marcia, assai vivace – Allegro appassionato

Beethoven hatte sein Opus 127 noch nicht abgeschlossen, als er sich bereits mit den Plänen zu einem neuen Stqu. beschäftigte. Eine plötzliche Verschlechterung seines Gesundheitszustands im Frühjahr 1825 verzögerte die Arbeit an Opus 132. Ende Juli konnte es beendet werden. Der »heilige Dankgesang eines Genesenen an die Gottheit«, der ergreifende langsame Satz, drückt

dann auch die Gefühle der Erleichterung und der Dankbarkeit nach langen Wochen der Krankheit aus.
Gegenüber dem überwiegend freundlichen Es-Dur-Werk op. 127 erweist sich das a-Moll-Quartett als ein überaus kompliziertes Opus. Die Gesamtanlage ist verwickelter, die fünf Sätze stehen im Verhältnis tiefgreifender Konflikte zueinander. Das ganze Werk ist von starken Spannungen durchzogen, obgleich deutliche motivische Beziehungen die einzelnen Sätze wiederum aneinanderbinden.
Die langsame pp-Introduktion setzt programmatisch an die Eingangspforte des Quartetts ein symmetrisch gebautes Vierton-Motiv, das sogleich kontrapunktische Verarbeitung erfährt in Gestalt von Umkehrung und Transposition:

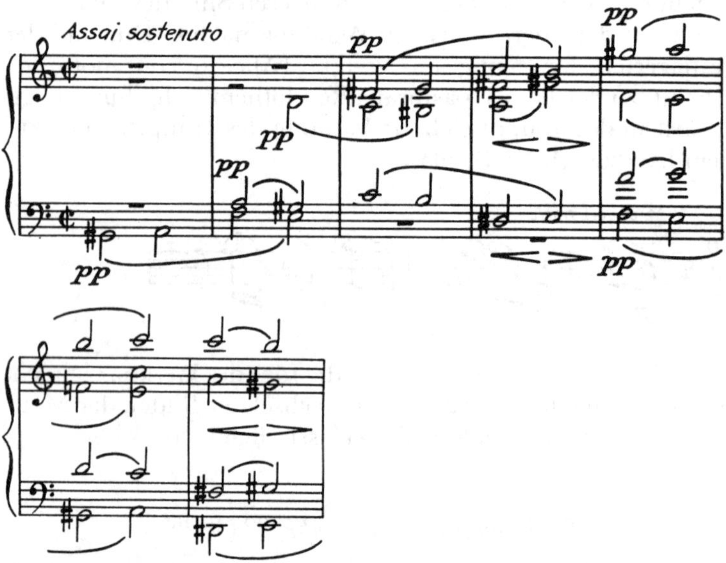

Aus dieser in sich geschlossenen, schmerzlich fragenden, chromatisch-polyphonen Anfangsgestalt geht nahtlos ihr eigener Gegensatz hervor: ein vielgliedriger, fast rhapsodisch freier Verlauf mit lebhaften Sechzehntel-Figuren der 1. Vl., mit dem alsbald im Vc. auftauchenden Hauptmotiv des kommenden Themas, mit dem nun entfalteten Hauptthema selbst, mit einem deklamatorischen Adagio-Takt, wiederum gefolgt von schnellen Vl.-Figuren. Noch ehe sich das Hauptthema des *1. Satzes* etablieren konnte,

treibt es schon wieder neuen Zielen zu. Der episodenhafte Seitengedanke hebt sich kaum aus dem Stimmengeflecht heraus, denn es sind die Motive des Hauptthemas, die sich unablässig wandeln, zu neuen Gedanken sich verdichten, alte Konturen verlieren und neue Gestalten finden. Da dies alles eigentlich schon »Durchführung« ist, gibt sich der so bezeichnete nachfolgende Formteil dieses Sonatensatzes gedrängt. Er wird eröffnet mit dem Vierton-Motiv, das sich immer deutlicher als die unveränderliche Idee des Werkes erweist, eine Konstante an entscheidenden Zäsuren des 1. Satzes, zu Beginn der Reprise und der sehr ausgedehnten, zu einer 2. Reprise aufgewerteten Coda. Der *2. Satz,* ein Scherzo, verläuft hingegen in geraden Bahnen. Mit dem Leittonschritt gis–a des »Mottos« beginnt das aufsteigende Thema in gleichmäßig gleitender Bewegung, keine Neigung zu Konflikten verratend:

Erst das heitere Trio im Stil einer Musette mit liegenden Stimmen und »Dudelsackbegleitung« bringt eine kontrastierende Farbe ins Spiel. Vor allem aber bricht überraschend eine schroffe Unisono-Partie in die Sphäre ländlichen Tanzes ein. Mit dem *3. Satz* erscheint nun der tiefgreifende Gegensatz in Gestalt eines weihevoll-verhaltenen Chorals, der zweimal von geradezu übermütigen Tanzsätzen jäh unterbrochen wird. Diesen Wechsel hat der Komponist auch durch Überschriften verdeutlicht: »Heiliger Dankgesang eines Genesenen an die Gottheit, in der lydischen Tonart« und – das tänzerische Andante betreffend – »Neue Kraft fühlend«. Zwei Welten stehen sich gegenüber: der archaisierende Rückgriff auf die alte lydische Tonart (ein F-Dur mit dem Ton h statt b) und in der Diktion an Palestrina gemahnend,

sowie die Stilisierung eines unbeschwerten Volkstanzes.

Während sich die beiden D-Dur-Zwischensätze als Figuralvariationen erweisen, erfährt das Choralthema rhythmische Veränderungen und kontrapunktische Verarbeitung. Das alte Prinzip der Alternativ-Variation wird hier in den Dienst einer übergreifenden Idee gestellt, ausgelöst durch einen autobiographischen Bezug. Die neugefundene Kraft tritt im *4. Satz* ans Tageslicht. Auf den markanten Rhythmus des Marsches folgt ein erregtes Rezitativ (Più allegro), das den *Finalsatz* vorbereitet, der sich ohne Pause anschließt. Die Vielgliedrigkeit des

1. Satzes ist nun geglättet im leidenschaftlichen Fluß des Rondos. Auch sein fast schwärmerisches Thema

führt gleichsam den Hauptgedanken des Allegro-Satzes fort (NB S. 207 o.) und wendet ihn ins Elegische. Erst mit dem Presto der A-Dur-Coda erfolgt die energisch-freudvolle Zusammenfassung.

Streichquartett B-Dur op. 130 (1825/26)

Aufführungsdauer: etwa 28 Minuten
Adagio ma non troppo. Allegro – Presto – Andante con moto, ma non troppo – Alla danza tedesca, Allegro assai – Cavatina, Adagio molto espressivo – Allegro

Das Stqu. B-Dur op. 130 ist das dritte der »Galitzin-Quartette«. Im März 1825, als Beethoven noch am a-Moll-Quartett arbeitete, begann er mit dem neuen Werk. Im November war das sechssätzige B-Dur-Quartett mit der großen Fuge als Finale vollendet. Die Fuge wurde dann aber abgetrennt und als gesondertes Opus 133 auf Drängen der Freunde und des Verlegers veröffentlicht. Das nachkomponierte neue Finale ist Beethovens letzte Komposition.
Auch dieses Quartett beginnt mit einer langsamen Einleitung. Das ernste, nachdenkliche Motiv gemahnt mit seiner lastenden Chromatik an das a-Moll-Quartett:

Ein zweiter, rhythmisch inspirierter Gedanke nimmt bereits Züge des Hauptthemas vorweg, das den *1. Satz* beherrscht. Nach erneutem Adagio-Einschub bricht dann der Hauptgedanke vehement hervor – schnelle Sechzehntel-Läufe mit einem Signalmotiv als obligatem Kontrapunkt:

Diese beiden Bewegungselemente bleiben stets aneinander gebunden, auch im Seitenthema (Ges-Dur):

Die wiederum knappe Durchführung verdichtet die Gegensätze noch mehr: Das Motiv der Einleitung und die Hauptsatzthemen erscheinen in gedrängtester Folge. Aber die Kontraste verstehen sich hier nicht als unversöhnliche Gegensätze, sondern als die Pole einer übergreifenden Einheit. Nicht eigentlich Kampf, eher kombinatorisches Spiel waltet hier. Der Souveränität von Figuration und Signalmotiv unterwerfen sich die übrigen Gedanken des Satzes. Ganz anders dagegen gibt sich der *2. Satz*. In eiliger, flüchtiger Bewegung huscht ein klar geformtes Scherzo vorüber, schattenhaft und dunkel mit kurz aufleuchtenden Akzenten. Nach diesem Intermezzo greift der *3. Satz* die Gedankenarbeit des Eröffnungssatzes wieder auf und transportiert sie in die heitere Welt einer Serenade, wobei freilich die ursprüngliche Harmlosigkeit frühklassischer Divertimentokunst im vollendeten Spiel von vier völlig gleichrangigen Partnern aufgehoben ist. Mit motivischen Ableitungen aus dem Grundgedanken der Einleitung entfaltet Beethoven eine geistreiche Konversation und bettet geschärfte Aphorismen in eine Atmosphäre vielschichtig erscheinender Heiterkeit. Mit dem nachfolgenden *4. Satz* wird ein zweites Mal der Gedankenstrom intermezzoartig unterbrochen. Die Stilisierung eines »Deutschen Tanzes« (*Alla danza tedesca*) bringt Entspannung der Kräfte, aber keine vordergründige Einfachheit. Der abrupte Wechsel von Des-Dur nach G-Dur versetzt den Hörer in eine reale Welt voller Anmut und Unmittelbarkeit. Das Thema erinnert als Umkehrungsform an das ebenfalls in G-Dur stehende *Presto alla tedesca* der Kl.-Sonate op. 79:

In denkbar größtem Gegensatz hierzu tritt nun die *Cavatina* (Adagio molto espressivo), eine Musik, die an die Adagio-Introduktion anknüpft, dabei den »Motto«-Gedanken aufgreift, ihn umbildet und zunächst im Vc. erscheinen läßt:

Die kantable Führung hat überwiegend die 1. Vl. Im Mittelteil stockt der melodische Atem – »beklemmt« hat Beethoven zu dieser Stelle notiert:

Die Erinnerung an diesen Satz habe ihn immer »eine Träne gekostet«. An die Stelle der als *Finale* überdimensionalen Fuge tritt nun ihr Gegenteil: ein Schlußsatz, schlank und geschmeidig, fast keck und übermütig. Nach all den Höhen und Tiefen, den Gegensätzen der Charaktere läßt Beethoven das Quartett in einem heiteren Rondo ausklingen, tänzerisch, bisweilen deftig und ungetrübt freudig.

Große Fuge B-Dur op. 133 (1825)

Aufführungsdauer: etwa 15 Minuten
Allegro. Meno mosso e moderato. Allegro molto e con brio

Diese einsätzige, 742 Takte zählende Komposition war ursprünglich als Finalsatz des B-Dur-Quartetts op. 130 gedacht und wurde auch, wie die übrigen Sätze von Opus 130, im Sommer 1825 geschrieben. Der thematische Zusammenhang beschränkt sich allerdings nicht nur auf die langsame Einleitung des B-Dur-Werkes, er reicht vielmehr bis zum Vierton-Motiv des a-Moll-Quartetts op. 132 zurück (NB S. 206). Letztlich erweist sich der Riesenbau dieser Fuge als die Finallösung beider Quartette und konnte vielleicht auch aus diesem Grunde von Beethoven zur separaten Komposition erklärt werden.
»Grande Fugue tantôt libre, tantôt recherchée« (Große Fuge, bald frei, bald streng gestaltet) überschrieb Beethoven das Werk und gab damit einen ersten Fingerzeig zum Verständnis der komplizierten inneren Vorgänge des Fugensatzes.
Das Ganze beginnt mit einer *Overtura* (Allegro), deren demonstrative Dreiteiligkeit drei Gestalten des Fugenthemas vorstellt,

die konstruktive Grundform (a), ihre kraftvoll rhythmische Variante (b) und ihre ausdrucksvolle kantable Form (c):

a)

b)

c)

Die Fülle der Erscheinungen, Wandlungen und rhapsodischen »Freiheiten« ordnet Beethoven in die Einmaligkeit einer großzügig disponierten Dreiteiligkeit der Gesamtform. Der *1. Abschnitt* (Allegro) beginnt im pp. Stockend, doch mit höchster Eindringlichkeit trägt die 1. Vl. das Fugenthema vor – das Initial zu einem Kapitel musikalischer Kunst von unvorhersehbaren Ausmaßen und Konsequenzen. Nun aber setzt mit einem Dezimensprung das scharf punktierte Gegenthema ein (1. Vl.), bevor das gemeißelte Hauptthema (Va.) erklingt. An diesem Prinzip wird bei durchgängigem ff auch konsequent festgehalten. Eine Doppelfuge also, die dann in ihrem Verlauf den punktierten Rhythmus in weichere Triolen umwandelt. Überhaupt wird der Hörer mehr auf die Vorgänge und Extravaganzen des Gegenthemas gelenkt, wobei die räumliche Gespanntheit vom hohen Diskant bis in die Tiefen der Baßregion besondere Wirkung erhält. Ein plötzlicher Stau, eine atemberaubende Fermate leitet zum *2. Abschnitt* (Meno mosso e moderato) über – eine zweite Doppelfuge mit dem gesangvollen Thema (NB c S. 213) entwickelt sich. Das wiederum zuerst auftretende Gegenthema besteht nun aus weichen und gebundenen Sechzehntelfiguren, die durch ihre beständig fließende Bewegung das Hauptthema einbetten. Das Rankenwerk wächst und wuchert geradezu, bis der Kerngedanke im Dickicht der Sechzehntel erstickt und ganz verschwindet. Wirkten die beiden ersten Abschnitte wie Haupt- und Seitensatz einer riesigen Sonatenexposition, so fungiert der nun folgende *3. Teil* (Allegro molto e con brio) als Durchführung. Mit der b-Gestalt (NB S. 213) aus der Einleitung hebt ein neues Kräftespiel an, zunächst als Kontrapunktierung des vergrößerten Hauptthemas, dann, nachdem dessen Kontur in Triller aufgelöst ist, im neuerlichen Anlauf mit dem Gegenthema aus der ersten Doppelfuge. Die 1. Vl. schwingt sich dabei in extreme Höhen auf. Dazwischen erscheint kurz das Gegenthema des Ges-Dur-Teil (Meno mosso e moderato). Als Chiffre der thematischen Grundidee des Fugensatzes führt eine akkordisch-chromatische Phrase diese Entwicklung vom f ins pp. In einer Art frei gestalteter Reprise bricht der jubelnde 6/8-Rhythmus aufs neue hervor. Nun wird das Fugenthema vollends zerschlagen, in Motive, Teilmotive, Floskeln und Wendungen aufgespalten und schließlich in die Erstarrung, in schwindelerregende Höhen geführt. Die zurückgelegte Wegstrecke ist so unermeßlich, daß zwei kurze Zitate – die Dezimen des 1. Gegenthemas (Allegro) und die Sechzehntel des 2. Gegenthemas (Meno mosso e moderato) – lediglich eine Andeutung davon zu geben vermögen. Ein letztes Mal vereinen sich die vier Streichinstrumente im Unisono des Themas, im Gegensatz zum G-Dur der Overtura jetzt aber in der Haupttonart B-Dur. Die kurze Coda hält noch eine neue Kombination bereit: Während 2. Vl. und Vc. das Fugenthema zum Cantus firmus erheben und die Va. für die harmonische Füllung sorgt, kontrapunktiert die 1. Vl. mit dem Dezimen-Gegenthema – jetzt aber nicht mehr im Gegeneinander, sondern im Ausgleich der Kräfte:

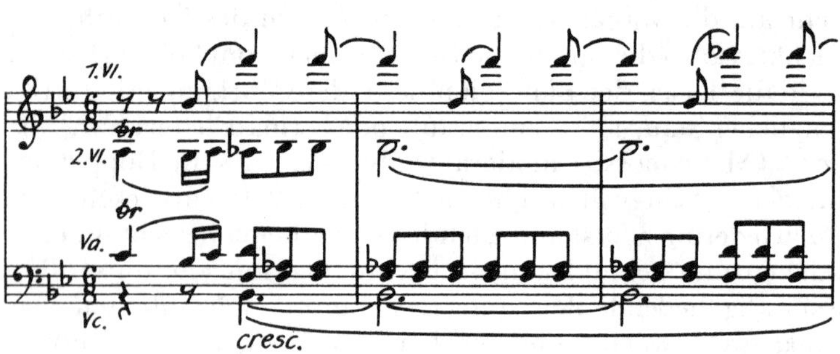

In der einzigartigen Durchdringung von Sonatensatzform und Fugenprinzip stellt die Große B-Dur-Fuge den Gipfelpunkt klassischer Musik überhaupt dar. Im Kampf der Gegensätze bis zum sieghaften Jubel neugefundener Einheit ist die Große Fuge »durchaus als instrumentales Gegenstück zum Chorfinale der neunten Sinfonie zu betrachten« (Harry Goldschmidt).

Streichquartett cis-Moll op. 131 (1826)

Aufführungsdauer: etwa 39 Minuten
Adagio ma non troppo e molto espressivo – Allegro molto vivace – Allegro moderato – Andante ma non troppo e molto cantabile – Presto – Adagio quasi un poco andante – Allegro

Entstehungsgeschichtlich schließt sich das Stqu. cis-Moll op. 131 nahtlos an das B-Dur-Werk op. 130 an. Es wurde Ende 1825 begonnen und im Frühsommer des nächsten Jahres abgeschlossen. Nach der gigantischen Anstrengung der Großen Fuge B-Dur op. 133 (sie war bekanntlich zunächst der Finalsatz von Opus 130) greift Beethoven in Opus 131 abermals die Fugenidee auf, führt sie aber gestalterisch in die entgegengesetzte Richtung. War in Opus 130 die Fuge als gewaltiger Schlußakt gedacht, der alles Vorangegangene synthetisch in sich aufnahm, so enthält das Anfangsfugato nun eher die Funktion einer weitgespannten, aber streng gebauten Introduktion. Die Thematik verweist noch deutlicher auf innere Zusammenhänge. Das Vierton-Motiv des a-Moll-Quartetts und seine Umbildung im B-Dur-Quartett umklammert in abermals abgewandelter Form das cis-Moll-Werk in den Ecksätzen, wobei zugleich die inhaltlich-formale Polarität von Fuge und Sonate deutlich wird, denn der Schlußsatz erweist sich als äußerst differenzierte Sonatenform:

Das Quartett besteht aus insgesamt sieben, wenn auch in Art und Ausdehnung sehr verschiedenartigen Sätzen. Damit hat Beethoven die Gesamtform noch einmal erweitert (Opus 127 hat vier Sätze, Opus 132 ist fünf- und Opus 130 sechssätzig!). Eine weitere Eigentümlichkeit zeigt sich darin, daß die sieben Sätze sämtlich ineinander übergehen. Trotz fließender Grenzen lassen sie sich nach ihrer inhaltlichen Bestimmung dennoch auf die klassische Viersätzigkeit zurückführen. Im Zentrum stehen der langsame 4. und der schnelle 5. Satz einander antithetisch gegenüber, umrahmt von den kurzen, gleichsam vermittelnden Episoden Nr. 3 und Nr. 6. Als Eckpfeiler schließlich fungieren auf der einen Seite die beiden ersten Sätze als zusammengehöriges Kontrastpaar und auf der anderen Seite das Sonatensatzfinale Nr. 7.

Das klagende Fugenthema des *1. Satzes* leitet ein gleichermaßen schmerzerfülltes Geschehen ein, eine Meditation voll tiefster Gedanklichkeit, in sich gekehrt, vollendet in der Homogenität des Streicherklangs. Kein Ton, der nicht thematisch wäre! Doch die Strenge des Satzes beruht nicht auf der strikten Befolgung der Fugengesetze (da wäre schon der zweite Themeneinsatz in der Unterquinte ein Verstoß gegen die Regeln!), sondern in der geistigen Haltung und gedanklichen Konsequenz. Aus dem Nachsatz des Themas wachsen immer neue, aber im Wesen und Tonmaterial verwandte Gestalten; sie vertiefen den Monologcharakter dieses vierstimmigen Selbstgesprächs. Am Ende führt die pp-Nachdenklichkeit des Cis-Dur-Akkords durch bloße Halbtonrückung nach d zu einem neuen, schwingenden Gedanken, der mit derselben Ausschließlichkeit den *2. Satz* beherrscht – eine echte Antithese, hervorgegangen aus der Fuge und doch ihr Gegenteil verwirklichend:

Das anfängliche cis-Moll hat sich in freundliches D-Dur aufgehellt. Der tänzerische 6/8-Takt verbreitet eine Atmosphäre gelassener Heiterkeit. Die Motivarbeit hat nirgendwo etwas Angestrengtes, Gewolltes. So finden sich beide Sätze auf höherer Ebene zusammen. Wie in einer dramatischen Szene wechselt in den nur elf Rezitativ-Takten des *3. Satzes* die Situation von schroffen Staccato-Motiven zur geradezu lieblichen Kadenzfiguration der 1. Vl. im weichen Legato. Ein neues Kapitel, das zentrale dieses Stqu., wird vorbereitet. Der *4. Satz* gehört zu Beethovens innigsten, ausdrucksstärksten Variationssätzen. Noch einmal, jetzt aber im Herzen des Werkes, erfährt die Einleitungsfuge eine inhaltliche Polarisierung. Der grüblerischen Kantabilität dort steht jetzt das phantasievolle gelöste Singen in sieben Variationen gegenüber. Ein auffallend regelmäßig gebautes, aus vier achttaktigen Perioden gebildetes Thema, das selbst noch ganz Knospe ist, eröffnet die Reihe:

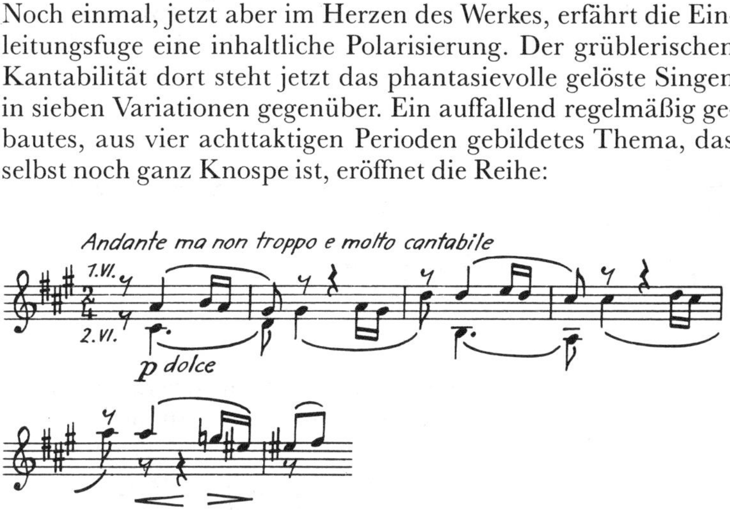

So streng sich die nachfolgenden Variationen an den melodischen und harmonischen Grundriß des Themas halten, so kühn entfaltet sich in ihnen die Phantasie, gepaart mit subtilster Klangtechnik, wohl nur vergleichbar dem gewaltigen Variationssatz der letzten Kl.-Sonate op. 111. Doch auch hier gerät

Gegensätzliches aneinander. Während die 2. Variation (Più mosso) das Divertissement vergangener Zeiten stilisiert und noch einmal an op. 18 erinnert, greift die polyphone 3. Variation (Andante moderato e lusinghiero) viel weiter zurück – ein Messesatz für Stqu. im durchimitierenden Stil des 16. Jahrhunderts. Diese retrospektive Haltung erscheint vielleicht noch mehr gesteigert in der bis zur »vokalen« Achtstimmigkeit erweiterten 5. Variation (Allegretto). Vollends in abgeklärte Bezirke entrückt ist die 6. Variation (Adagio ma non troppo e semplice) mit ihrer geradezu statischen Klanglichkeit, dem »sotto voce« und »cantabile«. Kadenzierende Triolenfiguren, abwechselnd auf die vier Instrumente verteilt, leiten zur letzten Variation (Allegretto) über. Das Thema, zunächst in C-Dur erscheinend, ist wieder gefestigt und erklingt fast tänzerisch beschwingt, wird aber bald nach A-Dur gerückt und dort in das Filigran von Trillerketten eingesponnen, schließlich in rhapsodischer Geste aufgelöst, bevor es fragend und zugleich herausfordernd innehält. Der *5. Satz* führt in die reale Wirklichkeit zurück mit liedhaft klarer Periodenbildung, ein ausgelassen dahinstürmendes Scherzo voller Ungestüm und handfestem Humor:

Das zweimal erscheinende Trio (als solches jedoch nicht gekennzeichnet) gleitet vorübergehend in kantables, an die ländliche Idylle der »Pastorale« erinnerndes Spiel über. Der Diesseitigkeit des Scherzos folgt als Vorbereitung auf das Finale der *6. Satz,* wieder ein meditativer Klagegesang, anfangs fast bewegungslos, dann nur zögernd melodisch ausgreifend. In tragisch gespanntem gis-Moll sinken die Motive in allen vier Stimmen herab, um im *letzten Satz* in freudlose Energie umzuschlagen. Mit herrischer Gebärde wird unvermittelt das Hauptthema herausgeschleudert und zugleich in den unerbittlichen Pulsschlag des schnellen Alla-breve-Takts gezwungen:

Die vier Motto-Töne der Eingangsfuge (vgl. NB S. 216) sind jetzt in diesem großen Sonatensatz umgestellt. Wenig später, vor dem eigentlichen Seitenthema, erscheint das Motto in konsequenter Umkehrung und läßt noch einmal schmerzliche Empfindungen wach werden:

Tröstend schaltet sich mit weichen Linien der Seitengedanke ein, bevor in der Durchführung der erbarmungslose Kampf beginnt. Zwar vermag sich das Kopfmotiv des Hauptthemas gegen die auftretenden neuen Gestalten zu behaupten, doch scheint seine Kraft mehr und mehr zu schwinden. Bei Reprisenbeginn kann von Geschlossenheit des Hauptthemas keine Rede mehr sein. Dagegen gewinnt der Seitengedanke immer mehr Raum, und die Coda nimmt die Ausmaße einer zweiten Durchführung an. Nicht ohne Grund: Aus der Auseinandersetzung »auf Leben und Tod« geht schließlich das Fugenthema des 1. Satzes als leuchtender Cantus firmus hervor, umgeben von Kontrapunkten, die sich aus diesem Thema ergeben (siehe NB S. 200).

Obwohl der Satz mit drei Cis-Dur-Akkorden im ff endet, bleibt doch letztlich das Gefühl zurückgenommener Freude dominierend, ein elegischer Blick auf den Anfang, die erneute Besinnung auf den Ursprung, den Grundgedanken, aus dem in kühnem Zuge die gewaltige Architektur dieses Quartetts erstand.

Streichquartett F-Dur op. 135 (1826)

Aufführungsdauer: etwa 25 Minuten
Allegretto – Vivace – Lento assai cantante e tranquillo – Grave, ma non troppo tratto. Allegro

Im Oktober 1826, nur wenige Monate vor Beethovens Tod, wurde dieses letzte der fünf späten Stqu. vollendet. Jedoch haftet der Komposition nichts Testamentarisches an, und es besteht kein Anlaß, in dem F-Dur-Werk etwa den bewußt gesetzten Schlußpunkt des Schaffensweges zu vermuten. Im Gegenteil:

Die auffällige Rückkehr zum »Regulären«, zur Viersätzigkeit, zur Gelöstheit des Spiels, die relative Problemlosigkeit der musikalischen Sprache – dies alles scheint weit eher eine neue Entwicklung einzuleiten. Dabei entstand das F-Dur-Quartett in einer für Beethoven sehr depressiven Situation. Zum einen hatte sich sein Gesundheitszustand drastisch verschlechtert, zum anderen erreichte die Tragödie um den Neffen Karl durch dessen Selbstmordversuch Ende Juli ihren Höhepunkt. In jenen Wochen arbeitete Beethoven noch am cis-Moll-Quartett, entwarf das zweite Finale für Opus 130, begann mit Opus 135, trug sich mit dem Gedanken an ein Streichquintett und plante eine neue Sinfonie.
Locker und durchsichtig sind die Anfangsmotive des *1. Satzes* auf die vier Stimmen verteilt:

Sie eröffnen ein musikalisches Gedankenspiel, hervorgerufen durch zwar unterschiedliche, nicht aber eigentlich gegensätzliche Einfälle. In diesem Allegretto-Satz erfährt die Technik der »durchbrochenen Arbeit« ihre letzte Vergeistigung. Das Spiel der Motive ist durchwirkt vom Auf und Ab der Triolenfiguren; diese binden die Kräfte in das Gleichmaß der Bewegung und erzeugen eine neue, sublime Form der Heiterkeit nach durchstandenen Fährnissen in den vorausgegangenen Quartettschöpfungen. Alles zielt hier auf die Bündigkeit der Coda, auf den festen Zusammenschluß der vier Stimmen. Die Klüfte und Schründe – bisher zu den Erscheinungen des Spätstils gehörend – sind diesmal ausgeblieben. Deutlich ist hingegen nun die Wendung zum Ausgleich der Kräfte. Auch der *2. Satz* hält sich an diese Tendenz. Aus schlichter Tonleiterbewegung entwickelt sich ein geradezu schwereloses Scherzo, von Synkopen und anderen rhythmischen Verschiebungen getrieben – es ist ein fein abgestuftes Farbenspiel, gepaart mit unablässiger Bewegtheit. Ein schon vorher eingeführtes Achtelmotiv beißt sich plötzlich fest: In geradezu rabiater Weise zwingt es drei der vier Stimmen über fünfzig Takte in den Gleichschritt, während die 1. Vl. mit kühnen Sprüngen regelrechte Jonglierkünste vollführt. Von ähnlicher Wesenlosigkeit ist der tragende Gedanke des *3. Satzes*. An die Stelle inniger und blühender Melodik ist die schmucklose, fast herbe Linie getreten, von ebenso einfachen Kadenzklängen gestützt:

Es folgen vier Variationen, die den ernsten Charakter des Themas nicht aufheben, sondern modifizieren. Diesen drei Sätzen steht das *Finale* gegenüber. Von Beethoven stammt die Überschrift »Der schwer gefaßte Entschluß«. Darunter sind drei Motive als Frage und Antwort textiert und einstimmig notiert:

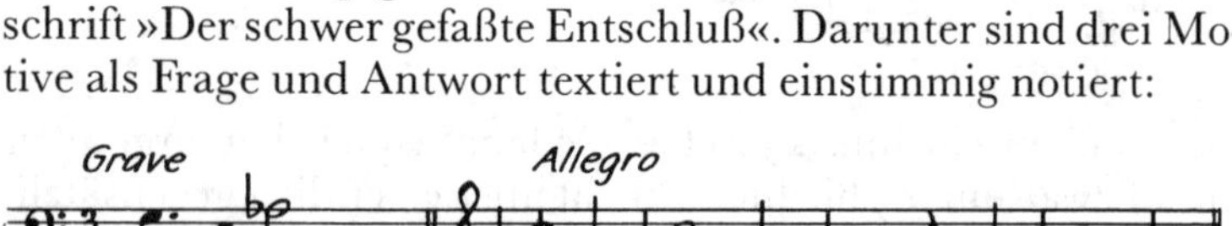

An Deutungsversuchen dieser programmatischen Äußerung hat es nicht gefehlt, sie reichen vom Alltagsscherz bis zu schicksalhaftem Ernst. Der motivische Zusammenhang mit dem Scherzkanon »Es muß sein« kann jedenfalls für das Verständnis des Quartettsatzes nicht ausreichen. Bedeutungsschwer, durch klangliche Gegensätze und Pausen zerklüftet, scheint in der kurzen Grave-Einleitung gleichsam die Existenzfrage gestellt. Um so freudiger und bewegter antwortet aber das Allegro mit dem Motiv »Es muß sein!« Wie von selbst fügt sich in das gelöste Spiel das 2. Thema, zuerst im Vc., dann von der 1. Vl. wiederholt. Die Durchführung hebt sich davon kaum ab, mündet aber noch einmal in ein Grave. Erneut und noch eindringlicher wird dort die alte Frage gestellt, und noch leichter und beschwingter erfolgt die Antwort in der Reprise. Besonders reizvoll ist das 2. Thema im Pizzicato, aus dem ein letztes Mal der Hauptgedanke hervorgeht und damit das Werk beschließt.

Klaviertrios

Drei Klaviertrios op. 1 (1793/94)

Die drei Trios für Klavier, Violine und Violoncello Es-Dur G-Dur und c-Moll wurden erstmals in einer Abendgesellschaft des Fürsten Lichnowsky in Wien 1793/94, an der auch Haydn teilnahm, aufgeführt und erregten sogleich allgemeines Interesse. Der Verleger Artaria ließ die Werke 1795 als Opus 1 erscheinen. Für den jungen Beethoven war dies der entscheidende Schritt in die musikalische Welt und bedeutete zugleich die bewußte Trennung gegenüber vorher geschaffenen Werken.

Klaviertrio Es-Dur op. 1 Nr. 1

Aufführungsdauer: etwa 26 Minuten
Allegro – Adagio cantabile – Allegro assai – Presto

Schon im *1. Satz* zeigt sich frühe Meisterschaft. Bisher gepflegte Unterhaltsamkeit ist einem bewußt auf gegensätzlicher Thematik beruhenden Musizieren gewichen. Das an sich herkömmliche, auffahrende Anfangsmotiv erhält somit eine neue, ungewohnte Bedeutung. Auch in der Durchführung ist an die Stelle freundlicher Redseligkeit Gedankenarbeit getreten. Im *2. Satz* beginnt, wie auch in den beiden folgenden Trios, das Kl. Von den Streichern sekundiert, führt die schöne Kantilene zu breit angelegten Entwicklungen. Bereits im 1. Trio verdrängt das *Scherzo* das althergebrachte Menuett. Noch fehlt die spätere Dämonie, doch paart sich tänzerische Leichtigkeit mit Ungestüm, wobei der besondere Reiz auf dem Wechselspiel der drei Partner beruht. Schwungvoll, mit kecken Dezimensprüngen, beginnt das *Finale*:

Auch hier gelangt Beethoven über das konventionelle Schlußrondo hinaus, indem der Ablauf von der viel gewichtigeren Sonatenform bestimmt wird, ohne deshalb den unbeschwerten Finalcharakter preiszugeben.

Klaviertrio G-Dur op. 1 Nr. 2

Aufführungsdauer: etwa 28 Minuten
Adagio. Allegro vivace – Largo con espressione – Allegro – Presto

Eine bedeutungsvolle, von Kl.-Figuren beherrschte langsame Einleitung eröffnet den *1. Satz,* dessen graziöses Thema einen spielerischen Ton anschlägt, der dann in der Durchführung besonders durch modulatorische Überraschungen gewürzt wird. Der *2. Satz* gehört zu Beethovens innigsten langsamen Sätzen. Außer der Schönheit des Themas mit seiner geradezu volksliedhaften Schlichtheit

verleihen die vollkommene Partnerschaft der drei Instrumente, die Kühnheiten der harmonischen Wege, der weite Atem und das gesteigerte Espressivo diesem Adagio besonderen Rang. Dem kleingliedrigen *Scherzo* mit seinem zarten Trioteil in h-Moll folgt der geradezu übermütig plappernde *Schlußsatz*, noch sehr an Haydn erinnernd und mit deutlicher Vorrangstellung des Kl.

Klaviertrio c-Moll op. 1 Nr. 3

Aufführungsdauer: etwa 25 Minuten
Allegro con brio – Andante cantabile con variazioni – Quasi allegro – Prestissimo

Dieses Trio ist das bedeutendste der Reihe. Seine Kühnheiten finden sich vor allem in den schnellen Ecksätzen. Schon das p und pp des gespannten Unisono-Beginns

entbindet den *1. Satz* weitgehend von Konventionen. Alle anderen Gedanken des Satzes unterstehen dem »dunklen Drange« dieses Themas, denn auch der lyrische Seitensatz in Es-Dur wird bald von rhythmischen Kräften aus seiner Ermattung gerissen. Die Durchführung bietet ein Bild der Konzentration und Dramatik, und ebenso konzis endet der Satz. Die beiden *Mittelsätze* lassen zunächst auf Konventionelles schließen. Doch erweist sich der *2.* als verwandlungsreicher Variationssatz, der *3.* seinem Wesen nach als echtes Scherzo mit einem feingliedrigen C-Dur-Trioteil. Von geradezu dramatischer Wucht ist das *Finale*. Mit geballter Kraft beginnt es raketenhaft. Voller Unruhe setzt dann das Hauptthema nach der Fermate ein:

Selbst das 2. Thema bleibt davon nicht unberührt; es beherrscht die Durchführung. Gegen Ende des Satzes erfolgt überraschend eine Wendung nach h-Moll, bevor das Werk sich in c-Moll pp verflüchtigt.

Zwei Klaviertrios op. 70 (1808)

Im Herbst 1808, in einer Zeit höchster kompositorischer Produktivität, entstanden die beiden Klaviertrios op. 70. Aus ihnen spricht eine betont kantable Haltung und Gelöstheit des Musizierens.

Klaviertrio D-Dur op. 70 Nr. 1

Aufführungsdauer: etwa 22 Minuten
Allegro vivace e con brio – Largo assai ed espressivo – Presto

Nach heftigem Unisono-Aufbruch führt im *1. Satz* die Entwicklung bald in lyrische Regionen, weite Bögen spannend, Kontraste eher durch wechselnde Dynamik schaffend als durch gegensätzliche Themen. Von anderer Art ist der langsame *Mittelsatz*. Eine Fülle unterschiedlichster Einfälle, Motive und Floskeln treffen aufeinander und werden letztlich auf unheimlich wirkende, düstere Tremolofiguren des Kl. bezogen. Dieser eigenartigen Stimmung wegen hat sich für das Werk der Beiname *Geistertrio* eingebürgert. Der *Schlußsatz* greift wieder auf die freundliche Helle des 1. Satzes zurück, nicht ohne harmonische Überraschungen, doch bleiben die Übergänge fließend.

Klaviertrio Es-Dur op. 70 Nr. 2

Aufführungsdauer: etwa 23 Minuten
Poco sostenuto. Allegro ma non troppo – Allegretto – Allegretto ma non troppo – Allegro

Eine imitatorisch beginnende und in Fiorituren sich auflösende Introduktion bereitet den ausgeprägt spielfreudigen *1. Satz* vor, dessen tänzerische Bewegtheit am Schluß noch einmal von Elementen der Einleitung unterbrochen wird. Anstelle des Scherzos erscheint als *2. Satz* ein gleichfalls tänzerisches, an die alte Gavotte erinnerndes Allegretto. Dem etwas neckisch anmutenden Anfangsmotiv steht bald ein kraftvolleres in c-Moll gegenüber; aus beiden ergibt sich ein reizvolles Wechselspiel, wobei immer neue Varianten den Verlauf beleben. Im *3. Satz* stehen sich gleichfalls zwei Gedanken gegenüber, freilich weniger im Kontrast als einander ergänzend und von erlesener Klanglichkeit. Aus dieser lyrischen Stimmung reißt ein energischer Anlauf heraus und leitet zum gesellig-freundlichen Hauptthema des *Finales* über. In munterer Laune werfen sich nun die Spieler gegenseitig ihre Motive zu, fangen sie auf, wandeln sie um. Immer stärker bestimmen die flüssigen Sechzehntelfiguren das Geschehen und führen das Werk kraftvoll und selbstbewußt zu Ende.

Klaviertrio B-Dur op. 97 (1811)

Aufführungsdauer: etwa 39 Minuten
Allegro moderato – Allegro – Andante cantabile, ma però con moto – Allegro moderato

Das B-Dur-Trio ist Beethovens letztes und zugleich umfänglichstes Kl.-Trio. Das Werk entstand 1811, erklang jedoch erstmals am 11. 4. 1814. Den Kl.-Part spielte der Komponist – es war dies zugleich das letzte Auftreten Beethovens als Pianist in der Öffentlichkeit. Obwohl in zeitlicher Nachbarschaft zum 5. Kl.-Konzert (1809), zum Stqu. f-Moll (1810) und zur 7. Sinfonie (1812) geschrieben, verrät Opus 97 wenig von der kämpferisch-leidenschaftlichen Haltung jener Werke. Vielmehr kennzeichnet ein freundliches, in weiten Bögen sich ausschwingendes, geradezu entspanntes Musizieren den Verlauf dieses Trios.
Gleich der Hauptgedanke des *1. Satzes* legt den Grundcharakter fest:

Auch das Seitenthema in der terzverwandten Tonart G-Dur gibt dies zu erkennen. Anstelle dialektischen Widerstreits hält die

Durchführung eine Fülle verästelter Gedanken bereit, ausgedrückt durch klangliche und motivische Feinarbeit. Selbst auf das nachfolgende *Scherzo* ist die großräumige Disposition übertragen. Dem aufwärts geführten Tonleitermotiv des Vc. antwortet die Vl. mit der Umkehrung. Daraus entwickelt sich ein weitläufiges Spiel von tänzerischer Leichtigkeit, dem im Mittelteil (nicht als Trio bezeichnet) chromatisch-lineare Kontrapunktik entgegengestellt wird, die sich dann allerdings in jubelnde Akkordaufschwünge verwandelt. Der *langsame Satz* atmet mit seinem feierlichen, sarabandenartigen Thema und den fünf sich anschließenden Variationen Ruhe und Harmonie. Das Kl. trägt das Thema vor und behält auch weiterhin das Übergewicht:

Das Filigran der Variationen und die rhythmischen Auflösungen dienen dem klanglichen Wohllaut des Satzes, vertiefen die Innigkeit und bewahren dem Thema die charaktervolle Eigenart. Erst zum Schluß, wo der Weg scheinbar zur Originalgestalt zurückfindet, leiten bis dahin unbekannte Harmonisierungen den Prozeß der Auflösung ein, die Konturen zerfließen und münden, von Pausen unterbrochen, in das *Finale*. Der abrupte Wechsel läßt motivische Bindungen an das Scherzo durchscheinen, andererseits gewinnt der Satz durch die Vielfalt der Gedanken, durch rhythmische Pointen und melodiöse Flächigkeit, durch großzügige und dennoch konzentrierte Gestaltung an Eigenleben. Strettaartige Steigerung erfährt das Ganze im Schluß-Presto (6/8) über Trillerketten das Kl. aus dem pp bis zum ff aufsteigend – eine Ausgelassenheit, die an Rossini erinnern mag.

Trio B-Dur op. 11 (1798)
für Klavier, Klarinette und Violoncello

Aufführungsdauer: etwa 22 Minuten
Allegro con brio – Adagio – Allegretto

Dieses 1798 entstandene Trio nimmt sowohl in der Besetzung als auch im Stil eine Sonderstellung ein. Beethoven greift hier zurück auf das unbekümmerte Musizieren seiner Bläser-Kammermusik und gibt dem Werk einen improvisatorischen Zug. Gegenüber dem virtuos führenden Kl. halten sich Klar. und Vc. zurück. Im musizierfreudigen *1. Satz* beschränkt sich die Durchführung auf große Melodiebögen, getragen von Arpeggien des Kl. – Der *langsame Satz* kreist um zwei kantable Themen, die vom Kl. phantasievoll umspielt werden. – Der *Schlußsatz* umfaßt neun Variationen über ein recht belangloses Thema aus Joseph Weigls Oper *L'amor marinaro*. Gerade diese damals sehr beliebte Trivialmelodie veranlaßt Beethoven zu originellen, die Vorlage zum Teil stark verändernden Abwandlungen – sie geben einen Vorgeschmack auf seine unvergleichliche Charakterisierungskunst in späteren Variationswerken. Ein spielerisches Allegro bildet den Abschluß. Von dem Werk existiert auch eine Fassung für Kl., Vl. und Vc. aus der Hand Beethovens.

Sonaten für Klavier und Violoncello

Sonaten op. 5 (1796)
für Violoncello und Klavier

Nr 1:
Aufführungsdauer: etwa 25 Minuten
Adagio sostenuto. Allegro – Allegro vivace

Nr. 2:
Aufführungsdauer: etwa 26 Minuten
Adagio sostenuto ed espressivo. Allegro molto più tosto presto – Allegro

Aus früher Schaffenszeit stammen die beiden Violoncellosonaten op. 5. Beethoven schrieb sie im Sommer 1796 während einer

Berliner Konzertreise und wurde damit zum eigentlichen Schöpfer dieser Gattung der Kammermusik.

Sonate F-Dur op. 5 Nr. 1

Eine ausführliche und gedankenreiche *Introduktion* bereitet das thematische Material des schnellen *1. Satzes* vor. Das kraftvolle Hauptthema, zuerst im Kl. erklingend, entspringt ganz der Eigenart des Vc. und erfährt in der langen Durchführung seine ausgiebige und virtuose Verarbeitung. Dabei überraschen vor allem ungewohnte Modulationen. Der *Schlußsatz* lebt vom rhythmisch sehr prägnanten Rondothema und von der sich daraus entwickelnden spielerischen Beweglichkeit.

Demselben äußeren Formbau folgt die

Sonate g-Moll op. 5 Nr. 2

Doch zeigen sich sogleich tiefgreifende Unterschiede. Schon die *Adagio-Einleitung* mit ihren scharf punktierten Rhythmen in schmerzlichem g-Moll kündet von innerer Gespanntheit, die dann im *Allegro* zu leidenschaftlichem Aufbruch und zur entschiedenen Rivalität der Duopartner führt. Nach dem Pathos dieses großartigen Sonatensatzes wirkt das *Schlußrondo* mit seinem reizvollen, ein wenig koketten Thema, das noch ganz in der Nähe des galanten Stils steht, vergleichsweise harmlos.

Sonate A-Dur op. 69 (1808)
für Klavier und Violoncello

Aufführungsdauer: etwa 26 Minuten
Allegro ma non tanto – Allegro molto – Adagio cantabile. Allegro vivace

Erst zwölf Jahre später, 1808, greift Beethoven mit Opus 69 auf die Sonatengattung für Kl. und Vc. zurück. In der Nachbarschaft der *Pastorale*, des 4. Kl.-Konzerts und der *Rasumowsky-Quartette* schreibt er ein Meisterwerk von klassischer Ausgewogenheit und gedanklicher Tiefe. Nicht mehr das Ringen um Gestalt, sondern souveränes Ausbreiten der Gedanken steht jetzt im Vordergrund.
Das Vc. trägt gleichsam improvisierend das Hauptthema des *1. Satzes* vor:

Kurze Kadenzen zuerst des Kl., dann des Vc. unterstreichen den rhapsodischen Zug, bevor ein markantes a-Moll-Motiv dem reich gegliederten Satz neue Impulse verleiht. Schwingend und ausladend entwickeln sich die Gedanken, ohne daß es zu Konfrontationen kommt. Es folgt ein ebenso geweitetes *Scherzo*, synkopenreich, drängend, zweimal unterbrochen von einem freundlichen A-Dur-Teil, der die Funktion des Trios erfüllt. Der *Schlußsatz* wird von einem kurzen Adagio cantabile vorbereitet, dessen blühendes Melos zum freudig bewegten Allegro vivace überleitet. Die Innigkeit der ganzen Sonate findet hier ihre gedanken- und kontrastreiche Bestätigung.

Sonaten op. 102 (1815)
für Klavier und Violoncello

Nr. 1:

Aufführungsdauer: etwa 16 Minuten
Andante. Allegro vivace – Adagio – Allegro vivace

Nr. 2:

Aufführungsdauer: etwa 18 Minuten
Allegro con brio – Adagio con molto sentimento d'affetto – Allegro fugato

Auf der Schwelle zum Spätschaffen stehen die beiden 1815 entstandenen Vc.-Sonaten op. 102. Der neue Stil kündigt sich bereits in der lapidaren, zuweilen spröden Thematik und in der freizügigen, herkömmliche Formgesetze überspielenden Gestaltung, zugleich aber auch in der bewußten Hinwendung zu kontrapunktischer Linearität an.
Die Handschrift von *Opus 102 Nr. 1* trägt den Vermerk »Freie Sonate, womit Beethoven deutlich auf den Fantasiecharakter des ausladenden Werkes hinweist. Die kantable *Einleitung* beginnt

mit kanonisch einsetzender Tonleiterbewegung (einschließlich Umkehrung) und mündet nach rhapsodischer Auflösung der Konturen in das konzentrierte und inhaltlich hochgespannte *Allegro vivace*, das auf der Dominante E-Dur endet. Das nachfolgende *Adagio* findet zum Anfangsthema zurück (Tempo d'andante), das nunmehr frei variiert erscheint. Wiederum nahtlos folgt der *Finalsatz*. Das fröhlich-energische Rondothema treibt dabei zur Auflösung, indem die Eigenkraft des Hauptmotivs immer stärker das Geschehen bestimmt. Polyphonie und konzertante Bewegtheit durchdringen einander.

Noch ausgeprägter treten die Merkmale des Spätstils in *Opus 102 Nr. 2* zutage. Der gedrungene *1. Satz* bleibt bis zum Schluß von dem energisch auffahrenden Kopfmotiv mit nachfolgender Abwärtsbewegung beherrscht:

In der kurzen Durchführung verdichtet sich das Satzbild zu harmonischer und klanglicher Kompaktheit. Der *langsame Satz* bildet den gedanklichen und gefühlsmäßigen Ruhepol des Werkes. Hier treffen teils fahle, teils in merkwürdiges Dunkel gehüllte Gedanken auf phantasievolle Rhythmik, besonders im Kl.-Part, wobei sich Innerlichkeit mit erlesener Variationskunst verbindet. Nach zwei Anläufen, verteilt auf Vc. und Kl., beginnt der *3. Satz* mit einem archaisierenden Fugenthema,

das zunächst auch eine strenge Vierstimmigkeit bewirkt, dann aber in »freies« Gestalten überwechselt. Dabei fehlt es nicht an harmonischen und kontrapunktischen Verwicklungen. Gegen Ende tritt sogar noch ein zweites Thema hinzu, und über langen Triller-Orgelpunkten erfolgt schließlich die geradezu spielerische Entflechtung aller Vertracktheiten.

Der junge Beethoven hat mehrfach fremde Themen in Variationszyklen verarbeitet. Die Besetzung ist dabei unterschiedlich: außer dem Kl.-Trio und Holzbläsern bevorzugt er Vc. mit Kl. Zweimal bezog sich Beethoven dabei auf Mozarts »Zauberflöte«. Vermutlich 1798 entstanden die *12 Variationen F-Dur op. 66 über »Ein Mädchen oder Weibchen«*. Das Thema der Papageno-Arie erfährt immer neue Auszierungen und Wendungen. Die Impulse kommen meist vom Kl., der Reiz aber liegt im koketten Wechselspiel beider Instrumente und in der rhythmischen Phantasie. Hier beginnt der junge Musiker bereits seine große Kunst des Variierens zu entfalten, wenngleich er auch noch ganz dem geselligen Musizierideal der Zeit huldigt. In den *7 Variationen Es-Dur WoO 46 über »Bei Männern, welche Liebe fühlen«* (1801) überwiegt gleichfalls die figurative Abwandlung. Persönliche Züge sind dabei am stärksten in den wiederkehrenden Mollvariationen ausgeprägt.
Unter den frühen Variationswerken sind die *12 Variationen G-Dur WoO 45 über ein Thema aus Händels »Judas Makkabäus«* die bemerkenswertesten. Die Komposition entstand wahrscheinlich 1796, also im Entstehungsjahr der Vc.-Sonaten op. 5. Als Thema dient der bekannte Chor »Tochter Zion«:

Hier nun überwindet Beethoven weitgehend alles Rokokohafte. Das Werk atmet Händelsches Pathos, vor allem in den beiden Moll-Variationen. Mit kraftvollen Linien wird das Thema umgebildet, ohne dessen schlichte Schönheit anzugreifen. Rondoartig schließt die Variationsfolge ab.

Sonaten für Klavier und Violine

Die insgesamt zehn Sonaten für Klavier und Violine sind innerhalb von fünfzehn Jahren entstanden. Die ersten Werke datieren aus der Zeit von 1797/98, doch schon 1803 waren neun Sonaten geschrieben, während die letzte erst nach fast zehnjähriger Pause nachfolgt. Anders als bei den Violoncello-Sonaten konnte Beethoven hier an eine bereits bestehende bedeutsame Duo-Literatur für Violine und Klavier anknüpfen, vor allem an die Mozartschen Sonaten.

Sonaten op. 12 (1797/98)
für Klavier und Violine

Sonate D-Dur op. 12 Nr. 1:
Aufführungsdauer: etwa 20 Minuten
Allegro con brio – Tema con variazioni: Andante con moto – Allegro

Sonate A-Dur op. 12 Nr. 2:
Aufführungsdauer: etwa 16 Minuten
Allegro vivace – Andante più tosto allegretto – Allegro piacevole

Sonate Es-Dur op. 12 Nr. 3:
Aufführungsdauer: etwa 18 Minuten
Allegro con spirito – Adagio con molt' espressione – Allegro molto

Die Antonio Salieri gewidmeten Sonaten tragen die Merkmale eines souveränen, frischen Musizierens, mit dem sich der junge Meister sehr bald der Konvention zu entledigen weiß.

Opus 12 Nr. 1 beginnt mit einem resoluten und rhythmisch markanten Dreiklangsmotiv im Unisono. Es eröffnet den figurenreichen *1. Satz*, dem sogleich ein lebhafter Gedankenaustausch der beiden gleichrangigen Partner folgt. Trägt dieser Satz noch mozartische Züge, so kündet das *Tema con variazioni* von eigenen Wegen. Unter den vier Variationen des innigen und gesangvollen Themas ragt die 3. in a-Moll durch ihren eigenwilligen und leidenschaftlichen Ton heraus. Ein unbekümmertes *Rondo*, mit kekken Synkopen im Thema, beschließt die Sonate.

In *Opus 12 Nr. 2* treffen unüberhörbar Tradition und »Unerhörtes« aufeinander. Gleich der *1. Satz* mit seinem federnd schwingenden Hauptgedanken hält harmonische Entwicklungen bereit, die dieses Thema bald in anderem Licht erscheinen lassen. Zwei Generalpausen (vor der Durchführung und vor der Coda) machen zudem das gelöste Spiel fragwürdig. Der *langsame Satz*

stimmt einen schmerzlich klagenden Ton an. Der tiefe Ernst dieser Musik findet sein Gegenstück im d-Moll-Largo der zur gleichen Zeit entstandenen Kl.-Sonate op. 10 Nr. 3 und nimmt auf überraschende Weise vieles von der Tragik späterer langsamer Sätze in Beethovens Kammermusik und Sinfonik vorweg. Bis zum letzten verhaltenen Akkord durchzieht ein stiller Schmerz diesen Satz. Das abschließende *Rondofinale* räumt alles Leidvolle beiseite. Lebensfroh, unbeschwert klingt die Sonate aus.
Mit *Opus 12 Nr. 3* kehrt Beethoven zur kraftvollen Heiterkeit der 1. Sonate zurück. Ein frohgestimmtes, energisches, auf Akkordbrechungen beruhendes Hauptthema eröffnet den *1. Satz*. Alles ist erfüllt von lebhaftem Spiel und virtuosem Feuer. Der kantable Seitengedanke kann sich da schwerlich behaupten. Reiches Figurenwerk kennzeichnet auch das *Adagio*, dessen inniges Thema nach modulationsreichem Mittelteil noch einmal phantasievoll umspielt erscheint. Das *Rondo* wird durchweg von dem marschartig-markanten Rhythmus seines Themas beherrscht; er verleiht dem Satz etwas Kraftstrotzendes, wie es in vielen Werken Beethovens zu finden ist.

Sonate a-Moll op. 23 (1801)
für Klavier und Violine

Aufführungsdauer: etwa 21 Minuten
Presto – Andante scherzoso, più allegretto – Allegro molto

Unter der Opuszahl 23 waren 1801 in Wien zwei Vl.-Sonaten – a-Moll und F-Dur – erschienen. Beide Werke haben nicht nur eine gemeinsame Entstehungszeit (1800/01), sie sind offenbar von Beethoven auch als Werkpaar gedacht gewesen. Aber schon 1802 brachten die Verleger »aus praktischen Erwägungen« (Kinsky) die F-Dur-Sonate gesondert als Opus 24 heraus. Seitdem besteht diese Trennung, wenngleich der innere Zusammenhang mit dem a-Moll-Werk unüberhörbar bleibt.
Die Sonate op. 23 ist von drängenden, leidenschaftlichen Gefühlen erfüllt. Diese äußert sich am unmittelbarsten im *1. Satz*. Im unablässigen Ab und Auf teilt sich dem Hörer eine gespannte Erregtheit mit, die zu keiner eigentlichen Entwicklung führt, vielmehr einen Dauerzustand darstellt. Sowohl der Seitengedanke (e-Moll) als auch ein neues Thema inmitten der Durchführung leben von der Schwungkraft des Hauptthemas.

Bis zum letzten a-Moll-Akkord im pp jagt der Satz in verhaltener Dämonie dahin. An die Stelle ruhigen Aussingens tritt mit dem *2. Satz* ein neues Bild innerer Unruhe. Aus der stockenden Bewegung des Anfangs entwickelt sich eine regelrechte Sonatenform, deren 2. Thema sich bis zum Graziösen vorwagt. Auf die Durchführung aber fallen erneut die Schatten des Presto-Satzes – eine dramatische Zuspitzung, die sich überraschend in Polyphonie auflöst und zur Reprise überleitet. Das *Schlußrondo* greift in seiner Herbheit auf die Stimmung des 1. Satzes zurück, nimmt zugleich aber auch die hellere Atmosphäre des Andante scherzoso auf. Doch das dunkle Rondothema durchzieht unangefochten den Satz, bis dieser im p verhallt. Von der Unbekümmertheit des einstigen Kehraus ist nichts geblieben. Dieser Schlußsatz befestigt vielmehr den tragischen Grundton der Sonate.

Sonate F-Dur op. 24 (1801)
für Klavier und Violine

Aufführungsdauer: etwa 25 Minuten
Allegro – Adagio molto espressivo – Allegro molto – Allegro ma non troppo

Der Dämonie der a-Moll-Sonate steht die kantable Lyrik des Schwesterwerkes gegenüber. Ihrer freundlich-sonnigen Thematik wegen hat die F-Dur-Sonate den Beinamen *Frühlingssonate* erhalten. Die vier Sätze vereinen auf glücklichste Weise Anmut und Fülle, Feinheit und Kraft. Gleich die arabeskenreiche Melodie des *1. Satzes*

legt den Charakter des ganzen Werkes fest. Kontrastierende Themen, Überleitungen und Episoden lassen ein an Details überreiches Geschehen entstehen, über das sich jedoch stets der Hauptgedanke mit seinem innigen Gesang wie ein großer Bogen spannt. Die geradezu ideale Rollenverteilung der musizierenden Partner, ihr Aufnehmen und Abgeben der Gedanken und die Ausgewogenheit des Klangbilds unterstreichen noch diese innere Geschlossenheit des Ausdrucks. Im *2. Satz* schwingt der kantable Grundzug weiter, oft umrankt vom Filigran der Begleitfiguren.

Das *Scherzo* hingegen ist ein Meisterwerk rhythmisch-metrischer Feinarbeit, wobei es – besonders im energischen Trio – nicht an kräftigen Konturen fehlt. – Mit dem *Rondo* wird die Anfangsstimmung der Sonate wieder aufgegriffen und noch einmal ausgebreitet. Die Verwandtschaft des Rondothemas

mit dem Hauptthema des 1. Satzes (vgl. NB S. 236 u.) sowie ein durchführungsartiger Mittelteil verweisen auf die Einheitlichkeit des Werkes, aber auch auf die zunehmende Bedeutung des Schlußsatzes in zyklischen Kompositionen.

Sonaten op. 30 (1802)
für Klavier und Violine

Sonate A-Dur Nr. 1:

Aufführungsdauer: etwa 22 Minuten
Allegro – Adagio molto espressivo – Allegretto con variazioni

Sonate c-Moll Nr. 2:

Aufführungsdauer: etwa 26 Minuten
Allegro con brio – Adagio cantabile – Allegro – Allegro

Sonate G-Dur Nr. 3:

Aufführungsdauer: etwa 18 Minuten
Allegro assai – Tempo di menuetto, ma molto moderato e grazioso – Allegro vivace

Analog zu den drei Kl.-Sonaten op. 31 (1801/02) faßt Beethoven 1802 drei Werke für Kl. und Vl. zusammen, die ein Jahr später als Opus 30 erscheinen. Wie in der Kl.-Sonaten-Trias umrahmen zwei Dur-Werke eine Moll-Komposition. Auffällig ist ihr konzertanter, großzügig-offener Zuschnitt.

Opus 30 Nr. 1 ist ein freudig bewegtes Werk. Der *1. Satz* besticht durch frische Thematik, die keinen Anlaß zu echten Konflikten bietet, wohl aber, wie es die Durchführung zeigt, zu kontrapunktischer Verdichtung führt. Den *2. Satz* durchpulst ein punktierter Begleitrhythmus, der sich als belebender Kontrast zur Thema-Kantilene erweist. Nur im terzverwandten B-Dur-Mittelteil lösen sich die Konturen auf. Der *Schlußsatz* ist Beethovens zweite Version. Ursprünglich stand hier das jetzige Finale der etwa gleichzeitig geschaffenen »Kreutzer-Sonate« op. 47. Mit dem geradezu singspielhaften Thema und den sechs Variationen klingt die Sonate nun um vieles harmloser aus. Bevor sich die letzte Veränderung (Allegro ma non tanto, 6/8) zu einem eigenständigen Schlußteil verselbständigt, zeigt die 5. Variation (a-Moll, alla breve) eine starke Neigung zur Polyphonie.

Opus 30 Nr. 2 ragt durch Ernst und dramatische Kraft als die bedeutsamste Schöpfung des Opus 30 heraus. Der *1. Satz* beginnt mit einem prägnanten und leidenschaftlich gespannten Thema:

Das unvermittelt einsetzende Seitenthema gibt sich keineswegs lyrisch, sondern marschartig und kämpferisch; es bestimmt weitgehend die Entwicklung des Satzes und auch den Höhepunkt in der Durchführung. Vehemenz und Fülle dieser Vorgänge verlangen zugleich auch nach Expansion der Form. Die große, stürmische Coda in c-Moll verweist schließlich auf den ganzen Ernst dieser Musik. Das gesangerfüllte *Adagio* offenbart das, was dem Sonaten-Allegro nicht möglich war: warme Melodik und klangliche Fülle. Die Schönheit des Themas erscheint zuerst im Kl.:

Im eingedunkelten as-Moll-Mittelabschnitt lösen sich dann die Konturen in ein Farbenspiel auf, während die variierte Wiederkehr des Anfangsteils zweimal von heftig dazwischenfahrenden C-Dur-Läufen jäh unterbrochen wird – ein unverhohlener Hinweis auf die tief verwurzelte Konflikthaftigkeit auch in diesem Adagio-Satz. Im hellen *Scherzo* wird der punktierte Rhythmus aus dem 1. Satz wieder lebendig und zu witzigem Geplauder genutzt. Das Trio (ebenfalls in C-Dur) verwandelt das Scherzothema in eine ausgeglichene Linie, die nunmehr als Kanon dient. Das *Finale*, aus grollender Tiefe aufsteigend, überspielt mit Ungestüm die formalen Grenzen eines Rondos. Auch wenn dabei die verschiedenen Gedanken in wechselndem Licht erscheinen, bleiben doch die dramatische Gespanntheit und die ernste Grundhaltung, noch einmal gesteigert in der Stretta (presto), erhalten.

Opus 30 Nr. 3 atmet kraftvolle Frische. Jubilierend beginnt der *1. Satz*. Sein schwungvolles, ganz aus der Bewegung leichtfüßiger Sechzehntel- und Achtelfiguren gezeugtes Hauptthema beherrscht das ganze Geschehen:

Schmiegsame Seitengedanken folgen bald nach. Dort, wo sich in der Durchführung das Hauptthema nach Moll wendet und im pp sich der Baßregion des Kl. anvertraut, fehlt es nicht an grollenden Tönen. Doch die fortwährende Bewegtheit, das flinke Figurenspiel und die klare Formensprache verscheuchen alle Schatten. Der in großer Dreiteiligkeit angelegte *Mittelsatz* trägt die Grazie des alten Menuetts hinüber in die Ausdruckswelt des langsamen Satzes mit seiner durchwärmten Kantabilität und dem beglückenden Einverständnis instrumentaler Partnerschaft. Das *Finale*, ein quirliges Perpetuum mobile, bezieht seinen Reiz vor allem aus den eigenständigen Begleitfiguren über Bordunbässen. Das keck darübergesetzte Rondothema sorgt mit liebenswerter Hartnäckigkeit für ausgelassene Stimmung:

Kurz vor Schluß verirrt sich das Thema noch in die terzverwandte Tonart Es-Dur – eine Geste des Übermuts, bevor der Satz mit kräftigen Synkopen im Baß zu Ende geht.

Sonate A-Dur op. 47 »Kreutzer-Sonate« (1802/03)
für Klavier und Violine

Aufführungsdauer: etwa 33 Minuten
Adagio sostenuto. Presto – Andante con variazioni – Presto

Man hat diese Sonate zu Recht die »Appassionata unter Beethovens Violinsonaten« (Gunther Hoke) genannt. In der Vl.-Literatur nimmt sie seit je eine Sonderstellung ein, indem sie auf einmalige Weise kämpferisches Pathos mit virtuos-konzertantem Stil vereint. Im Titel der Originalausgabe steht ausdrücklich »scritta in uno stilo concertante, quasi come d'un concerto« (geschrieben in einem konzertanten Stil, gleichsam wie ein Konzert). Das 1802/03 entstandene Werk war ursprünglich dem Vl.-Virtuosen George A. Polgreen Bridgetower, einem Mulatten, zugedacht, auf dessen spieltechnische Bravour insbesondere der großräumige 1. Satz zugeschnitten ist. Diesem und dem nachfolgenden Variationssatz fügte Beethoven kurzerhand das zunächst für die Sonate op. 30 Nr. 1 geschriebene Finale hinzu. Die UA durch Bridgetower und den Komponisten erfolgte im Mai 1803. Der Erstdruck von 1805 enthält dann aber den Vermerk »al suo amico (an meinen Freund) R. Kreutzer«. Den Geiger und Komponisten Rodolphe Kreutzer hatte Beethoven bei General Bernadotte in Wien kennengelernt. Kreutzer indes soll die ihm gewidmete Sonate nie gespielt haben.
Gleich der Anfang überrascht durch eine Besonderheit: In bachscher Art eröffnen Doppelgriffe in der Vl. die langsame Einleitung des *1. Satzes*:

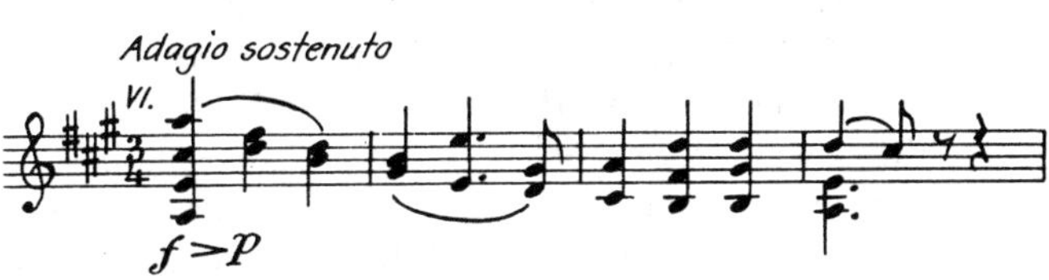

Nach vier Takten übernimmt das Kl., ebenfalls allein, die Fortführung auf harmonisch eigenwillige Weise, wobei das anfangs so kraftvolle A-Dur immer mehr verdrängt wird und die Introduktion in sich wiederholenden Sekundschritten e–f fragend verklingt. Diese Halbtonbewegung aber bildet zugleich den Auftakt zum schnellen Sonatenhauptsatz:

Wie ein Fanal verkündet nun das vehemente Hauptthema den Beginn des Kampfes. Ganze Legionen werden in die Schlacht geworfen: drängende Motive, gespornte Nebenthemen, vibrierende Begleitfiguren. Dabei ist alles genau disponiert, auch die wundervoll gesangliche E-Dur-Episode des Seitenthemas. Immer dann, wenn der dramatische Verlauf das Konflikthafte bloßlegen will, wird souveränes Konzertieren vordergründig. So findet der a-Moll-Sturm dieses grandiosen Presto-Satzes kein eigentliches Ziel; er braust, nur wenige Male von trügerischer Windstille unterbrochen, durch fast 600 Takte bis zum schroffen Schluß. Von großer Schlichtheit ist das ausdrucksstarke, synkopenreiche Thema des *2. Satzes*. Die vier Variationen halten sich streng an den Grundriß der Vorlage, geben zunächst dem Kl., dann der Vl. den Vortritt im Auszieren und Auflösen der Melodielinie. Die 3. Variation verdunkelt mit ihren gleitenden Akkordfolgen die Szene, während die letzte Veränderung in den hellen Tag jubiliert und dabei eine Fülle feinster Figurationen hervorbringt. Ein kurzes Rezitativ leitet die vielgliedrige Coda ein, die das Geschehene mit vertrauten und neuen Gedanken nochmals zusammenfaßt. Das *Finale* ähnelt in

Aufbau, Haltung und Inhalt sehr dem 1. Satz, nur in seiner Bewegungsenergie noch um einiges gesteigert. Der rhythmisch artikulierte Grundeinfall

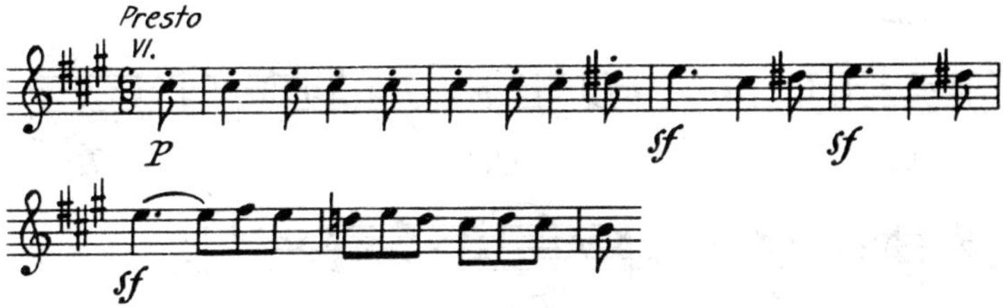

ist von hinreißendem Brio. In großflächiger Dynamik jagt er dahin, bringt verwandte Gedanken hervor und läßt noch einmal die Brillanz des virtuosen Konzertierens der Duopartner im vollen Glanz erstrahlen.

Sonate G-Dur op. 96 (1812)
für Klavier und Violine

Aufführungsdauer: etwa 26 Minuten
Allegro moderato – Adagio espressivo – Allegro – Poco allegretto

Aus dem Entstehungsjahr der 7. und 8. Sinfonie (1812) stammt auch die letzte Vl.-Sonate. Sie unterscheidet sich in ihrem versonnenen Ausdruck, in der nach innen gekehrten Gedankenwelt prinzipiell von allen vorangegangenen Schwesterwerken. Widmungsträger ist Beethovens Schüler Erzherzog Rudolph, dem vier Jahre zuvor die Kl.-Sonater »Les adieux« zugedacht wurde. Das von der Vl. allein vorgetragene Anfangsmotiv im p legt die Atmosphäre des *1. Satzes* fest. An die Stelle thematischen Keimens oder gespannter Entwicklungen ist hier ein stilles, an ländliche Idylle erinnerndes Verweilen getreten. Dies drücken auch die in Klang aufgelösten Figuren beider Instrumente aus. Einzig das terzenfreudige Seitenthema zeigt schärfere Konturen. Schon bald aber beherrscht ein durchgehender weicher Triolenrhythmus das Geschehen, manches von Franz Schubert vorwegnehmend. In friedvolle Stille ist das *Adagio espressivo* getaucht. Auch hier löst sich der liedhaft-schlichte Gesang in bewegte Flächen auf und gibt der Vl. sogar Gelegenheit zu koloraturenhaftem Spiel. Attacca schließt sich das *Scherzo* an. Wie in vielen Spätwerken des Meisters wird dieses Charakterstück von auffällig starren Motiven beherrscht, wobei der Synkope besondere Bedeutung zukommt:

Das wiederum äußerst sublime Trio (Es-Dur) stützt sich sogar auf ein reines Tonleitermotiv. Der *Schlußsatz* ist ein vielgliedriges Gebilde. Über ein tanzliedartiges, geradezu naives Thema erklingen zunächst vier phantasievolle Variationen, die in einen Adagio-Abschnitt ($^6/_8$) münden. Dabei erweist sich dieser gleichfalls als Variation, aber in freier rhapsodischer Gestaltung. Danach schlägt das Pendel in die andere Richtung: Das Thema wird im Allegro ($^2/_4$) zum burschikosen Tanz abgewandelt. Nicht genug damit – bevor hurtige Läufe zum Schluß führen, versteckt es sich noch hinter einer schleichenden pp-Episode, die sich als Fugato darstellt.

Streichtrios

Die fünf Streichtrios stammen aus den neunziger Jahren, aus der Zeit der ersten Violin- und Violoncello-Sonaten, der ersten Klaviersonaten und der Kammermusik für Bläser. Sie befinden sich im Vorfeld der Streichquartette.

Streichtrio Es-Dur op. 3 (1792)

Aufführungsdauer: etwa 20 Minuten
Allegro con brio – Andante – Menuett – Adagio – Menuett. Allegro

Opus 3 ist ein Jugendwerk aus der Bonner Zeit. Es hielt – nach erfolgter Überarbeitung in Wien – dem kritischen Blick des jungen Meisters stand und wurde in die Reihe der mit Opuszahlen versehenen Schöpfungen aufgenommen. Die sechs locker aneinandergereihten Sätze sind Ausdruck des alten Divertimentostils, und doch macht sich bereits Beethovens Sturm-und-Drang-Originalität bemerkbar. So enthält z. B. der ungewöhnlich ausgedehnte *1. Satz* dichte thematische Arbeit und eine spannungsreiche Durchführung. Im Staccato des *2. Satzes* kündigt sich der Scherzo-Charakter an, im *4. Satz* überrascht die innige Verbindung von melodischem Ausdruck und harmonischen Begleitfiguren. Das *Finale* lebt von einem floskelhaften Motiv, das gleich mit einer Dissonanz einsetzt.

Serenade D-Dur op. 8 (1797)

Aufführungsdauer: etwa 28 Minuten
Marcia, Allegro – Adagio – Menuetto, Allegretto – Scherzo, Allegro molto – Allegretto alla polacca – Andante quasi allegretto – Marcia, Allegro

Auch mit der Serenade D-Dur op. 8 hat Beethoven noch einmal eine geistvoll unterhaltsame Divertimentomusik geschaffen. Eingefaßt von zwei liebenswerten Ständchen geben sich die Musikanten ein Stelldichein im schwärmerischen *Adagio*, gefolgt von einem zierlichen *Menuett* und einem leichtfüßigen *Scherzo*. Letzteres erklingt alternierend mit einem eigentümlich dunklen *Adagio*. Von besonderem Reiz ist das *Allegretto alla polacca*, das den Polonaisenrhythmus mit deftigen Synkopen würzt. Schließlich erfährt ein schönes, ebenmäßiges Thema in vier Variationen vielfache Abwandlungen.

Drei Streichtrios op. 9 (1796–1798)

Die drei Streichtrios op. 9 erschienen 1798, wurden aber vermutlich schon 1796 begonnen. Der Widmung an den Grafen von Browne ist zu entnehmen, daß Beethoven dieses Opus für seine (bis dahin) beste Komposition hielt (»la meilleure de ses œuvres«). In der Tat ist eine neue Stufe des Schaffens erreicht. Der freundliche Konversationston hat einer – besonders im c-Moll-Trio – leidenschaftlichen, bekenntnishaften und unverwechselbar persönlichen Tonsprache Platz gemacht.

Streichtrio G-Dur op. 9 Nr. 1

Aufführungsdauer: etwa 25 Minuten
Adagio. Allegro con brio – Adagio, ma non tanto e cantabile – Scherzo; Allegro – Presto

Auffällig am Trio G-Dur op. 9 Nr. 1 ist das Bemühen um die große Form. So ist dem Allegro-Teil des *1. Satzes* eine gewichtige und zugleich differenzierte langsame Einleitung vorangestellt, in der das Kernmotiv für das weitere Geschehen vorgeprägt wird. Nach einer geradezu rasanten Darstellung des Hauptgedankens tritt in denkbar größtem Kontrast das zärtlich getupfte Seitenthema d-Moll auf den Plan. Auch die Durchführung ist voller Spannung, vermeidet aber noch dramatische Zuspitzungen. Von ähnlicher innerer Dynamik ist der *2. Satz* erfüllt. Aus wiegender Triolenbewegung erwächst, getragen vom Vc., ein dynamisch und klanglich erregter Mittelteil. Danach sinkt alles in den anfänglichen Frieden zurück. Der frische, schalkhafte Einfall des *Scherzos* erweist sich als Umbildung des Hauptthemas aus dem 1. Satz. Selbst das feingliedrige Trio gründet sich auf motivische Verwandtschaft. Mit diesem Scherzo hat Beethoven innerhalb seiner Kammermusik jene Prägnanz des Ausdrucks erreicht, die er schon Jahre vorher in den entsprechenden Sätzen der Kl.-Sonaten gefunden hatte. Der *Schlußsatz* verbindet ungetrübte Ausgelassenheit des geselligen Musizierens mit kontrastreicher Thematik. So erhebt sich inmitten des turbulenten

Geschehens eine weitgespannte lydische Melodie über Orgelpunktstimmen (siehe NB S. 246).
Immer wieder aber bricht quirlige Lebendigkeit durch, sie erscheint allerdings in neuem Licht, nachdem die sequenzenreiche Durchführung ein kontrapunktisch kompaktes Gegengewicht geschaffen hat.

Streichtrio D-Dur op. 9 Nr. 2

Aufführungsdauer: etwa 24 Minuten
Allegretto – Andante quasi allegretto – Menuetto; Allegro – Allegro

Das Trio D-Dur op. 9 Nr. 2 zeichnet sich durch kammermusikalische Feinheiten und einen eher lyrischen Grundcharakter aus. Die stille Anmut des Hauptgedankens, mit dem der *1. Satz* beginnt, läßt drängende Entwicklungen nicht zu. In den flächigen Verlauf sind Motive und Floskeln ziseliert, die dem Allegretto einen hohen Grad innerer Lebendigkeit verleihen. Ähnliche Feinheiten finden sich auch im *2. Satz*. Er lebt von kleingliedrigen Gestalten, von stockenden Rhythmen, aber auch von dunkel fragenden Motiven. Das Erregende äußert sich hier nicht in dramatischen Ausbrüchen, sondern in den vielfältigen Spannungen der leisen Töne. Die Musik des *Menuetto* weckt Assoziationen zu bildlichen Darstellungen höfischen Tanzes, gleichsam mit feiner Nadel gestochen. Häufige Akzente beleben die schmiegsamen Linien. Im *Rondo* schwingt noch einmal Joseph Haydns Art nach: Ein freundliches Thema mit Ostinato-Figuren und Bordunstimmen schafft die Atmosphäre heiteren Landlebens. Insgesamt aber ist der Satz kräftiger gezeichnet als die vorangegangenen. Der überraschende Wechsel zur Mediante B-Dur beim 4. Thema-Eintritt sorgt zudem für harmonische Farbigkeit. Mit Fortissimo-Akkorden wird das Werk energisch abgeschlossen.

Streichtrio c-Moll op. 9 Nr. 3

Aufführungsdauer: etwa 20 Minuten
Allegro con spirito – Adagio con espressione – Scherzo; Allegro molto e vivace – Presto

Im Trio c-Moll op. 9 Nr. 3 verwirklicht der junge Beethoven die ganze Kraft seines leidenschaftlichen Empfindens. Andere c-Moll-Werke kündeten bereits davon: das 3. Kl.-Trio aus Opus 1 (1794), die Kl.-Sonate op. 10 Nr. 1 (1796), die »Pathétique« op. 13 (1798). Das expressive Hauptthema des *1. Satzes* mit seinem drohenden chromatischen Kopfmotiv und den hochgespannten Aufschwüngen

löst kühne Vorgänge aus, die sich in der Durchführung zu schroffen Gegensätzen verdichten, zu finster herausgeschleuderten Akkorden und schleichender Chromatik, zu dämonischen Ausbrüchen, fortwährenden thematischen Wandlungen – ein Prozeß, der sich bis in die Reprise erstreckt und diese in den Strudel der Auseinandersetzungen hineinzieht. Der harte c-Moll-Schluß im ff klingt düster und bringt keine Erlösung. Die Formkraft des Sonatenprinzips erfaßt auch den *2. Satz*. Dem liedhaften Grundgedanken tritt ein kanonisch geführtes 2. Thema gegenüber. Im Es-Dur-Mittelteil ergeben sich neue Spannungen durch scharf punktierte Begleitfiguren der Va., wodurch die Motive des Hauptthemas bedroht erscheinen. Das *Scherzo*, von nervöser Unrast getrieben, gibt ein Musterbeispiel motivischer Aufspaltung. Wie Blitzlichter wirken dabei die Sforzati im 6/8-Takt. Im *Finale* sind alle rhythmischen Widerhaken über Bord geworfen. Im Sturm rascher Triolen durcheilt der Satz düstere und freundlichere Gefilde, schwenkt nach es-Moll hinüber, läßt taktelang Akkorde vibrieren. Überraschend verklingt alles, wie mit leichter Hand hingeworfen, im zarten C-Dur-Schluß.

Streichquintette

Mit dem Streichquintett hat sich Beethoven viermal auseinandergesetzt. Zwei Werke stellen Übertragungen dar: Das Quintett Es-Dur op. 4 (1795/96) ist die Neufassung des noch in Bonn 1792 entstandenen Bläseroktetts op. 103. 1817 schrieb Beethoven sein Klaviertrio c-Moll op. 1 Nr. 3 zum Streichquintett c-Moll op. 104 um. Schließlich hatte er noch im Todesjahr ein Quintett geplant. Die Ausführung gelangte jedoch über die Introduktion nicht hinaus, und diese wiederum ist nur in der Klavierfassung als »Beethovens letzter Gedanke« bekannt geworden. Die Beschäftigung mit der Quintettbesetzung (zwei Violinen, zwei Bratschen, Violoncello) führte, ebenfalls 1817, zur Niederschrift der Fuge D-Dur op. 137. Das kurze Stück (Allegretto, 3/8) gründet sich auf ein scherzandoartiges Thema, das auch in der Umkehrung erscheint. Der Einfluß Bachs wird deutlich, doch weiß der Komponist auch »in die althergebrachte Form ein anderes, ein wirklich poetisches Element« hineinzutragen (Beethoven an Karl Holz). Offenbar sollte diese Fuge zu einem geplanten Streichquintett gehören.

Streichquintett C-Dur op. 29 (1800/01)

Aufführungsdauer: etwa 30 Minuten
Allegro moderato – Adagio molto espressivo – Scherzo; Allegro – Presto

Aus der Zeit der Stqu. op. 18 und der 1. Sinfonie stammt das Streichquintett C-Dur, op. 29 (1800/01). Die gedankliche Dichte des Opus 18 ist hier wohl nicht erreicht, vielleicht auch nicht angestrebt. Dagegen macht sich ein orchestraler Zug geltend.
Breit fließt das Hauptthema des *1. Satzes* dahin. In der Durchführung erscheint es mit pastosem Klang in Des-Dur, immer wieder von weichen Triolenfiguren umrankt. Am stärksten berührt der mächtig ausladende *2. Satz* – ein ausdrucksstarker, inniger und zugleich kontrastreicher Gesang. Im *Scherzo* treffen simple Dreiklangsmotive und geradezu sinfonische Ausführung zusammen. Luftig und federleicht eilt das *Finale* dahin, aus dessen Überschwang sich ein Andante con moto e scherzoso wie eine Insel heraushebt.

Sonstiges

Quintett Es-Dur op. 16 (1797)
für Klavier, Oboe, Klarinette, Horn und Fagott

Aufführungsdauer: etwa 24 Minuten
Grave. Allegro ma non troppo – Andante cantabile – Allegro ma non troppo

Aus dem reichen kompositorischen Schaffen der ersten Wiener Jahre stammt das großzügig angelegte Es-Dur-Quintett für Kl. und Bläser. Eine *langsame Einleitung* bildet den Auftakt und erinnert mit punktierten Rhythmen an die festliche französische Ouvertüre. Mit geradezu konzerthafter Geste wird das Kl. im *1. Satz* eingeführt, das in der Folge die ganze Komposition bestimmt. Beethoven präsentierte sich damals als Pianist mit großem Erfolg der Wiener Gesellschaft. Daher ist dieses Werk wohl auch für den eigenen Konzertgebrauch entstanden. Der gehobene Anspruch lenkt das Divertissement der Bläser in ernsthaftere Bahnen. Bemerkenswert sind die ausgeprägten Charakterunterschiede der Themen des *Mittelsatzes*. Im übrigen herrscht spielerische Ausgelassenheit, besonders im *Schlußrondo*. Der besondere Reiz von Opus 16 liegt zum einen im Auskosten der individuellen Klangfarben und Spieleigentümlichkeiten der verschiedenen Blasinstrumente, zum anderen in ihrem konzertanten Wechselspiel mit dem Kl. Beethoven hat diese Komposition auch für Kl.-Quartett übertragen, wobei allerdings die Bläser durch drei Streichinstrumente (Vl., Va. und Vc.) ersetzt worden sind.

Trio C-Dur op. 87 (1794)
für zwei Oboen und Englischhorn

Aufführungsdauer: etwa 20 Minuten
Allegro – Adagio cantabile – Menuetto, Allegro molto – Presto

Dieses Bläsertrio fand von Anfang an begeisterte Aufnahme in der Öffentlichkeit. Das beweisen u. a. auch die zahlreichen Bearbeitungen für unterschiedlichste Besetzungen. 1806 erschien das Werk als Opus 29, erhielt aber 1819 von dem Verleger Hofmeister die Werkzahl 87.

Beethoven, mit dem Stil gefälliger Gesellschaftsmusik für Bläser wohlvertraut, findet hier den Weg zur Konzentration und gedanklichen Vertiefung.
Markante Thematik prägt den *1. Satz*. Nirgendwo trifft man auf spielerische Unverbindlichkeiten, im Gegenteil: die Gestaltung reicht bis zu kontrapunktischer Dichte. Der *2. Satz* beschränkt sich auf ein schlichtes Thema, jedoch von innigstem Ausdruck. Das *Menuetto* entspringt thematisch dem 1. Satz und trägt nur noch formal die Bezeichnung des alten höfischen Tanzes. Sprudelnde Frische geht vom *Finale* aus. Wieder ist es die neuartige, konzentrierte thematische Arbeit, die hier besticht.

Septett Es-Dur op. 20 (1800)
für Violine, Viola, Klarinette, Horn, Fagott, Violoncello und Kontrabaß

Aufführungsdauer: etwa 40 Minuten
Adagio. Allegro con brio – Adagio cantabile – Tempo di menuetto – Tema con variazioni. Andante – Scherzo; Allegro molto e vivace – Andante con moto alla marcia. Presto

Beethovens frühe Bläsermusiken dienten noch höfischer Unterhaltung. In den letzten Jahren in Bonn und in der ersten Wiener Zeit hatte der junge Meister verschiedene Besetzungen für Blasinstrumente erprobt. Dazu gehören das Oktett Es-Dur für zwei Ob., zwei Klar., zwei Hr. und zwei Fag. op. 103 (1792), die beiden Sextette Es-Dur op. 81 b (für Stqu. und zwei Hr., 1794/95) und op. 71 (für je zwei Klar., Hr. und Fag., 1796) sowie die Serenade D-Dur für Fl., Vl. und Va. op. 25 (1795?).
Die Krönung auf diesem Gebiet stellt ohne Zweifel das Septett op. 20 dar. Zusammen mit der 1. Sinfonie brachte es Beethoven in einem eigenen Konzert im Wiener Hoftheater am 2. 4. 1800 zur UA. Die verhältnismäßig große Anzahl der Sätze und die Vielfalt der musikalischen Bilder legen wiederum die Beziehung zur Divertimento-Tradition nahe. Doch weist die Komposition über sie hinaus. Die zur gleichen Zeit entstandenen Stqu. op. 18 und die 1. Sinfonie op. 21 haben ihre Spuren im Septett hinterlassen. Schon die Besonderheit der Besetzung – vier Streichinstrumente, Klar., Hr. und Fag. – ermöglicht eine Fülle tiefgreifender Differenzierungen und klanglicher Abstufungen.
Die *Adagio-Einleitung* bereitet den Hauptsatz nicht nur vor, viel-

mehr gehen Einzelheiten (z. B. die drei Akkordschläge) auch auf den *Allegro-Teil* über – ein Hinweis, wie »sinfonisch« hier Beethoven bereits denkt! Von überlegen gestaltender Hand zeugt die Durchbildung des 1. Satzes: Die Gedanken sind klar formuliert und gegenübergestellt, in der Durchführung wird das Hauptthema motivisch aufgelöst und modulatorisch geführt. Der *2. Satz* beginnt mit einer ruhigen Klar.-Melodie, die alsbald von der Vl. aufgegriffen wird. Später erfolgt eine überraschende Wende zum strahlenden C-Dur. Die Vl. verleiht dem Thema neuen Glanz und tritt durch reiche Figurationen nun in den Vordergrund. Das liebenswürdige *Menuett* hat mit dem 2. Satz der schon komponierten Kl.-Sonate G-Dur op. 49 Nr. 2 den thematischen Einfall gemein, in der Fortführung aber unterscheiden sich beide Menuette. Im Septett wird vor allem die humorvolle Seite durch lustige Einwürfe von Hr. und Klar. hervorgekehrt. Im Mittelpunkt des ganzen Werkes steht der *Variationensatz*. Das Thema

geht auf ein niederrheinisches Volkslied zurück. In den fünf Variationen zeigt sich Beethoven bereits auf der Höhe seiner genialen Verwandlungskunst. Bewunderswert, wie er das Spielerische »spielend« bewältigt und die Phantasie in der gestrafften Form zügelt. Neue Kontraste tun sich im *Scherzo* auf. Dem abwärts geführten Hr.-Motiv des Anfangs antwortet die aufstrebende Vc.-Melodie des Trios:

Ein kurzes *Andante con moto alla marcia* greift noch einmal auf den feierlichen Rhythmus der Adagio-Einleitung zurück, bevor der *letzte Satz* mit einem selbstbewußten Thema

kraftvoll und musikantisch das frohgestimmte Werk beschließt.

Sonate F-Dur op. 17 (1800)
für Klavier und Horn

Aufführungsdauer: etwa 15 Minuten
Allegro moderato – Poco adagio, quasi andante – Allegro moderato

Diese Sonate ist eine Gelegenheitsarbeit und soll innerhalb von zwei Tagen im April 1800 für den Hornisten Wenzel Stich (gen. Giovanni Punto) entstanden sein. Es ist gesellige Musik, die den Eigenheiten des Soloinstruments in schönster Weise Rechnung trägt. Der *1. Satz* wird von dem prächtigen Hr.-Thema eröffnet und breitet sich mit festlichem Schwung aus. Ein kurzer *langsamer Satz* erinnert mit seinen Seufzern an Motive des 1. Satzes. Im *Finalrondo* herrscht dann wieder Spielfreude, wobei dem Kl.-Part (wie schon im Eingangs-Allegro) eine virtuos-konzertierende Funktion zukommt.

Klaviermusik

Nach den französischen Clavecinisten, nach Domenico Scarlatti und Johann Sebastian Bach zu Beginn, nach Carl Philipp Emanuel Bach und Wolfgang Amadeus Mozart Mitte und Ende des 18. Jahrhunderts legt Ludwig van Beethoven ein umfängliches, zu seinem Hauptschaffen gehöriges Klavierwerk vor – ein Werk, das höchsten Geltungsanspruch erhebt. Aus den frühen Bonner Jahren ist manches noch Studien- und Entwicklungsbedingte überliefert; das betrifft einige Präludien, Tanzsätze, erste Variationsversuche, vor allem die drei »Kurfürstensonaten« (1782/83), die bereits das erstaunliche Genie, aber auch noch gewisse Unvollkommenheiten erkennen lassen. Mit den »Righini-Variationen« (1. Fassung 1790) tritt ein jugendlicher Meister auf, der zwar an bedeutende Vorbilder anknüpft, sie aber weit hinter sich läßt; die drei Klaviersonaten op. 2 (1795) eröffnen das große Zeitalter dieser Gattung, die Beethoven zum Gefäß subjektiven Ausdrucks machen sollte, wie es vorher noch keinem Komponisten gelungen war. 29 weitere Sonaten folgen, sämtlich Meisterwerke; hinzu kommen hochbedeutende Variationswerke und eine Vielzahl kleinerer wertvoller Stücke. Jede dieser gewichtigen Kompositionen ist individuell geprägt und birgt eine eigene, zutiefst persönliche künstlerische Aussage. Daß sich bei Beethoven das Neue der verschiedenen Stilphasen zuerst in den Klavierwerken äußerte, macht schon die zentrale Stellung dieser Gattung innerhalb seines Gesamtschaffens deutlich. Hervorgehoben werden muß ferner der große Anteil des Klaviers an anderen kammermusikalischen Werken: zehn Violin- und fünf Violoncellosonaten sind echte Dialogwerke; im Es-Dur-Klavierquintett, in den sieben Klaviertrios und anderen derartigen Werken wirkt das Klavier maßgebend, oft bestimmend mit. In den fünf Klavierkonzerten, im Tripelkonzert und in der »Chorfantasie« hat Beethoven darüber hinaus den konzertanten Möglichkeiten seines persönlichsten Instruments vielfältig überzeugend Rechnung getragen. Ferner gehört er zu den wenigen Klavierkomponisten, die besonderen Anteil am Instrumentenbau nahmen: man weiß, daß er mit führenden Klavierfirmen (Streicher in Wien, Broadwood in London) Kontakte pflegte und ungeduldig auf Neuentwicklungen wartete. Als Komponist schöpfte er das Wiener Instrument bis zum letzten aus (z.B. die Farbwirkungen der einzelnen Lagen) und forderte später ausdrücklich die englische Mechanik, die sich namentlich durch ihn von nun an immer mehr durchsetzen sollte. Von den 1783 eingeführten Pedalen machte er regen und überaus differenzierten Gebrauch, vor allem um großflächige Wirkungen zu erzielen. Insgesamt ist der Klaviersatz Beethovens geprägt vom Drang nach Intensivierung und Verdichtung des musikalischen Ausdrucks.

Werkeverzeichnis

◆ Sonaten und Sonatensätze: WoO 47 (3) *Es*, *f*, *D*. »Kurfürstensonaten« (1782/83); 2 Sätze einer Sonatine *F* WoO 50 (1788/90); op. 2 (3) *f*, *A*, *C* (1795); op. 7 *Es* (1797); op. 10 (3) *c*, *F*, *D* (1796/98); op. 13 *c* »Pathétique« (1799); op. 14 (2) *E*, *G* (1798/99); op. 22 *B* (1800); op. 26 *As* (1801); op. 27 (2) *Es*, *cis*. »Sonata quasi una fantasia« (1801); op. 28 *D* (1801); op. 31 (3) *G*, *d*, *Es* (1801/02); op. 49 (2) *g*, *G* (1795/98); op. 53 *C* »Waldstein-Sonate« (1804); op. 54 *F* (1804); op. 57 *f* »Appassionata« (1805); op. 78 *Fis* (1809); op. 79 *G* Sonatine (1809); op. 81a *Es* (1810); op. 90 *e* (1814); op. 101 *A* (1816); op. 106 *B* Große Sonate für das Hammerklavier (1818); op. 109 *E* (1820); op. 110 *As* (1820/22); op. 111 *c* (1822).

◆ Variationen: 9 Variationen über einen Marsch von E. C. Dressler WoO 63 (1782); 6 leichte Variationen über ein Schweizer Lied WoO 64 (um 1790); 24 Variationen über eine Ariette von V. Righini WoO 65 (1790; Zweitfassung gedr. 1802); 13 Variationen über eine Ariette von K. D. von Dittersdorf WoO 66 (1792); 12 Variationen über ein Menuett von J. J. Haibel WoO 68 (1795); 9 Variationen über ein Thema von G. Paisiello WoO 69 (1795); 6 Variationen über ein Thema von G. Paisiello WoO 70 (1795); 12 Variationen über einen russischen Tanz von P. Wranitzky WoO 71 (1796/97); 8 Variationen über ein Thema von A. E. M. Grétry WoO 72 (1796); 10 Variationen über ein Thema von A. Salieri WoO 73 (1799); 7 Variationen über ein

Thema von P. Winter WoO 75 (1799); 6 (8) Variationen über ein Thema von F. X. Süßmayr WoO 76 (1799); 6 leichte Variationen über ein eigenes Thema G WoO 77 (1800); 6 Variationen über ein Originalthema *F* op. 34 (1802); 15 Variationen über ein Originalthema mit einer Fuge *Es* op. 35 (1802); 7 Variationen über »God save the King« WoO 78 (1803); 5 Variationen über »Rule Britannia« WoO 79 (1803); 32 Variationen über ein eigenes Thema *c* WoO 80 (1806); 6 Variationen über ein Originalthema *D* op. 76 (1809); 6 variierte Themen (mit Ad-libitum-Begleitung von Flöte oder Violine) op. 105 – 1. *G*, 2. *c*, 3. *C*, 4. *Es*, 5. *Es*, 6. *D* (1817/18); 10 variierte Themen (mit Ad-libitum-Begleitung von Flöte oder Violine) op. 107 – 1. *Es*, 2. *F*, 3. *G*, 4. *F*, 5. *F*, 6. *Es*, 7. *a*, 8. *D*, 9. *Es*, 10. *g* (1817/18); 33 Veränderungen über einen Walzer von A. Diabelli op. 120 (1823).

- Bagatellen: *c* WoO 52 (1797); op. 33 (7) *Es, C, F, A, C, D, As* (spät. 1802); *C* WoO 56 (1804); op. 119 (11) *g, C, D, A, c, G, C, C, a, A, B* (1820/22); op. 126 (6) *G, g, Es, h, G, Es* (1823/24).
- Rondos: *C* WoO 48 (1783); *A* WoO 49 (1783); op. 51 (2) *C, G* (1797, 1800); Rondo a capriccio. »Die Wut über den verlorenen Groschen« *G* op. 129 (spät. 1798).
- Fantasie *H* (Anfang in *g*) op. 77 (1809).
- Polonaise *C* op. 89 (1814).
- Tänze: Allemande *A* WoO 81 (1800); Menuett *Es* WoO 82 (1803?); 6 Ecossaisen *Es* WoO 83 (1806?); Walzer *Es* WoO 84 (1824); Walzer *D* WoO 85 (1825); Ecossaise *Es* WoO 86 (1825).
- Klavierstücke: Lustig – traurig *C, c* WoO 54 (um 1798?); Für Elise *a* WoO 59 (1810); *B* WoO 60 (1818); *h* WoO 61 (1821); *g* WoO 61a (1825); *C* WoO 62 (1826); Präludium *f* WoO 55 (1803?); Andante *F* WoO 57 (1804); 4 Hd.: 8 Variationen über ein Thema des Grafen von Waldstein WoO 67 (1792); Sonate *D* op. 6 (1897); 3 Märsche op. 45 *C, Es, D* (1802/03); Lied »Ich denke dein« mit 6 Veränderungen WoO 74 (1804).
- Bearbeitungen: u. a.: Fuge *B* op. 134 (1826; Übertragung der Streichquartett-Fuge op. 133 von 1825).
- 2 Kadenzen zu Mozarts Klavierkonzert *d* KV 466 (1802/09).

(WoO = Werk ohne Opuszahl; Numerierung nach: Kinsky/Halm. Das Werk Beethovens, München 1955)

Sonaten

Beethovens Sonaten stehen in ihrer stilgeschichtlichen Bedeutung gleichrangig neben seinen Sinfonien, sind in ihrer Sprache jedoch noch persönlicher, direkter, unmittelbarer als diese. Die Sonate wird in Beethovens Händen zum spontanen Experimentier- und Ausdrucksbereich; innerhalb der Entwicklung dieser Gattung gelangt er zu unterschiedlichsten Ergebnissen. Obwohl die lyrischen Stücke zahlenmäßig am stärksten vertreten sind, dominiert bis zur »Appassionata« zunächst der pathetische, kämpferische Gestus des Sturm und Drang. Danach setzt sich eine intime, lyrische Grundhaltung durch, und in der e-Moll-Sonate op. 90 tritt uns nachdrücklich ein »empfindsamer Beethoven« gegenüber. Auf diesem mannigfaltig erprobten Wege gelangt der Meister schließlich zu einem objektivierten Künstlertum, das nicht allein von gewachsener Meisterschaft, sondern von der Gewinnung eines ideologischen Standpunktes zeugt, der weit über die Widersprüche der Zeit hinaus auf eine historische Verpflichtung weist.

Der Komponist ringt um die Form, gelangt von der Vier- bis zur Zweisätzigkeit, erweitert den Zyklus gelegentlich durch langsame Ein- und Überleitungen, verstärkt die Affinität der einzelnen Sätze zueinander (durch Attaccaanschluß, durch Einschübe oder Zitate aus früheren Sätzen, durch motivisch-thematische Kernverwandtschaften) und modifiziert die traditionelle Satzfolge und -spezifik. Was hat er allein aus dem bisherigen Sonatenallegro gemacht: den Gegensatz zwischen 1. und 2. Thema zugespitzt, durch kontrastierende Ableitung des 2. aus dem 1. Thema einen neuen Spannungszusammenhang geschaffen, die »beiden Prinzipe«, das »Widerstreitende« und das »Bittende« (das »Männliche« und das »Weibliche«) bis hin zu extremsten Konflikten geführt, die Durchführung zum dramaturgischen Zentrum erhoben, die Reprise dynamisiert und die Coda zunehmend aufgewertet (bis sie gar einer zweiten Durchführung gleichkommt). Analog dazu wird aus dem biederen Menuett ein wandlungsfähiges Charakterstück, zuweilen auch schon Scherzo genannt und mitunter im geraden Taktmaß! Eine neue Höhe markieren Beethovens pathetische Adagios, in denen sich sowohl die innigsten als auch die erschütterndsten Stellen seiner Klaviermusik finden.

Beethovens 32 Klaviersonaten haben die Gattung zu dem gemacht, als was sie heute noch gilt; ihr modellhaftes Erproben vielfältiger Form- und Satzlösungen hat Generationen von Tonschöpfern erzogen und angeregt.

3 Sonaten op. 2

Die Sonaten entstanden 1795 und sind Joseph Haydn gewidmet. Ihre Tonartenfolge – f-Moll, A-Dur, C-Dur – ist programmatisch; die leidenschaftliche, die heiter-idyllische, die virtuose Seite der Beethoven-Sonate präsentieren sich gleich in diesem ersten Sonatenopus.

Sonate f-Moll op. 2 Nr. 1 (1795)

Aufführungsdauer: etwa 16 Minuten

Sie beginnt mit einem leise anhebenden, bald sich steigernden und verschiedenartig differenzierenden »Raketen«-Thema,

das spannungsreiche Absplitterung erlebt und durch ein verwandtes, aber gegensätzlich gerichtetes Thema bedeutende Vertiefung erfährt. Mit diesem Doppelthema kommt das von jugendlichem Aufbegehren zeugende *Allegro* (2/2) aus, das in trotzigem f-Moll schließt. Das folgende *Adagio* in F-Dur (3/4) hat bereits den weiten Atem der großen Beethovenschen Melodik, wenn auch die Vorhalte und die Ornamentik noch stark an Haydn und Mozart erinnern; sehr reizvoll ist die Coda mit ihrem pittoresken Verdämmern. Der 3. Satz (Allegretto, 3/4) ist zwar noch *Menuett* überschrieben und trägt als solches tänzerischen Gestus; doch überwiegen dunkle Farben (Tonart ist f-Moll) und markante Akzente (Unisonolauf im zweiten Teil). Das freundliche F-Dur-Trio ist im doppelten Kontrapunkt angelegt. Eine Überraschung bringt das abschließende *Prestissimo* (f-Moll, 2/2): in elementarem Wechsel von *p* und *f* peitschen die Akkorde, von flehenden Motiven unterbrochen; eine dämonisch drängende Triolenpartie, die mit regelmäßigen Achteln kämpft, führt zum 2. Thema (c-Moll), das in seiner weiten Oktavanlage schon den großen Atem der »Appassionata« vorwegnimmt. In mozartscher Weise beginnt die Durchführung – es liegt wiederum ein Sonatenhauptsatz vor – mit einem lyrischen Dreiklangsthema, das einen wirksamen Ruhepunkt bildet. Nach Rückkehr des Hauptsatzes führen wütende Triolen das Geschehen in den Abgrund.

Sonate A-Dur op. 2 Nr. 2 (1795)

Aufführungsdauer: etwa 25 Minuten

Sie stellt in vielem den bewußten Gegenpol zur f-Moll-Sonate dar. Das wiederum leise beginnende *Allegro vivace* (2/4) hat ein Thema mozartscher Dialektik, das sogleich vielfältige Abwechslung erhält. Das 2. Thema steht in e-Moll, der Mollvariante der Dominante, und ist eigentlich nur ein kurzer Seufzer, der mit Hilfe der Absplitterungstechnik wesentliche Entwicklung erfährt. Die Durchführung, weit ausgedehnter als die der f-Moll-Sonate, beginnt in C-Dur, erhält aber die mannigfaltigsten harmonischen wie kontrapunktischen Rückungen und Beleuchtungen; demgegenüber bringt die Reprise, die das Seitenthema nun in a-Moll beginnen läßt, keine besonderen Überraschungen. Im *pp* schließt dieser kunstreiche Satz, ein Musterbeispiel Beethovenscher Satztechnik auf dem Wege zur Meisterschaft. Das folgende *Largo appassionato* (D-Dur, 3/4) ist, besonders zu Beginn und in der *ff*-Steigerung (d-Moll) kurz vor Schluß, der erste große Largosatz Beethovens – sowohl hinsichtlich der elementaren Erfindung als auch der plastischen »Instrumentierung« oder der erstaunlichen Gesamtarchitektonik. Das *Scherzo* (Allegretto, 3/4) – wieder in A-Dur – zeigt vollendete Beherrschung in der Herauslösung des luftigen Anfangsmotivs, während das a-Moll-Trio einen elegischen Gesang, nicht zuletzt mit Hilfe ständiger Gegenbewegung, zu dramatischer Wucht steigert. Was Eleganz, Virtuosität und Abwechslungsreichtum betrifft, bildet das *Rondo* (Grazioso, A-Dur, 4/4) die Krone der Sätze; sehr wirkungsvoll ist hier der mit chromatischen Triolenläufen arbeitende a-Moll-Mittelteil, der sich vor dem locker gefügten Schluß nochmals heftig bemerkbar macht.

Sonate C-Dur op. 2 Nr. 3 (1795)

Aufführungsdauer: etwa 27 Minuten

Das Werk scheint gegenüber den beiden Geschwistern, vor allem im Kopfsatz *Allegro con brio* (4/4), das virtuose Element in den Mittelpunkt stellen zu wollen; er klingt fast wie ein Konzert. Die Thematik selbst (der Satz hat drei Themen: vor dem eigentlichen G-Dur Seitenthema erscheint ein melancholischer g-Moll-Gedanke) ist weit weniger charakteristisch; um so wirkungsvoller und pompöser sind Schluß der Exposition und Reprise sowie die Durchführung angelegt. Die Coda, überraschend nach As-Dur ausweichend, schiebt sogar eine virtuose Kadenz ein, ehe kolossale Tonleiterpassagen den Satz effektvoll beschließen. Auch das E-Dur-*Adagio* (2/4), mit einer kurzen ausdrucksvollen Phrase beginnend, zielt stark auf umspielende Virtuosität, was einen poetisch in der Höhe verhauchenden und in der Tiefe sich rundenden Schluß nicht ausschließt. Die Technik der Motivabsplitterung wird im *Scherzo* (Allegro, C-Dur, 3/4) gegenüber dem vorherigen Werk noch gesteigert; das a-Moll-Trio arbeitet mit erregten Triolenläufen. Alle Künste der Virtuosität prägen das abschließende *Allegro assai* (C-Dur, 6/8), in dem bekannte klassische Motive und Techniken ihre beethovensche Zuspitzung erfahren. Auch hier eine virtuose Kadenz kurz vor Schluß, der, nach überraschendem Stillstand, mit donnernden Oktavläufen erreicht wird.

Sonate Es-Dur op. 7 (1796/97)

Aufführungsdauer: etwa 25 Minuten

Die auch »Die Verliebte« genannte Sonate ist einer hübschen Schülerin, der Gräfin Babette von Keglevics, gewidmet. Das eröffnende *Allegro molto e con brio* (6/8) bringt einen neuen Zug in Beethovens Klaviermusik: mächtige Bögen und eine geradezu sinfonische Steigerungs- und Entwicklungstendenz lassen alle motivischen Glieder, die – wie schon das Hauptthema – ursprünglich sehr knapp geformt sind, beträchtlich ausgedehnt und strapaziert erscheinen, während sich die eigentliche Durchführung hier damit begnügt, einige unerwartete Akzente zu setzen. Zu Beethovens schönsten langsamen Sätzen gehört das

Largo con gran espressione (C-Dur, 3/4); der erhabene, quasi rezitatorische und zugleich klangintensive Anfang wird bereichert durch weite Melodiebögen, verbunden mit elementarer harmonischer Wirkung. Der dreiteilige Satz schließt in der Tiefe mit überraschender Zurückhaltung. An die Stelle des Menuetts oder Scherzos setzt Beethoven hier ein ausgedehntes *Allegro* (Es-Dur, 3/4), das die einstigen Genrefesseln durch kunstvollen Satz und feinste Antithetik abstreift – vor allem im triolenbewegten es-Moll-Trio, welches bereits auf Schubertsche Impromptus weist. Ein fein ziseliertes *Rondo* (Poco allegretto e grazioso, Es-Dur, 2/4) steht am Schluß; der quasi mozartsche Anfangsgedan-

ke erfährt köstliche Abwandlung; ein sforzato-Gegenbild beherrscht den Mittelteil.

3 Sonaten op. 10 (1796/98)

Eine neue, bedeutend gehobene Stufe stellen die zwischen 1796 und 1798 komponierten Sonaten op. 10 dar, die heute zu Beethovens beliebtesten Kl.-Sonaten gehören. Sie sind der Frau des russischen Gönners Graf von Browne gewidmet, bei dem Beethoven um 1800 oft spielte.

Sonate c-Moll op. 10 Nr. 1

Aufführungsdauer: etwa 18 Minuten

Das eröffnende *Allegro molto e con brio* (3/4) ist schon im Ansturm des raketenartig aufschießenden Kopfthemas mit seinem innigen Gegensatz geradezu das Schulbeispiel für Beethovens Schärfung und Weiterführung eines mozartschen Gedankens (man betrachte dessen c-Moll-Sonate).

Einem As-Dur-Zwischengedanken warmer Vorhaltsprägung folgt das eigentliche Gegenthema in Es-Dur, das sich bald rhythmisch zuspitzt und zum Anfang zurücklenkt. Die in C-Dur beginnende Durchführung, diesmal äußerst knapp gehalten, läßt – wie seit Mozart häufig an dieser Stelle – ein weiteres, elegisch-leidenschaftliches Thema erklingen, das aber seine Verwandtschaft mit jenem As-Dur-Gedanken nicht verleugnet. Der Mollzwang der Reprise wird bei Beethoven zu überzeugender Gebärde. Das *Adagio molto* (As-Dur, 2/4) übertrifft alle früheren langsamen Sätze des Meisters durch die vollendete Verknüpfung von Kantabilität, Dramatik und Ornamentik, welche in ihrer Gemeinsamkeit die Wiederholung des A-Teils zu gesteigerter Wirkung führen; eine verdämmernde Coda, synkopisch in die Tiefe tauchend, ist von eigenartigem Reiz. Ohne Tanzsatz – von den drei Sonaten op. 10 sind zwei nur dreisätzig – folgt ein *Prestissimo* (c-Moll, 2/2), das den ebenso bezeichneten Satz der f-Moll-Sonate (op. 2) durch die Vielfalt der eingesetzten Mittel, die kräftige Es-Dur-Gegensphäre und die beide Themen verknüpfende Coda mit ihrem *pp*-Verklingen in C-Dur merklich hinter sich läßt.

Sonate F-Dur op. 10 Nr. 2

Aufführungsdauer: etwa 16 Minuten

Sie stellt im gewissen Sinne ein Pendant zur A-Dur-Sonate aus op. 2 dar. Das wird schon in der Themenbildung des *Allegro* (2/4) deutlich, das zwar einige schroffe Akzente setzt, aber insgesamt freundlich anmutet. Die besinnliche Seite bringt das an zweiter Stelle befindliche f-Moll-*Allegretto* (3/4), wiederum – auch im feierlich-tänzerischen Klang des Mittelteils – auf Schuberts Impromptus und Moments musicaux weisend. Das *Finale* (Presto, F-Dur, 2/4) mit seinem munter hämmernden Fugatothema

ist wirkungsvoll gearbeitet und technisch brillant, gehört im übrigen aber zu den leichter wiegenden Beethoven-Sätzen.

Sonate D-Dur op. 10 Nr. 3

Aufführungsdauer: etwa 20 Minuten

In großer Geste – *Presto* (2/2) – beginnt die D-Dur-Sonate dieses Opus, hinsichtlich der Themenfülle, Ausdehnung und Virtuosität eine deutliche Steigerung gegenüber dem Bisherigen. Der berühmte Wechsel in das terzverwandte B-Dur (Beginn der Durchführung) und die mannigfaltige Coda zeigen ein bereichertes, auf das neue Jahrhundert weisendes Klangempfinden. Zu den am meisten bewunderten Sätzen aus Beethovens Adagiokunst gehört das *Largo e mesto* (d-Moll, 6/8), das in unverwechselbarer, allein bei Beethoven anzutreffender Weise Elegie, Verzweiflung, Aufbäumen, hoffnungsvolles Aufrichten und stille Schicksalsergebung vereint.

Dieser Satz ist der absolute Gipfelpunkt des bedeutenden Werkes, das sich in einem freundlichen D-Dur-*Menuett* (mit humorvollem G-Dur-Trio) und einem äußerst geistvollen und beweglichen *Rondo* (Allegro, D-Dur, 4/4) fortsetzt. Wie die Sätze vorher schließt dessen dreitöniger Kopfgedanke in der Tiefe unter lokkeren Figurationen. Ein Werk geradezu olympischer Laune, ungebrochener Freude am Leben, das dennoch seine dunklen Schatten kennt.

Sonate c-Moll op. 13 »Pathétique« (1798/99)

Aufführungsdauer: etwa 16 Minuten

Den ersten Höhepunkt erlangt die Klavierkunst Beethovens in der *Grande Sonate pathétique,* die, wie die Sonate Es-Dur op. 7, für sich allein eine Opuszahl erhielt. Der Titel dieser seiner zweiten c-Moll-Sonate (gewidmet Carl von Lichnowsky) stammt vom Meister selbst, der hier deutlich Klänge und Rhythmen der Revolutionszeit aufgreift und individuell verwandelt. Gleich der Beginn des einleitenden *Grave* (erstmals eine langsame Introduktion!) im 4/4-Takt ist dafür bezeichnend: der punktierte Rhythmus kommt von der französischen Ouvertüre, ihrer tragisch-kämpferischen Schärfung bei Gluck und den Revolutionsopern; aber schon der Zweiunddreißigstel-Auftakt am Ende von Takt 1 ist in seinem konzentrierten Hinweis echter Beethoven,

vor allem dann die ungeheure Steigerung des Vorhaltsmotivs bis zu dem dämonisch hinabstürzenden Vierundsechzigstel-Lauf, der in das *Allegro di molto e con brio* (2/2) mündet. Dieser Komplex ist nun ganz auf elementare Klangwirkung, rhythmische Energisierung angelegt; die Trommelbässe, die herausgeschleuderten Sforzati, die liegenden Stimmen, das Überschlagen der r. Hd. im Seitenthema es-Moll, dessen »beißender« Mordent, die virtuosen Ausbrüche der Schlußgruppe – all das zeigt einen völlig neuen Geist, der aber die alten Formeln anerkennt, sie nur einer geschärften Wirklichkeit zuführt. Genialster Augenblick ist die Wiederaufnahme der Einleitung zu Beginn der Durchführung und ihre Verbindung mit dem Allegro-Hauptthema. Aus dieser Dialektik ergibt sich auch die gewaltige Wirkung der Coda. – Das *Adagio cantabile* (As-Dur, 2/4) stellt gegenüber dem Mittelsatz der ersten c-Moll-Sonate eine bedeutende Steigerung dar, vor allem was das seelenvolle, aus der Tiefe emporstrebende Singen der Hauptmelodie anbetrifft. Der as-Moll-Binnenabschnitt ist eine nicht weniger geniale und unvergeßliche Eingebung. – Den ersten beiden Sätzen ist das *Rondo* (Allegro, c-Moll, 2/2) nicht ganz ebenbürtig, zeigt aber anschaulich das Schwanken zwischen Verzweiflung und Hoffnung, nicht nur in dem in Es-Dur stehenden Seitengedanken, sondern auch in einem feinen, kontrapunktisch reich umspielten Mittelteil. Die Coda versucht zu versöhnen; ein schroffer Triolenabsturz bricht jedoch alle Bemühungen und Hoffnungen unerbittlich ab.

2 Sonaten op. 14 (um 1798/99)

Die etwa zur gleichen Zeit (1798/99) entstandenen beiden liebenswerten Sonaten op. 14 sind der Frau des Wiener Theaterdirektors, Baronin Braun, die eine Gönnerin Beethovens und gute Klavierspielerin war, gewidmet. In manchem zeigen sie »andere Töne«, auch eine neue Technik. Hinsichtlich dieser Sonaten hat Beethoven von den »zwei Prinzipien« seiner Kunst gesprochen, in denen die Dramatik, die zuspitzende Dialektik seiner großen Kunst begründet liegt.

Sonate E-Dur op. 14 Nr. 1

Aufführungsdauer: etwa 11 Minuten

Das von Beethoven 1802 auch für Streichquartett bearbeitete Werk beginnt mit einem *Allegro* im $^{4}/_{4}$-Takt, das die obengenannte Zuspitzung und klare Zielstellung in jedem Takt demonstriert, vor allem, wenn zu Beginn der Durchführung aus dem Kopfthema plötzlich eine breite, melodieselige a-Moll-Bewegung geboren wird, die dem seltsam zwielichtigen Satz das leidenschaftliche Zentrum gibt; er entschwindet hier erstmalig in ätherischer Höhe. Das e-Moll-*Allegretto* ($^{3}/_{4}$) an zweiter Stelle ist ein melancholischer Menuettsatz

mit eigentümlicher Auflichtung im »Maggiore«, wiederum deutlich auf Schubert, auch bereits Mendelssohn weisend. Eine äußerst gelungene Finallösung erreicht Beethoven mit einem *Rondo* (Allegro, comodo, E-Dur, $^{2}/_{2}$), das wahrhaft »bequem« und gelassen, mit humorigen Zügen, im Mittelteil aber auch in aufgeregter Triolenbewegung das glücklich konzipierte Werk kräftig beendet.

Sonate G-Dur op. 14 Nr. 2

Aufführungsdauer: etwa 14 Minuten

Das Schwesterwerk in G-Dur steht nicht zurück, ist sogar noch feiner ziseliert und köstlich in sich ausgewogen. Das eröffnende *Allegro* (2/4) mit geschmeidigem 1. Thema quillt über von inniger Vorhaltsmelodik und süßen Naturstimmen, die den Satz zu den schönsten Beethovenschen Idyllen zählen lassen. Das C-Dur-*Andante* (2/2) ist der erste Variationssatz in Beethovens Sonaten; einem schlichten, ebenso humorvollen wie innigen Thema folgen drei Variationen und eine kleine Coda (mit überraschendem *ff*-Schlußakkord). Das hier schon auftretende scherzose Element wird im *Scherzo* (Allegro assai, G-Dur, 3/8) noch gesteigert. Dieses Finale hat zwar einen kleinen andersthematigen Mittelteil, lebt aber sonst ganz von dem rhythmisch und metrisch pikanten Anfangsgedanken, der bis in die witzig verhauchende Coda seinen Humor, seine Unterhaltsamkeit nicht verliert.

Sonate B-Dur op. 22 (1799/1800)

Aufführungsdauer: etwa 25 Minuten

In der Wertschätzung der Beethoven-Freunde steht die dem einflußreichen Grafen von Browne dedizierte Sonate etwas zurück; sie ist aber ihrer berühmteren Umgebung durchaus gewachsen. In stolzem Dreiklangsanstieg setzt das 1. Thema des *Allegro con brio* (4/4) ein; mozartsche Kantabilität geleitet zu gesteigerter Virtuosität, die mit Sechzehntel-Läufen nicht spart und Etüdenhaftes gefällig mit ständig sich verfeinerndem Ausdruck verbindet. Das Seitenthema in F-Dur tritt recht robust in terzverstärkten Oktaven hervor, bald durch nachschlagende Synkopen aufgelockert; die bravourösen Sechzehntel gewinnen gleich wieder die Oberhand, bis über einem Dominantorgelpunkt ein düster aggressives Thema und unmittelbar darauf scharf akzentuierte Oktavschritte die Exposition zu wirkungsvollem Abschluß führen. Mit diesem Gedankenpaar wird die Durchführung eröffnet, Tonleiterpassagen mit Sechzehntel-Bewegung verbindend – ganz im Sinne mozartscher Durchführungstechnik. Die Reprise verläuft regelmäßig und bringt die Themen durch ihre Wiederholung zu noch stärkerer Wirkung. – Das *Adagio con molto espressione* (Es-Dur, 9/8) gehört zu den langsamen Sätzen des Meisters, deren reich verzierte Monodie ein sehr ausdrucksvolles Spiel verlangt. Inhaltlichen Schwerpunkt bildet der im Hörnersatz beginnende B-Teil, der zu einer fein gewobenen Durchführung hinführt. Bei der Wiederholung des A-Teils wird die ariose Ornamentik noch gesteigert, der B-Teil erfährt feine Molltrübung, das Ganze schließt in idyllischer Sicilianomanier. – Es verwundert nicht, nach so lieblicher Rückwendung als 3. Satz ein regelrechtes *Menuett* (B-Dur, 3/4) zu finden, dessen Anmut aber im 2. Teil durch unheimliche Tremoli und energisch rhythmisierte Akkorde verdunkelt wird; vollends das Minore-Trio verläuft in strenger, fast etüdenhafter Sechzehntel-Bewegung. – Das *Rondo* (Allegretto, B-Dur, 2/4) greift mit seinem anmutigen Thema

auf das Finale der »verliebten« Es-Dur-Sonate (op. 7) zurück. In dem sehr ausgesponnenen Satzverlauf begegnen auch kräftige, motivisch in sich verschränkte Abwandlungen und harmonische Überraschungen; ein aufgelockert-heiterer Schluß der Sonate ist aber gesichert.

Sonate As-Dur op. 26 (1800/01)

Aufführungsdauer: etwa 30 Minuten

Zu einem neuen Höhepunkt seiner Kunst gelangt Beethoven in dieser Sonate; das in op. 22 Erprobte, aber noch etwas herb Verborgene wird hier deutlich hörbar. Das (wie op. 13) dem Fürsten Carl von Lichnowsky gewidmete Werk beginnt mit einem bezaubernden *Andante* (3/8), einem Variationssatz.

Thema und (5) Veränderungen sind das Beethovensche Gegenstück zu Mozarts A-Dur-Sonate KV 331. Über eine elegante Rhythmisierung, eine virtuose Auflockerung, eine nachdenkliche as-Moll-Fassung und starke Synkopisierung führt der Zyklus zu einer beruhigenden 3/8-Takt-Bewegung, die von einer Coda, wiederum im Geiste Mozarts, beschlossen wird. – Das ganz einfach beginnende, aber im 2. Teil rhythmisch ungemein geschärfte *Scherzo* (Allegro molto, As-Dur, 3/4) faßt ein in breitgelagerten Des-Dur-Klängen schwelgendes Trio ein, das wiederum auf Schubert weist. Der *langsame Satz* (Maestoso andante, as-Moll, 4/4) ist erstmalig ein »Trauermarsch«: *Marcia funebre sulla morte d'un Eroe* (»... auf den Tod eines Helden«); der Geist antiker Tragödien (eine Oper »Achille« von Ferdinando Paer scheint angeregt zu haben) und der Französischen Revolution wird in diesem großartig gesteigerten und »instrumentierten« Stück gegenwärtig. Aber auch dieser Satz endet in besänftigendem As-Dur, so daß das kapriziöse Schluß-*Allegro* (As-Dur, 2/4) das Werk in eine heiter-aufgelockerte Stimmung zurückführen kann. Virtuose Refrainbildung, ein aufbegehrender c-Moll-Mittelteil und einige jähe Akzente können und wollen nicht verhindern, daß der Satz in der knappen Coda fast koboldhaft entschwindet, Schumann und Chopin vorwegnehmend.

2 Sonaten op. 27

Den aus dem Jahre 1801 stammenden Sonaten hat Beethoven den Untertitel *Sonata quasi una fantasia* beigegeben.

Sonate Es-Dur op. 27 Nr. 1 (1801)

Aufführungsdauer: etwa 16 Minuten

Obwohl gerade hier schönste lyrische Entfaltung zu erleben und zu gestalten ist, steht die Sonate in der Beliebtheit bei den Spielern etwas zurück. Im dreiteiligen *Kopfsatz* legt sich ein Andante (4/4) stark kantablen Charakters um ein kurzes, passagenbestimmten C-Dur-Allegro (6/8). Attacca folgt ein scherzoses *Allegro molto e vivace* (3/4) in c-Moll, wo Beethoven prächtige motivische Arbeit demonstriert. Das gleichfalls sofort anschließende *Adagio con espressione* (As-Dur, 3/4) beginnt in satter Tenorlage und erfährt allmählich virtuose Auflockerung (u. a. Triller), die zu einem rüstigen *Allegro vivace* (Es-Dur, 2/4) mit Finalcharakter hinführt.

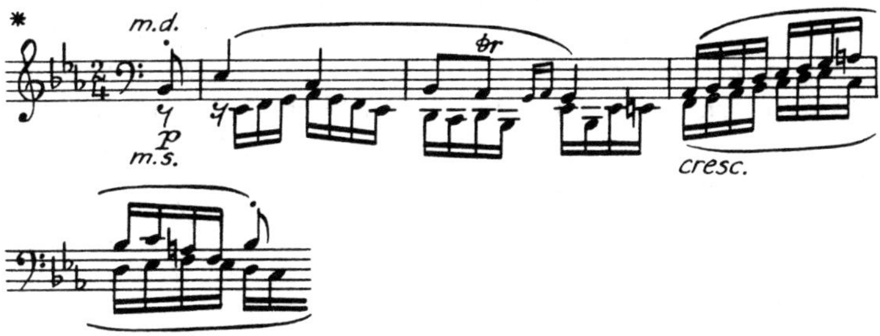

Der umfangreiche Satz steigert sich erheblich ins Viruose; auf dem Höhepunkt setzt dann plötzlich ein Fragment des Adagio ein, um dann doch der Anfangsbewegung das letzte Wort zu lassen. Insgesamt eine reiche und wirkungsvolle Sonate, deren besonderer Reiz in der Dialektik von volkstümlicher Frische und reicher Virtuosität beruht. Das Werk gehört zweifellos in das Zentrum der Beethovenschen Kunst.

Sonate cis-Moll op. 27 Nr. 2 (1801)

Aufführungsdauer: etwa 16 Minuten

Der umworbenen Gräfin Julietta Guicciardi gewidmet, gehört sie zu den geheimnisumwitterten Werken Beethovens. Die dreisätzige Folge wird eröffnet von einem *Adagio sostenuto* (2/2), das in seiner Verbindung von gedehnten Baßschritten, ruhig fließender Triolenbewegung (vorwiegend in der Mittelstimme) und ausdrücklich *pp* geforderter, innig profilierter Hauptmelodie zu den tiefsten Eindrücken Beethovenscher Musik gehört. Die Stimmung unendlicher Wehmut scheint von Mozarts »Don-Giovanni«-Klängen, aber auch von Bachs Präludien berührt; die Auswirkung auf Chopin und seine Nachfolger ist unüberhörbar. Das Des-Dur-*Allegretto* (3/4) ist von naiver Anmut; seine

Synkopenketten setzten sich im kräftigen Trio fort. Eine gewaltige Steigerung bringt das abschließende *Presto agitato* (4/4) in der Haupttonart, die Dreiklangsbrechungen des Sonatenbeginns werden hier aus der Tiefe zu kämpferischen Sechzehntel-Kaskaden geführt. Es ersteht vor uns ein Sonatenhauptsatz, der mit seinen vier oder gar fünf Themen zu den gewaltigsten Äußerungen der Musikgeschichte gehört. Wesentlich trägt die Durchführung zu diesem Eindruck bei, da sie fast orchestrale Wirkungen erzielt. Der Schluß des Satzes wird durch eine improvisatorisch ausgeweitete Kadenz gebildet. Gegenüber dem trotzig-verzweifelten Schluß der »Pathétique« ist dieser Satz ein apokalyptischer, aber stets von menschlicher Leidenschaft getragener Ausbruch. (Die sentimentale Bezeichnung »Mondscheinsonate« stammt nicht vom Meister.)

Sonate D-Dur op. 28 (1801)

Aufführungsdauer: etwa 18 Minuten

Den Abschluß jener Beethovenschen Kl.-Sonaten, die gewöhnlich noch als für Laien spielbar betrachtet werden, bildet dieses oft als »Pastoral-Sonate« bezeichnete Werk, diesmal ein »regelmäßiges« viersätziges aus dem sonatenreichen Jahr 1801. Im beginnenden *Allegro* (3/4) setzt über einem Orgelpunkt *d* ein vorhaltsfreudiges Thema ein,

dessen inniger Gesang auch in den folgenden Motiven nicht zum Schweigen kommt. In wogendem Cis-Dur deutet sich ein 2. Thema an, das erst im weiteren Verlaufe seine Dominantfunktion (A-Dur) wahrnimmt; aber ein synkopierter neuer A-Dur-Gedanke scheint ihm dieses Recht streitig machen zu wollen. Auch hier, wie so häufig bei Beethoven, wird das Geschehen belebt durch eine *f*-Intensivierung, die sich dann in der Durchführung auf den 8. Takt des Hauptthemas konzentriert. Die Coda lebt ebenfalls von der Absplitterung dieses Motivs. – Der langsame Satz ist diesmal ein gemessenes, trauermarschähnlich schreitendes *Andante* (2/4) in d-Moll, dem ein kapriziöser Mittelteil in D-Dur zugesellt ist. Bei der Wiederholung des als Doppelversikel angelegten A-Teils erfährt die Wiederholung des jeweiligen Abschnitts eine Zweiunddreißigstel-Auflösung. Die Coda, bei Beethoven ein unabdingbarer Hauptteil jedes Satzes, verbindet beide Teile, indem der Durteil eine Mollfassung erhält; die Nähe zum Largo der D-Dur-Sonate op. 10 Nr. 3 ist deutlich. – Das D-Dur-*Scherzo* (Allegro vivace, 3/4) besticht durch die genial-lockere Aneinanderreihung der Motive, ausgehend von einem fast nichtigen Oktavgedanken, während das h-Moll-Trio siebenmal eine simple 4taktige Phrase zu ständig wechselnder Begleitharmonie wiederholt – ein doppelter Spaß typisch Beethovenscher Eigenart. Das Schlußrondo, ein *Allegro ma non troppo* in (D-Dur, 6/8), gibt der Sonate erneut Pastoralcharakter; zur wiegenden, musetteartigen Baßbewegung erklingt eine kurze, synkopierte Melodiephrase in der Höhe, die ständig leicht abgewandelt oder verkürzt wiederkehrt. Energische Skalen, kontrapunktische und harmonische Verdichtungen führen den Satz, insbesondere nach der ersten Wiederkehr des Anfangs, zu beträchtlichen Steigerungen; der Baßrhythmus vom Eingang gewinnt jetzt selbständige strukturell-motivische Bedeutung, was in der *ff*-Zuspitzung der Presto-Coda besonders spürbar wird. Insgesamt ist op. 28 ein vorwärtsweisendes Werk, das eine neue Etappe einleitet, vor allem hinsichtlich der motivisch-thematischen Arbeit; Beethoven hat gelegentlich darauf hingewiesen.

3 Sonaten op. 31 (um 1801/02)

Im unmittelbaren zeitlichen Anschluß (1801/02) an die Sonaten op. 27 folgt die Sonaten-Trias op. 31, ein in sich recht unterschiedliches Opus.

Sonate G-Dur op. 31 Nr. 1

Aufführungsdauer: etwa 20 Minuten

Sie gehört zu den am wenigsten gespielten Sonaten Beethovens, obwohl gerade sie Feinheiten in Fülle birgt. Das *Allegro vivace*

(2/4) hat ein kapriziöses Thema, das ständig zwischen Sechzehntel-Läufen und synkopierten Punktierungen der Achtel wechselt; noch die kurze Coda zieht daraus ihre Kräfte. Insgesamt ein äußerst humoriger Satz. Das *Adagio grazioso* (C-Dur, 9/8) ist dagegen ganz auf verzierten Gesang gestellt, etwa anknüpfend an den entsprechenden Satz von op. 22; tiefere Empfindungen werden in seinem ausgebreiteten Verlauf nicht berührt, es geht hier um eine typisch ariose Linienführung mit stark koloristischem Einschlag. Das *Rondo* (Allegretto, G-Dur, 2/2) greift diesen Ton auf, nicht ohne (insbesondere gegen Schluß) kräftige, aber auch einige besinnliche Akzente zu setzen. Die letzten Takte zielen ganz auf Überraschungseffekte im dynamisch abschattierten Akkordspiel ab. Ein hübsch konzipiertes und ausgearbeitetes Werk, dem man häufiger begegnen sollte; es könnte übrigens fast als Lehrwerk für Spiel und Komposition dienen.

Sonate d-Moll op. 31 Nr. 2

Aufführungsdauer: etwa 22 Minuten

In diesem Werk verfolgt Beethoven weit höhere Ziele. Der berühmte Beginn des *1. Satzes (a)*

a)

b) *

ist ein Musterbeispiel für Beethovens musikalische Dialektik. Das eigentliche d-Moll-Thema erklingt erst ab Takt 21 (b). Beethovens »zwei Prinzipe« erfahren hier anschauliche Demonstration und erschütternde Realisierung. Ein 2. Thema im üblichen Sinn kann sich nicht entfalten; alles gruppiert sich um die elementare d-Moll-Gestalt, die in der Durchführung – nach erneutem präludierendem Anfang – in gewichtigem fis-Moll auftritt. Am Ende der Durchführung gewinnt der rezitatorische Beginn monodisch-expressive Aussage (m. d.); abrupte, vorwärtstreibende Akkorde führen zur Reprise, welche die Exposition erst von deren Mitte an wiederholt. Von hier ab entspricht der Verlauf genau dem Anfang; die knappe Coda führt mit leise ausklingender Dreiklangsbewegung in die tiefste Klavierlage hinab. Das sprechende Pathos dieses Satzes legt eine programmatische Deutung nahe, zumal Beethoven selbst in bezug auf dieses Werk von Shakespeares »Sturm« gesprochen haben soll. Wie dem auch sei – zweifellos liegen dem Satz aufwühlende Erlebnisse zugrunde, die seine so subjektive, formschöpferische Kraft bestimmt haben. – Das B-Dur-*Adagio* (3/4) ist dagegen ganz auf akkordische Ruhe, auf melodische Expansion, auf koloristische Reize gerichtet; das innige 2. Thema wirkt wie ein klanglich gesteigerter Mozart. Durch die Wiederaufnahme des ersten Teils wird alles nochmals intensiviert; die Coda läßt ein letztes Mal die Bilder in knapper Formulierung an uns vorüberziehen, bis sich der Satz, wie so häufig, in lichten Höhen verabschiedet. – Das Finale, ein d-Moll-*Allegretto* im 3/8-Takt, greift in gesteigerter Bewegung auf die Erregung des Kopfsatzes zurück; es wird berichtet, daß Beethoven zu der gleichsam gehetzten und doch eleganten Figuration durch ein vorbeigaloppierendes Pferd angeregt worden sei.

Die nie abreißende Sechzehntel-Bewegung, die synkopischen Akzente, die versteckte Polyphonie – kurz, der ganze Satz weist schon auf Chopin; die fast vierhundert Takte lassen uns ein schmerzvoll-elegisches, zugleich faszinierendes, bewegtes und bewegendes Bild unablässigen schöpferischen Vorwärtsdrängens erleben. Wie die beiden vorangegangenen Sätze endet auch dieser Satz, der in dem Albumblatt »Für Elise« einen späten Nachklang erhalten hat, in stillem Verklingen – eine der großartigen Visionen des Meisters.

Sonate Es-Dur op. 31 Nr. 3

Aufführungsdauer: etwa 23 Minuten

Dieses Werk stellt gleichsam eine Suite von stilisierten Tänzen dar und besitzt dennoch klaren Sonatencharakter. Das beginnende *Allegro* (3/4) hat freundlichen Menuettcharakter, zeigt aber in der Ausbildung eines 2. Themas und starken Durchführungsambitionen auch deutlichen Sonatenduktus. Der kapriziöse Ton macht sich in langen Trillerketten und virtuosen Läufen bemerkbar; anmutig und elegant schließt der reiche Satz. Es folgt ein *Scherzo* (Allegretto vivace, As-Dur, 2/4), das – obwohl ein 2. Thema fehlt – wiederum Züge eines Sonatensatzes aufweist, im übrigen aber von burschikos-bizarrem Humor erfüllt ist. Der 3. Satz ist direkt als *Menuett* bezeichnet (Moderato e grazioso, Es-Dur, 3/4); sein Thema hat die ganze Kantabilität und Wärme des mittleren Beethoven, während das Trio durch feine Registerarbeit und Klangnuancierung beeindruckt. Das abschließende *Presto con fuoco* (Es-Dur, 6/8) ist in der lebhaften Bewegung einer Gigue gehalten; seine unaufhörliche Aktivität wird erst kurz vor Schluß durch verminderte *ff*-Akkorde gebremst, ehe eine kurze Coda die Sonate freudig beendet. Die Bewegung dieses Satzes, dem Quasi-Tarantella-Rhythmus des Finales der d-Moll-Sonate entsprechend, gibt einen wichtigen Typus für spätere Beethoven-Finales vor.

2 Sonaten op. 49

Die beiden »leichten Sonaten« op. 49 in g-Moll und G-Dur sind nur zweisätzig. Sie vertreten einen etwas älteren Sonatinentypus, wie er bei Beethoven Anfang der 90er Jahre zu finden ist; man nimmt an, daß beide Werke schon 1795 entworfen wurden.

Sonate g-Moll op. 49 Nr. 1 (1798)

Aufführungsdauer: etwa 7 Minuten

Sie läßt dem elegischen, fast etwas bachisch klingenden 1. Thema des *Andante* (2/4)

unmittelbar eine kleine B-Dur-Melodie folgen, die in der Reprise, nach dem Vorbild Mozarts, in g-Moll steht; die Coda versinkt in der Tiefe in abwartendem G-Dur. Das etwas geschwätzige *Rondo* (Allegro, 6/8) in dieser Tonart ist wieder eine Art Gigue und verläuft ohne jeden Konflikt in der gefälligen Manier der wohl zur gleichen Zeit entstandenen Bagatellen op. 33.

Sonate G-Dur op. 49 Nr. 2 (1796)

Aufführungsdauer: etwa 7 Minuten

Kräftiger als das Moll-Schwesterwerk setzt diese Sonate mit einem *Allegro ma non troppo* (2/2) ein; Kopf- und Seitenthema zeigen freudige Sicherheit, weshalb die Durchführung auf wenige Takte begrenzt bleibt. Den 2. und letzten Satz bildet ein *Menuett* (3/4), dessen Thema Beethoven bald darauf auch in seinem Septett op. 20 verwendet hat. – Die freundliche Aussage und die leichte Spielbarkeit machen die allseitige Beliebtheit beider Sonaten im Laienmusizieren verständlich.

Sonate C-Dur op. 53 »Waldstein-Sonate« (1804)

Aufführungsdauer: etwa 20 Minuten

Die Reihe der ganz großen Sonaten Ludwig van Beethovens beginnt mit der nach dem Widmungsträger, Graf Waldstein, benannten C-Dur-Sonate. Das nur zweisätzige, dennoch sehr ausgebreitete Werk entstand in der ersten Hälfte des Jahres 1804, kurz nach der Vollendung der »Eroica« – die großflächige, machtvolle Anlage der Sonate hängt wohl damit zusammen. Ein als Mittelsatz entworfenes Stück, ein Andante in F-Dur, hat der Meister aus dem Werk gelöst und 1805 selbständig erscheinen lassen. Was schon in der ersten C-Dur-Sonate (op. 2) sichtbar wurde – die Verbindung elementar-einfacher Motivik mit gesteigerter Virtuosität –, ist hier nun ins fast Ungeheure gewachsen; das Anfangsthema des *Allegro con brio* (4/4) weitet sich zu einem breitgelagerten, aus kurzen Motiven breitflächig zusammengesetzten Komplex, der bald virtuose Ausbrüche erlebt. Das Gegenthema steht in E-Dur und ist dank seiner elementaren inneren Korrespondenz vorzüglich als solches geeignet.

Es folgen ständige Umspielung, virtuose Zuspitzung in Tonleiterpassagen und Dreiklangsmelodik, in der sich noch ein Schlußthema anfügt. Letzteres eröffnet die Durchführung, die vor allem mit dem zuckenden Motiv des 1. Themas und der Triolenumspielung des 2. arbeitet; die Reprise wird, nach einem Des-Dur-Ausweichen, von einer äußerst virtuosen Coda gekrönt, die am Schluß das 2. Thema – nun endlich in der Grundtonart – und das Kopfthema einander unmittelbar folgen läßt. – Eine *Introduzione* (Adagio molto, F-Dur) steht in feierlich punktiertem 6/8-Takt vor dem Schlußrondo, *Allegretto moderato* (C-Dur, 2/4), das in Ausdehnung und Schwierigkeit alles Vorherige bei Beethoven übertrifft. Das von Sechzehnteln umspielte Hauptthema (NB S. 277 oben) ist so recht für eine ständige Wiederholung und Abwandlung geeignet; ein a-Moll-Thema in kräftig figuriertem Unisono sorgt für ungarische Würze und gelangt in seiner späteren c-Moll-Fassung zu wesentlicher Steigerung. Eine glorreiche, in konflikthafter Durchführung erwor-

bene Aufgipfelung des Hauptthemas, wie zu Beginn des Satzes mit erneuter Trillerkette verbunden, entfesselt klavieristisches Passagenwerk, das aber aufgrund seiner Dreiklangsgebundenheit stets dem zentralen Gedanken verhaftet bleibt. Im Tempo prestissimo führt Beethoven das Thema zu ätherischem Ausdruck, wobei er mit harmonischen Kontrasten (insbesondere As-Dur) nicht spart; der Schluß ist eine tolle C-Dur-Kaskade.

Sonate F-Dur op. 54 (1804)

Aufführungsdauer: etwa 12 Minuten

Nach dem »Gewaltwerk« op. 53, das in Jupiterlaune geschaffen zu sein scheint, reagierte sich der Meister in der F-Dur-Sonate desselben Jahres etwas ab; an musikalischer Substanz ist aber das ebenfalls nur zweisätzige Werk nicht ärmer. *In tempo d'un minuetto* (3/4) ist der 1. Satz überschrieben; op. 31 Nr. 3 scheint eine Art Doublette zu erhalten. Aber dieser Beginn

ist von einer Anmut und Ziselierung, wie sie Beethoven noch kaum der Sonatenform zugestanden hatte. Der 2. Gedanke

(C-Dur) fährt mit seinen Doppeloktavgängen fast brutal herein; um so eleganter und verborgener wird der Weg zurück zum Anfangsthema gefunden, das nun eine noch feinere Modellierung erfährt. Ein 3. Mal erklingt das Kopfthema und zerstört damit die Illusion einer Sonatenform; die auf tiefem Orgelpunkt ruhende Coda bringt noch einmal reizvoller Abwandlungen des Hauptgedankens und, nach bald verebbender letzter Steigerung, einen stillen Abschluß. – Das folgende F-Dur-*Allegretto* (2/4) steht in Nachfolge des letzten Satzes der As-Dur-Sonate op. 26, nur daß jetzt noch alles viel feiner, heimlicher, differenzierter verläuft. Erst in der Più-allegro-Coda erfolgt eine mächtige Aufgipfelung des fast gebrechlichen Materials bis zu glitzernder Höhe (*ff*).

Sonate f-Moll op. 57 »Appassionata« (1805)

Aufführungsdauer: etwa 20 Minuten

Trotz des in op. 53 und op. 54 errungenen neuen Hochstandes wurde op. 57 das klavieristische Gipfelwerk des Jahrhundertbeginns. 1804 begonnen und 1805 vollendet, dem Grafen Franz von Brunsvik gewidmet, ist sie das leidenschaftliche Bekenntnis eines Musikers, der sich in seinem Werk ganz offenbaren will, zugleich aber höchste gesellschaftliche Verantwortung empfindet, mit ihm in die großen Geschehnisse der Zeit verändernd eingreifen will.

Der 1. Satz, *Allegro assai* (12/8), beginnt in der geringsten Lautstärke,

wird erst allmählich in die Höhe getragen und erhält nach heftigen Unterbrechungen endlich seine dämonische Gewalt. Ein kleines Motiv,

das wir in der 5. Sinfonie wiederfinden, gibt neuen Anstoß und führt auch zum 2. Thema (As-Dur), das eine großzügige Umkehrung des 1. darstellt.

Nach einem heftig erregten 3. Thema in as-Moll erfolgt ein leises Verdämmern in höchster Höhe und zugleich tiefster Tiefe. Die Durchführung arbeitet mit einer ständigen Auftürmung, Steigerung und Verbindung dieser Gedanken, was zu erbitterten Zusammenstößen führt. Über dem pochenden Achtelrhythmus beginnt die vielfach veränderte und bereicherte Reprise; gegen Ende bricht sie gänzlich aus ihrem Konzept aus und gipfelt in einer virtuosen Kadenz. Nach einem erschütternden Adagio-Halbschluß auf dem immer gegenwärtigen Rhythmus setzt ein bis ins fast Unerträgliche gesteigertes Più allegro als Coda ein. Die tremolierende große Terz *as–c* verklingt in der Mittellage des Kl., während in der Tiefe allein ein F_1, wie die Terz im *ppp*, zurückbleibt. – In feierlichem Des-Dur steht das *Andante con moto* (2/4). Die sonore, hymnische Melodie hat zu Textunterlegungen gereizt; ihre edle Linie wird in vier Variationen fortschreitend diminuiert und aus der Tiefe in höchste Höhen geführt; in der letzten Verwandlung demonstriert sie einen besonders wirkungsvollen Wechsel von hohem und tiefem Register. Der Satz geht unmittelbar, mit einem schrillen verminderten Akkord, in das Finale über, ein *Allegro ma non troppo* (f-Moll, 2/4) nie erlahmender motivischer Bewegung und leidenschaftlich-dämonischen Ausdrucks, wie sie die Welt in diesem Genre, in dieser Besetzung noch nicht vernommen hatte. Erst nach heftigen Schlägen verminderter Akkorde in gedrängter

Rhythmisierung und einer in Sechzehnteln herabsteigenden kreisenden Bewegung profiliert sich das Hauptthema,

dessen scheinbare Motorik zunehmend aktiven, vorwärtsdrängenden Charakter annimmt, durchtönt wird von Terzrufen und synkopischen Akkorden, die aus der Tiefe immer höher streben und donnernde Gewalt erreichen. Obwohl ein Sonatensatz vorliegt, kann sich ein eigenes 2. Thema nicht entfalten; die Durchführung verschärft den Angriffsgeist noch durch zusätzliche Stimmen und ein heftig synkopiertes b-Moll-Motiv, das dem Satz weitere Energien zuführt. Eine mächtige, über die ganze Tastatur sich erstreckende Kadenz auf verminderten Akkorden leitet zur Reprise, die durch Motivüberlagerung gesteigerten Ausdruck erhält. Die f-Moll-Kadenzierung des Schlusses wird ungeheuer ausgedehnt durch ein Presto: zuerst hämmernde Achtel, dann eine Stretta mit den noch gewaltig beschleunigten Sechzehnteln des Themas. Mit abstürzenden Dreiklängen und drei Akkorden schließt das grandiose Gemälde in unerbittlichem f-Moll. Solch kämpferisch-leidenschaftlichen, unversöhnlichen Schluß hatten schon die frühe f-Moll-Sonate op. 2 Nr. 1, die »Pathétique« und die cis-Moll-Sonate op. 27 Nr. 2 gewählt.

Sonate Fis-Dur op. 78 (1809)

Aufführungsdauer: etwa 9 Minuten

Die auf die »Appassionata« folgenden Sonaten treten diesem Werk gegenüber in Ausdehnung und dramatischem Ausdruck deutlich zurück; sie haben intimere Qualitäten. Die Fis-Dur-Sonate schrieb Beethoven vier Jahre nach der »Appassionata« und widmete sie Therese von Brunsvik, in der man oft Beetho-

vens »Unsterbliche Geliebte« vermutete (nach neueren Forschungen scheint das eher ihre jüngere Schwester Josephine gewesen zu sein).
Die Sonate ist nur zweisätzig; dem durch ein viertaktiges *Adagio cantabile* (2/4) eingeleiteten *Allegro ma non troppo* (4/4) folgt ein *Allegro vivace* (ebenfalls in Fis-Dur). So ist jene Eröffnung der einzige langsame Ansatz des Werkes; sie führt vollendet in das sangvolle Thema des Hauptsatzes ein,

das bald Sechzehntel-Auflockerung erhält. Das milde Fis-Dur des 1. Themas wird ergänzt durch ein Cis-Dur des 2. Themas, das sich im Charakter nicht wesentlich abhebt. Die Durchführung umfaßt lediglich 17 Takte und soll eigentlich nur den *ff*-Einsatz des Hauptthemas, das bald wieder in die Sanftmut des Beginns zurückführt, vorbereiten. In lebendiger Sechzehntel-Bewegung der l. Hd. und Akkordtupfen der r. Hd. verklingt der Satz. – Das *Allegro vivace* (2/4) bezieht seine zauberhafte Wirkung aus den feinen Gegensätzen des zwölftaktigen Themas und seinem spielerischen Sechzehntel-Nachklang, der ihm immer wieder folgt. Erst beim vierten, letzten Male wird die Spannung durch modulatorische und sforzato-Steigerung des Themas verstärkt; ein aufspringender Schluß, vorbereitet durch drei Fermaten und ein über die ganze Klaviertastatur reichendes Arpeggio, ist das überzeugende Fazit des glücklich konzipierten Werkes.

Sonatine G-Dur op. 79 (1809)

Aufführungsdauer: etwa 8 Minuten

Beethoven zeigt in der bekannten Sonatine op. 79, daß er nach den Höhenflügen der letzten Jahre auch auf dem Gebiete der Kl.-Sonate intim und verhältnismäßig einfach zu komponieren nicht verschmäht. Das beginnende *Presto alla tedesca* (3/4) bringt ein Dreiklangsthema, das den ganzen Satz beherrscht; in der Durchführung erscheint vor allem der aus ihm abgesplitterte Kuckucksruf. Der Meister fügt der Reprise (die samt Durchführung wiederholt werden soll) noch eine längere Coda an, die den heiter-jubelnden, tänzerischen Ton des Ganzen verstärkt zum Ausdruck bringt. Das sich anschließende *Andante* (g-Moll, 9/8) könnte in seiner sicilianoartigen Schwermut fast von Mendelssohn stammen; der in knapper A-B-A-Form gehaltene Satz endet schmachtend-sehnsüchtig. Um so heiterer ist die Stimmung im *Vivace*-Finale (G-Dur, 2/4), das in variierter Rondoform ein freundlich-tänzerisches Contretanzthema exponiert und spielerischer Virtuosität freien Lauf läßt. Insgesamt ein heiteres, meisterhaft geformtes Zwischenspiel innerhalb der großen Werke jener Zeit.

Sonate Es-Dur op. 81a (1810)

Aufführungsdauer: etwa 16 Minuten

Seinem Schüler Erzherzog Rudolph widmete Beethoven diese Sonate, der man den Titel »Lebewohl-Sonate« gegeben hat. Den äußeren Anlaß zur Entstehung (1809/10) bot die durch die Kriegsereignisse jener Zeit verursachte längere Abwesenheit des Erzherzogs von Wien. Allen drei Sätzen wurden zweisprachige Überschriften beigegeben.
Den Kopfsatz *Das Lebewohl – Les adieux* leitet ein stilles Adagio (2/4) im Hörnerklang ein,

das bald harmonische Komplizierung erfährt. Der Hauptteil (Allegro, 2/2) scheint frohgemutes Abschiedswinken malen zu wollen; aber es kommt auch bald zu kräftigen, konfliktgeladenen und virtuosen Partien. Die Durchführung fällt knapp aus und führt zur Reprise. Ihr folgt eine unverhältnismäßig ausgedehnte Coda, welche die Entwicklung anfänglich nach f-Moll treibt, dann aber – ständig das Motto aufgreifend und variierend – luftige Abschiedsgirlanden windet. – Kürzer gehalten ist *Die Abwesenheit – L'absence* (Andante espressivo, 2/4), die die schmerzvolle Geste des c-Moll-Beginns bald tröstend nach

G- und C-Dur aufhellt. Unmittelbar geht dieser Satz über ins 6/8-Finale *Das Wiedersehen – Le retour* (Es-Dur), das im Tempo Vivacissimamente nach virtuosem Anlauf ein tolles Spiel mit einem bukolischen Dreiklangsthema treibt; diesem heiteren Gedanken wird ein Ges-Dur-Thema mit heftigen Sforzati entgegengesetzt, das freilich den friedlichen Gesamtton nicht beeinträchtigen kann, auch wenn sich Durchführung und Reprise vornehmlich an ihm orientieren. Nach besinnlichem »Andante«-Einschub schließt das Finale in festlichem *ff*, so der heroischen Es-Dur-Tonart voll gerecht werdend.

Sonate e-Moll op. 90 (1814)

Aufführungsdauer: etwa 14 Minuten

Wiederum nahm sich Beethoven die ungewöhnliche Pause von vier Jahren, ehe er 1814 die nächste Sonate folgen ließ. Bei den beiden Sätzen von op. 90 legte er wieder Wert auf deutsche Bezeichnungen: »Mit Lebhaftigkeit und durchaus mit Empfindung und Ausdruck« und »Nicht zu geschwind und sehr singbar vorzutragen«. Es sind deutliche Gegenbilder: das schön gegliederte Thema des Kopfsatzes erhält im Finale eine äußerst melodiöse Entsprechung.

a)

b)

Was den *1. Satz* (3/4) im übrigen auszeichnet, ist feine Differenzierungskunst; sein klanglicher Reiz, der mit manchen Besinnungspausen arbeitet, erreicht fast schubertsche Intensivierung und geht dennoch – etwa bei der Rückführung zur Reprise – streng motivisch-thematisch vor. Nach vielen hinhaltenden Seufzern und Verlagerungen schließt der Satz in elegischem *pp*.

In dem E-Dur-*Finale* (2/4) liegt ein typisches Rondo vor, das ebenfalls auf Schuberts Sonaten- und Impromptuwelt großen Einfluß ausgeübt hat und zu den vokal empfundenen Instrumentalsätzen des Meisters zählt. Über zarte Episoden im Intermezzocharakter, überraschende harmonische Rückungen und virtuose Umspielungen wird eine besinnliche Coda erreicht; mit einem luftigen, wiederum *pp* verklingenden Schluß geht der Satz zu Ende.

Sonate A-Dur op. 101 (1816)

Aufführungsdauer: etwa 17 Minuten

Die Zeit der großen Spätsonaten beginnt mit diesem Werk, das Beethoven der hochbegabten Schülerin Dorothea Ertmann gewidmet hat. Es wurde im Jahre 1816 vollendet, in einer Periode, als Beethoven – enttäuscht von der beginnenden Restauration und bereits auch durch die Vormundschaft über seinem Neffen Karl stark in Anspruch genommen – verhältnismäßig wenig schrieb. Erstmalig zeigt eine Beethoven-Sonate stark improvisatorischen Aufbau, der weit über das in den Fantasie-Sonaten op. 27 Versuchte hinausgeht. Die frühere Viersätzigkeit ist zwar noch zu erkennen; aber der Charakter der Sätze ist auf ganz neue Weise individualisiert, es gibt programmatische Rückgriffe.

»Etwas lebhaft und mit der innigsten Empfindung« ist das *Allegretto ma non troppo* (6/8) überschrieben, an die vorangegangenen Sonaten erinnernd. Was diesen Satz auszeichnet, ist der fließende Strom melodischer Erfindung und zugleich thematischer Arbeit, der die ursprüngliche Sonatenform ganz lyrisiert; der Themendualismus ist noch zu spüren, ebenso eine gewisse Durchführungsabsicht, aber die Grenzen sind vollkommen fließend, die Akzente schwebend und abschattiert, der Schluß verflüchtigt sich in zartester Höhe. »Lebhaft, marschmäßig« steht über dem 2. Satz, *Vivace alla marcia* (F-Dur, 4/4), der mit dem Scherzo nur noch die A-B-A-Form gemein hat. Seine dynamische Anlage, der Intermezzocharakter des Trios und viele kontrapunktische Effekte stellen ihn eigenartig zwischen Bach und Schumann. Der 3. Satz, ein »Langsam und sehnsuchtsvoll« überschriebenes *Adagio ma non troppo, con affetto* (a-Moll, 2/4) ist eigentlich nur eine weitgesetzte Überleitung, allerdings von unbeschreiblicher Schönheit. Der Doppelschlag des 1. Taktes, hier in der Oberstimme und noch von pathetischem Ernst, wechselt bald locker konzertierend zwischen l. Hd. und r. Hd. Eine klangvolle E-Dur-Kadenz veranlaßt ein kurzes Zitat aus dem 1. Satz. Dann beginnt, von einem ermunternden Triller eingeleitet, das *Allegro* (A-Dur, 2/4) mit der Anweisung »Geschwinde, doch nicht zu sehr, und mit Entschlossenheit«.

Es ist von vornherein betont kontrapunktisch angelegt, bewegt sich aber durch Einführung eines profilierten Seitenthemas zunächst in der Sonatenhauptsatzform. Ein Fugato erscheint in der nach C-Dur modulierenden Durchführung; es ist allerdings außerordentlich frei gehalten und kehrt sich um keine Dux-und-Comes-Regel. Zunehmende Komplizierung und Verdichtung des Satzes führt zur Reprise, die sogleich eine verstärkte Kontrapunktik mit sich bringt. Zu Beginn der Coda scheint sich ein neues Fugato ankündigen zu wollen; doch folgt nur eine feine Verästelung der Stimmen und eine humorvolle Schlußabwandlung des Hauptthemas, das über einem unbeirrt trillernden Dominant-Orgelpunkt ein triumphierendes Ende erreicht. Die ganze Sonate atmet eine äußerst freudige Stimmung, geeignet, alle Schatten schnell zu verscheuchen.

»*Große Sonate für das Hammerklavier*«
B-Dur op. 106 (1818)

Aufführungsdauer: etwa 45 Minuten

Sie ist Erzherzog Rudolph gewidmet und Beethovens längste und gewaltigste Sonate überhaupt. Noch 1817 begonnen, im Spätherbst 1818 vollendet, wurde sie, wie der Meister selbst mitteilte, unter schwierigsten persönlichen Umständen geschrieben; die olympische Laune und großzügige Gestaltung lassen davon nichts spüren. Noch einmal demonstriert Beethoven die große viersätzige Form, die er längst aufgegeben zu haben schien.

Der gemeißelte Anfang des *Allegro* (2/2)

läßt an den Beginn der »Pathétique« denken. An die Stelle tragisch-leidenschaftlicher Spannung tritt jedoch eine überlegene, selbstsichere Haltung, die das ganze Werk nie verläßt, selbst wenn Konflikte eintreten oder vorübergehend Melancholie aufkommt. Eine längere Exposition als diese (123 Takte) hat Beethoven für sein Instrument nicht geschrieben; der kraftvollen Entfaltung des 1. Gedankens, den eine gewaltige dialektische Expansion kennzeichnet, schließt sich in G-Dur ein 2. großer Themenkomplex an, der in den Grundrhythmus des ersten mündet. Ein 3. Thema schwankt zwischen G-Dur und c-Moll und geht in die heftigen Viertel-Akkordschläge des 1. Themas über. Die gigantische Durchführung übernimmt aus allen Themenkomplexen Elemente; vor allem knüpft sie an das punktierte Kopfmotiv des Anfangs an und schichtet aus ihm ein mächtig gesteigertes Fugato. In stark verdichtetem Satz wird *ff* die Reprise erreicht, die an den – nun in B-Dur/es-Moll erscheinenden – 3. Themenkomplex eine durch Absplitterung von Kurzmotiven unerhört gesteigerte Coda anschließt; der Satz endet mit dem *ff*-Oktavklang der Tonika. – Diesem Kolossalgemälde läßt Beethoven ein *Scherzo* (Assai vivace, B-Dur, 3/4) folgen, das typischen Intermezzocharakter trägt und Schumann und Brahms vorwegnimmt. Das lapidare Anfangsmotiv erweist sich harmonisch als äußerst wandlungsfähig. Zwei Trios schließen sich an, das eine in schattenhaftem, triolisch begleitetem b-Moll, zweimal Melodie und Begleitung austauschend; das andere ein heftiges f-Moll-Presto mit einer oktavierten Gestalt in abgerissenen Achteln, die durch Wiederholung Höhe und Volumen gewinnt. Eine Kadenz im Tempo Prestissimo und ein Tremolo führen zurück zur Reprise des Anfangsteils; die Coda versteift sich auf den Wechsel von *h* und *b*; letzteres muß der Sieger bleiben. – Zu Beethovens eindrucksvollsten Adagiosätzen zählt das nun folgende *Adagio sostenuto* (Appassionato e con molto sentimento, fis-Moll, 6/8). Es gibt wohl, das cis-Moll-Quartett op. 131 ausgenommen, keinen ausgebreiteteren und inhaltsreicheren langsamen Satz des Meisters. Der 1. Themenkomplex, enharmonisch zu G-Dur und ebenso selbstverständlich zurück zum zentralen fis-Moll gelangend, ist harmonisch außerordentlich gesättigt und trägt fast orchestralen Charakter. Es folgt ein reich verzierter, konzertanter Gesang im Diskant, der auf Chopin zu weisen scheint und zu den schönsten Eingebungen Beethovens in dieser Richtung gehört. Drängende Synkopen und harmonische Rückungen führen zu einem kolorierten D-Dur-Komplex, dessen einfache Grundmotive ständig zwischen tiefster und hoher Klavierlage wechseln. Chromatische Farbspiele bilden eine Art Durchführung, in der einmal das Anfangsthema der 4. Sinfonie von Johannes Brahms durchzuklingen scheint. Eine durchgängige Zweiunddreißigstel-Umspielung des Hauptthemas treibt den Satz weiteren klanglichen Höhepunkten entgegen; das 2., quasi chopinsche Thema erscheint nun in D-Dur, ihm schließt sich das aus chromatischen Durchgängen gewonnene 3. Thema, nun in Fis-Dur, an. Neue chromatisch-enharmonische Rückungen führen letzteres nach G-Dur, das sich aber über seinen verschärften Leitton *fis* (r. H.) nun eindeutig als Neapolitaner von fis-Moll erweist. Leise Erinnerungen an den Beginn weckt die im *ppp* verklingende Fis-Dur-Kadenz. – Der *Finalsatz* ist zweiteilig. Mit der einstimmigen Aufschichtung des Tons *f* über fünf Oktaven (*p* dolce!) setzt wirkungsvoll das Largo (4/4) ein, dessen improvisatorischer Verlauf über H-Dur, gis-Moll, A- und F-Dur in ständig bis zum Prestissimo gesteigertem Tempo in den mächtigen B-Dur-Hauptteil (Allegro risoluto, 3/4) mündet. Das von Bach berührte Thema ist in seinem energischen Trillerbeginn und den unerhört aktiven Läufen dennoch ein unverkennbarer Beethoven.

Die anschließende zweistimmige Fuge ist so angefüllt mit abrupten Akzenten, widerspenstigen Gegenstimmen, sich aufbäumenden Akkordmassen, gewaltsamen Augmentationen und Überlagerungen der einzelnen abgesplitterten Motive, daß man hier von einer geradezu rücksichtslosen Verbindung von alt- und neuklassischen Gestaltungsprinzipien sprechen muß. Nach kolossaler Trillersteigerung bei ständiger Aktivierung des thematischen Dezimensprungs bringt ein kleines dreistimmiges Intermezzo kurze Besinnung; dann aber überlagert und unterminiert auch dieses Material den Schlußteil des Satzes, wo auf tiefem Trillergrund der Themenkopf eine unerhörte Apotheose erlebt. Man kann ohne Übertreibung sagen, daß es in der Kl.-Literatur kein gewaltigeres Finale gibt als diesen Schlußsatz der Hammerklaviersonate, und man versteht auch, daß vor dieser Gewalt die meisten Nachfahren kapitulierten.

Sonate E-Dur op. 109 (1820)

Aufführungsdauer: etwa 18 Minuten

Beethoven widmete sie Maximiliane Brentano, der Tochter der mit ihm befreundeten Familie Franz Brentano. Bei der Übersendung der gedruckten Sonate schrieb ihr Beethoven einen herzlichen Brief, aus dem folgende Sätze zitiert seien: »Eine Dedikation!!! – nun es ist keine wie dergleichen in Menge gemißbraucht worden – es ist der Geist, der edle und bessere Menschen auf diesem Erdenrund zusammenhält und den keine Zeit zerstören kann, dieser ist es, der jetzt zu Ihnen spricht ...« Das kann man diesem prächtigen Werk, das während der Arbeit an der »Missa solemnis« entstand, wahrhaftig bestätigen.

Obgleich dreisätzig wie viele ihrer Vorgänger, hat die Sonate doch einen sehr individuellen Aufbau. Im *1. Satz* wechseln ständig ein Vivace ma non troppo (2/4) und ein Adagio espressivo

(3/4); sie wollen weniger ein 1. und 2. Thema im Sinne der klassischen Sonatenform bilden, als vielmehr die »zwei Prinzipe« exemplarisch darlegen. Die Wiederkehr des ersten Komplexes fungiert zugleich als Durchführung, die zweite Wiederholung als Coda, wo der Vivaceteil in seiner schlichten Urform aufscheint und dann in luftige Höhen gelangt. Attacca schließt sich ein *Prestissimo* in e-Moll (6/8) an, eine ins Stürmische gesteigerte Gigue oder gar Tarantella, die – im doppelten Kontrapunkt angelegt – einem angedeuteten Mittelteil nur wenige stille Töne läßt. – Die Krone der drei Sätze ist das *Finale* (Andante molto cantabile ed espressivo, E-Dur, 3/4) mit der Anweisung »Gesangvoll, mit innigster Empfindung« – ein Variationssatz, der die oben zitierte Briefstelle musikalisch am schönsten ausdrückt. Das Thema

ist im feierlichen Sarabandenrhythmus gehalten, führt aber diesen altmeisterlichen Ausgangspunkt zu einer vorhaltsfreudigen Humanitätsmelodik, die an Innigkeit, Wärme und tröstender Gewißheit ihresgleichen sucht. Variation 1 singt die Melodie in hoher Lage und deutet in der Tiefe einen langsamen Walzerrhythmus an; sie klingt fast schon wie eine langsame Mazurka von Chopin. Nr. 2, als Doppelvariation angelegt, verwandelt das Thema »leggieramente« in leichtfüßige Sechzehntel; Nr. 3 (Allegro vivace, 2/4) ist im Stile einer strengen zweistimmigen Invention gehalten; in Nr. 4 im 9/8-Takt (etwas langsamer als das Thema) kann sich das Thema in sich verflechtenden Girlanden aussingen, wobei im 2. Teil heftige Konflikte hörbar werden. Die sich anschließende 5. Variation (Allegro ma non troppo, 2/2) führt der Melodie in kompaktem kontrapunktischem Satz bedeutende Energien zu. In der letzten Variation, nun wieder im 3/4-Takt, kehrt das Thema zunächst in leise veränderter Urform wieder; dann aber werden die Viertel zu Achteln, zu Achteltriolen, zu Sechzehnteln, zu Zweiunddreißigsteln, bis sich alles in überwältigender Freude auflöst – Triller in der

Mitte, in der Höhe, in der Tiefe. Den Schluß bildet das Thema in der unveränderten Schönheit seines ersten Auftretens.

Sonate As-Dur op. 110 (1822)

Aufführungsdauer: etwa 20 Minuten

Die 1820 begonnene Sonate vollendete Beethoven im Frühjahr 1822, während der Arbeit an der »Missa solemnis«. In der Anlage ähnelt dieses Werk der A-Dur-Sonate op. 101: hier wie dort verschleierte Viersätzigkeit mit beginnendem langsamem Satz und abschließender Fuge, die einen Teil des vorangegangenen Adagiosatzes integriert. Das Thema des *Moderato cantabile, molto espressivo* (3/4) ist zweiteilig; der zweite Viertakter übernimmt ein Motiv aus dem Menuett der Violinsonate op. 30 Nr. 3.

Wie häufig in Beethovens späten Kl.-Werken, spielt sich das weitere Geschehen vorwiegend in den Höhenlagen des Instruments und in kleinen bis kleinsten Notenwerten ab. Das 2. Thema (Es-Dur) hält energischere, aber zugleich koloristisch aufgelockerte Klänge bereit; in der Durchführung begegnen seine aufstrebenden Sechzehntel dem breiten, nun dramatisierten Gesang des Hauptthemas. Farbenreiche Modulationen führen zur Reprise, die in extremen Höhen verklingt; nach einigen besinnlichen Akkorden setzt die – wiederum auf die kolorierten Klänge der Exposition zurückgreifende – Coda an. Das *Allegro molto* in f-Moll (2/4) ist ein echtes Beethoven-Scherzo mit heftigen Sforzati, drängenden Synkopen und Überraschungspausen. Ein eigenartiges Trio (Des-Dur) in dünnem Satz mit spielerischer Achtelbewegung und wiederum in hoher Lage bleibt ebenfalls nicht ohne scharfe Akzente, die sich erst in der knappen Coda, nach Wiederholung des Hauptsatzes, in stillem F-Dur lösen. Das *Adagio ma non troppo* (b-Moll, 4/4) beginnt in ausdrucksvollem rezitativischem Stil und verdichtet sich bald zu einem innig dahinströmenden as-Moll-Gesang (Arioso dolente, 12/16), der zu Beethovens unvergänglichen Instrumentalklagen gehört; in stummem Schmerz verharrt dann der Satz auf einer Fermate, die unmittelbar von einer *Fuge* (Allegro ma non troppo, As-Dur, 6/8) beantwortet wird.

a)

Das 3stimmige kontrapunktische Gewebe erfährt durch Oktavierung und die ständige Achtelbewegung des Gegensatzes eine enorme Steigerung. Aufs neue ertönt »ermattet, klagend« der Gesang des Arioso; jetzt wirkt er abgerissen, seufzend, scheinbar ganz am Ende; aber in sich kräftigendem G-Dur erklingt nun, »nach und nach sich neu belebend«, das Fugenthema in der Umkehrung.

b)

Doch bald erscheint es wieder in der Originalgestalt, stellt im Tempo Meno Allegro durch Einbezug lebhaft kolorierender und aktivierender Sechzehntel den Bogen zum Kopfsatz her und erreicht – wieder in höchster Klavierlage – einen jubelnden, kämpferisch gespannten, virtuos-rauschenden Abschluß. In Ausmaß und Satztechnik weit schlichter als das Finale der großen B-Dur-Sonate, ist dieser Satz von überzeugender Zielsicherheit, ein großartiges Dokument der ungebrochenen Schaffenskraft des späten Meisters.

Sonate c-Moll op. 111 (1822)

Aufführungsdauer: etwa 24 Minuten

Beethoven widmete seine letzte Kl.-Sonate Erzherzog Rudolph. Nur zweisätzig ist sein Abschiedswerk von dieser ihm vertrautesten Gattung; Objektives und Subjektives mischen sich gerade hier in eigenartiger Weise. Der Beginn (Maestoso, 4/4) des *1. Satzes* erinnert sich der »Pathétique«: auch hier Zweiunddreißigstel-Auftakt und verminderte Akkorde sowie scharfe Punktierungen, die an die langsame Einleitung französischer Ouvertüren gemahnen. Ein grollender Triller im Baß führt zum Hauptteil (Allegro con brio ed appassionato, 4/4), der nochmals die volle Beethovensche c-Moll-Gewalt bekundet.

Freilich gibt es auch einige ruhige Strecken, das 2. Thema – wenn man es überhaupt als solches bezeichnen kann – erklingt in lichter Höhe in stillem, leicht koloriertem As-Dur; aber insgesamt ist dieser Kopfsatz ein Kolossalgemälde apokalyptischer Gewalt, voll virtuoser Energie und Akzentuierung schon am Schluß der Exposition, von atemberaubender Spannung in der Durchführung, die in blockhaftem Ansturm zur Reprise gelangt und das Thema hier noch zu weit mächtigeren Kraftausbrüchen veranlaßt. Der Coda bleibt nun allerdings keine Kraft mehr zurück; zu leisem Murmeln in den Baßregionen erklingt ein milder Abschiedsgesang, der von f-Moll zu hellem C-Dur gelangt.

Die sich anschließende und zugleich das Finale bildende C-Dur-*Arietta* (Adagio molto, semplice e cantabile, 9/16) ist eine der schönsten Melodien des späten Beethoven:

Sie schwankt zwischen Zuversicht und Melancholie, führt aber eindeutig zu jener zurück. Die folgenden fünf Variationen beginnen als schlichte Abänderungen unter fortschreitender Diminution der Notenwerte (die 3. Variation steht im 12/32-Takt!), gelangen dabei aber zu virtuos gesteigertem Ausdruck. Variation 4 setzt synkopisch stockend im Baßschlüssel ein, entführt das Klanggeschehen in ätherische, spielerische Höhen, die 5. Wandlung nimmt Durchführungscharakter an, bekundet in Trillerketten verzückte Freude und läßt verwandte und fremde Tonarten hineinklingen, bis die 6., als Finalvariation, das Thema klanggesättigt und mit äußerst bewegter Begleitung zu höchster Ausdruckskraft steigert. Die Coda läßt zu Originalthema und Zweiunddreißigstel-Figuration ständig *pp* das hohe *g* trillern, und in Terzen und Sexten vereinigte Zweiunddreißigstel-Läufe geleiten zu kräftigem, dann still verlöschendem C-Dur-Schluß, die Anfangs- und Schlußklausel des Themas ständig wiederholend. Es klingt wie ein freundliches Abschiedswinken.

Variationswerke

Ludwig van Beethovens bedeutendste Klavierwerke außer den zweiunddreißig Sonaten sind seine Variationen, deren Komposition in den frühesten Schaffensjahren beginnt und sich sogar nach den letzten Sonaten noch fortsetzt. Das hängt damit zusammen, daß für den Meister Prinzip und Form der Variation überhaupt zunehmend zentrale Bedeutung gewannen. Hier war es ihm möglich, die elementare Gesetzlichkeit der Musik in ihrer Dialektik von Wiederholung und Gegensatz, von Gleichem und Anderem, auf vielfältigste Weise zu erproben und zu den größten konstruktiven Bauten zu führen; hier bot sich Gelegenheit, aus der Variante, der bloßen Veränderung zur echten Metamorphose, zum Verändern, zum Weiterentwickeln, zur Perspektive vorzustoßen. Das konnte natürlich in den frühesten derartigen Werken, die vor allem durch die *9 Variationen über einen Marsch von E. C. Dreßler* c-Moll (1782) repräsentiert werden, noch nicht zum Ausdruck kommen. Hingegen zeigen die *13 Variationen über die Ariette »Es war einmal ein alter Mann« von K. D. v. Dittersdorf* A-Dur (1792) in Taktwechseln, Verwendung von Mollvarianten, graziösen und kapriziösen Intermezzi sowie dem pompösen Schlußmarsch gewachsene Individualität. Zur gleichen Zeit beweisen die *6 leichten Variationen über ein Schweizer Lied* F-Dur (um 1790), wie angelegentlich der junge Beethoven den Volkston zu treffen weiß. In den zahlreichen Variationswer-

ken aus der Mitte der 90er Jahre sieht man, wie er sich ein effektvolles Virtuosenrepertoire zu schaffen anschickt, das u.a. von gefälligen Melodien des italienischen Modekomponisten Giovanni Paisiello ausgeht und sie äußerst wirkungsvoll aufputzt und verwandelt. Hübsch sind z. B. die *9 Variationen über »Quant' è più bello« aus »La Molinara« von G. Paisiello* A-Dur (1795).
In der g-Moll-Variation merken wir starke Abhängigkeit von Mozarts Sicilianotyp, aber er ist individuell gemeistert und eingekleidet. Eine besonders kunstvoll ausgearbeitete Coda haben die *7 Variationen über ein Thema aus »Das unterbrochene Opferfest«* von P. Winter, F-Dur (1799); sie besitzt schon den Geist und den Schwung späterer großer Schlußgestaltungen. Der junge Beethoven liebt auch kleine Fugenanfänge, die er allerdings bald wieder auflöst, so beim Finale der *6 Variationen über ein Thema aus »Soliman II«* von F. X. Süßmayr, F-Dur (1799).
Um die Jahrhundertwende bricht ein ganz neuer Ton durch, der etwa in den *6 leichten Variationen über ein Originalthema* G-Dur vom Jahre 1800 deutlich wird. Natürlich steht schon das Thema turmhoch über den oft läppischen Liedchen der Zeitgenossen:

Eine Mollvariation und die in virtuosen Zweiunddreißigsteln plätschernde 6. Variation erhalten eine durchaus individuelle Fassung; die Coda weiß das Originalthema in fein differenzierter Weise nochmals umzudeuten. In diesem gehobenen Stil schreibt Beethoven 1803 die Variationswerke über die englischen Nationallieder *God save the King* (C-Dur, sieben Variationen) und *Rule Britannia* (D-Dur, fünf Variationen); im letzteren ist die Schlußgestaltung von besonders heftig-deftigem Reiz. Die neue Qualität der Variationstechnik und der inhaltlichen Aussage in diesem Genre hatte Beethoven aber vor allem in den *Righini-Variationen* und in den *12 Variationen über den russischen Tanz aus dem Ballett »Das Waldmädchen«* von P. Wranitzky, A-Dur (1796) erreicht. Das gefällige Thema dieses Tanzes weiß er vor allem klanglich aufs feinste abzustufen und gänzlich zu verwandeln. Einer zweiten a-Moll-Variation folgt eine Coda, in der schon alle Künste der motivisch-thematischen Arbeit, insbesondere der Absplitterungstechnik, meisterhaft angewendet erscheinen. Noch bewundernswerter ist die motivische Kombinationsgabe des jungen Meisters in den *24 Righini-Variationen über die Ariette »Venni amore«* D-Dur, die er Anfang des neuen Jahrhunderts wahrscheinlich weitgehend überarbeitet hat und in der Neufassung 1802 herausgab (die 1. Fassung geht noch auf 1790 zurück). Die Entwicklung neuer melodischer Gestalten, von Doppelvariationen, von feinsten Abtönungen ist hier noch beträchtlich gewachsen, das Finale wird zu einer zündenden Ecossaise mit reizender *pp*-Coda.

6 Variationen über ein Originalthema F-Dur op. 34 (1802)

Aufführungsdauer: etwa 13 Minuten

Das erste klavieristische Variationswerk, das Beethoven mit einer Opuszahl würdigte, schuf er in dem Jahr, in dem er die Righini-Variationen überarbeitete. Der Meister wußte selbst, daß er damit eine neue Ära der Kl.-Variation einleitete; er bot dies Werk (zusammen mit den Es-Dur-Variationen op. 35) dem Verleger Breitkopf & Härtel mit folgenden Worten (und hoher Honorarforderung) an: »Ich habe zwei Werke Variationen gemacht ... beide sind auf eine wirklich ganz neue Manier bearbeitet, jedes auf eine andere verschiedene Art ...«; auch sonst bekannte er, daß er diese Stücke zu seinen »größeren musikalischen Werken« rechne. Das *Thema* selbst ist vielleicht nicht sonderlich originell,

bietet aber im weiteren Verlauf die besten Möglichkeiten für differenzierte Bearbeitung. Schon Variation 1, die sich vorwiegend in Zweiunddreißigsteln und Vierundsechzigsteln ergeht, zeigt eine höchst bemerkenswerte Eleganz; Variation 5 wird ein grandioser c-Moll-Marsch, und das Molto adagio des Schlusses ist ein Musterbeispiel für Beethovens Kunst kantabler Koloristik.

Der Meister beweist in diesem Werk überzeugend, wie Adagio-Ausdruck mit Virtuosität verbunden werden kann – was sich in der Arietta von op. 111 noch einmal gewaltig bestätigen sollte.

15 Variationen mit Fuge über ein Originalthema
Es-Dur op. 35 (1802)

Aufführungsdauer: etwa 22 Minuten

Die sogenannten »Eroica-Variationen«, ebenfalls 1802 komponiert, zeigen freilich noch eine viel großzügigere Konzeption und Ausführung. Das von Beethoven schon in einem Contretanz und in der Ballettmusik zu den »Geschöpfen des Prometheus« gebrachte *Thema*

erscheint später als Finalthema der »Eroica«. Die Kl.-Variationen folgen dem gleichen Prinzip wie der Variationssatz der 3. Sinfonie: zunächst wird nur der Baß des Themas vorgestellt und in drei Variationen behandelt, erst dann erklingt die Oberstimmenmelodie. Das Wesentliche ist die dialektische Beziehung beider Ebenen; denn auch das Unterthema kann im weiteren Verlauf die Dominanz erhalten. Die Variationen verwenden am Anfang die bekannten Techniken, schließen aber auch gleich starke dynamische Spannungen und virtuose Eskapaden (2. Variation) sowie satztechnische Kunststücke ein (Canone all'ottava in Nr. 7). Vor allem jedoch kommt – etwa in der Variationskette 9 bis 13 – ein bizarr-überlegener Humor zum Tragen, der in der Minore-Variation (14., es-Moll) zu tiefer Besinnung geführt wird. Weihevoll beginnt das Largo von Variation 15 und löst sich auf in Koloristik, die alle Register des Instruments einbezieht und zu virtuosen und dann wieder innigem Klingen bringt. Das Finale beginnt mit einer Fuge (Allegro con brio), die das Baßmotiv zum Themenausgang nimmt.

Es ist das erste Musterbeispiel für die vornehmlich an Händels Suiten geschulte Fugentechnik des reifen Beethoven, die er von nun ab immer wieder anwenden und vervollkommnen wird. Aber das genügt dem Meister hier noch nicht; er läßt, sozusagen als zweites Finale, ein Andante con moto folgen, in dem das schöne Oberthema, durch belebende Rhythmen eleviert, zu reizvoller Koloristik, emphatischem Trillerspiel, zu jubelnder Wiederholung und zur Stretta getrieben wird. Insgesamt gehört das Werk zu den Gipfelleistungen des Meisters.

32 Variationen über ein eigenes Thema c-Moll WoO 80 (1806)

Aufführungsdauer: etwa 10 Minuten

Die nun noch folgenden zwei Einzelvariationswerke für das Kl. (WoO 80 und op. 120) sind von gänzlich unterschiedlicher Faktur und Tendenz. Gerade bei der Variation, die sich von nun an in fast jedem seiner Werke den zentralen Platz sichert, kennt Beethoven kein Schema mehr, nur höchste künstlerische Verantwortung. Das erkennen wir sofort bei den c-Moll-Variationen über ein eigenes Thema. Das Werk gehört zu seinen herausragenden Leistungen in diesem Genre. Ein achttaktiges Chaconne-*Thema* (siehe NB S. 298), dessen chromatisch herabsteigender, sich in 3/4-Notenwerten bewegender Baß aber auch Passacagliacharakter trägt, bildet die Grundlage für zweiunddreißig Wandlungen, die in Ideenfülle, Ausdruckskraft und Phantasie nur mit Bachs Chaconne- und Passacagliakunst verglichen werden können. Das Besondere, mit dem Chaconnetyp Zusammenhängende dieser Variationsfolge ist ihr ständiges, unmittelbares Ineinanderübergehen und Weiterführen, das zugleich mächtige Kontraste und unvermittelte Gegensätze in sich schließt. Der »Pathétique«-, der »Appassionata«-Charakter des Werks ist immer präsent; er verdichtet sich von Variation 6 bis 11 zu gewaltigem Ansturm, macht in den Variationen 12–16 freundlichen, spielerischen Gedanken Platz, um sich ab Nr. 17 zu neuer Größe zu erheben. Einer dämmrig verhaltenen Strecke bleibt nur wenig Zeit; die von Beethoven in Variationen gern angewandte Leggierotechnik führt bald zu gesteigerten Ausdrucksbereichen, die – nach der ganz verinnerlichten, schlichten Fassung der 30. Veränderung mit ihren ruhig dahingleitenden Vierteln – das originale Chaconnethema in hohe oktavierte Lage zwingen. Der in wilden Sechzehntel-Septolen vorbeirasenden 32. Variation folgt eine ausgedehnte Coda, die Bruchstücke des Themas, seinen Schluß- und seinen Anfangstakt, herauslöst und über eine *pp*-Strecke von subtilem Reiz den pathetischen Abgesang gewinnt. Der letzte Takt ist dennoch ein vorsichtiger *p*-Nachklang; zu gewaltig war die letzte Kraftanstrengung.

33 Veränderungen über einen Walzer von A. Diabelli op. 120 (1823)

Aufführungsdauer: etwa 50 Minuten

Beethovens bedeutendstes Variationswerk überhaupt sind zweifellos die »Diabelli-Variationen«, die der Meister in den Jahren 1819/23 komponierte. Das Thema stammt von dem Wiener Komponisten und Verleger Anton Diabelli, der eine Reihe berühmter Komponisten aufgefordert hatte, je eine Variation über seinen harmlosen Walzer zu schreiben.

Beethoven überzog, wie gewöhnlich, den gesetzten Termin, aber schrieb gleich 33 Veränderungen, die der verdutzte Verleger dann auch voller Freude druckte (schon 1823), die Variationen der anderen Aufgeforderten – darunter Franz Schubert – ein Jahr darauf aber gesondert veröffentlichte. Den neuen Willen zur Veränderung demonstriert schon die 1. Variation, die das Walzerthema sofort in einen pompösen Marsch umwertet, mit kraftvollen Durchgängen, harmonischen Rückungen und stolzen Rhythmen echten Beethoven-Stils. Jede einzelne Variation hat nicht nur, wie üblich, einen bestimmten technisch-virtuosen oder motivischen Gestus, sondern entwickelt sich zu einer eigenen, unverwechselbaren Gestalt. So bringt Nr. 2 nicht nur das bekannte Alternieren der Hände im synkopischen Nacheinander, sondern zielt auf harmonische Entscheidungen. Nr. 5 entwickelt das anapästische Anfangsmotiv zu einer das Thema vergessen machenden hämmernden Aggressivität; die scherzosen

Gebilde der 9. und 10. Variation werden zu dröhnendem Gelächter trillernder Überlegenheit; die schleichenden Gänge von Nr. 12 sind von ungeheurer Hintergründigkeit, und der feierliche Gestus von Nr. 14 läßt die Welt Bachs und Händels in nie vernommener Vision neu erleben, während in Nr. 20 uralte Choral- und Tanztraditionen vergegenwärtigt werden. In Variation 22 steigert der Meister das freche Zitat (Leporellos Eröffnungsarie aus »Don Giovanni«) zu tollem Gelächter und schärft in den nächsten Variationen Tempo und Virtuosität dergestalt, daß dem Hörer der Atem vergeht. Dann schaltet er einen Komplex langsamer Sätze (sämtlich c-Moll) ein: Adagio ma non troppo – Andante sempre cantabile (4/4) – Largo molto espressivo (9/8), das letzte eine Umschmelzung des Bachschen Sicilianos; diese drei Stücke sind hier nicht nur dramaturgisch erstaunlich gut plaziert, sondern zeigen auch, wie Beethoven selbst so tief empfundenen Sätzen die in schnelleren Stücken vielfach erprobte pointierte Zielsetzung zu geben vermag. Als Nr. 32 folgt eine Allegro-Fuge in Es-Dur, deren sofort mit Gegensatz arbeitendes Thema und Ausführung die Beziehung zu Diabelli zwar noch erkennen lassen, innerlich aber vollkommen überwunden haben. Eine virtuose Kadenz und eine erstaunliche harmonische Rückung zaubern als Variation 33 ein »Tempo di minuetto, moderato« herbei, dessen wieder erreichtes C-Dur Diabellis Walzer zum klassischen Menuett feinster Ausarbeitung macht:

Es ist der Triumph des Dialektikers Beethoven, daß er somit das (ursprünglich höfische) Menuett gegenüber dem neuen, volkstümlichen Walzer Diabellis auf die Höhe der künstlerisch-gesellschaftlichen Aufgabenstellung hebt.

Bagatellen, Rondos und sonstige Stücke

Gegenüber den beiden großen Komplexen Sonate und Variation steht die übrige Klaviermusik Beethovens zurück; hier sind vor allem Bagatellen, Rondos und Fantasien zu besprechen, denn die frühen Präludien und späten »Albumblätter« bedürfen keiner näheren Hinweise.

Bagatellen

Von Beethovens insgesamt sechsundzwanzig Bagatellen verteilen sich vierundzwanzig auf die Opuszahlen 33, 119 und 126.

7 Bagatellen op. 33

Aufführungsdauer: etwa 18 Minuten

Sie wurden spätestens 1802 beendet. Einem zart bewegten *Andante grazioso quasi Allegretto* (Es-Dur, 6/8) in bescheidener Sonatenform schließt sich ein rhythmisch interessantes C-Dur-*Scherzo* (Allegro, 3/4) an, das schon vor dem eigentlichen Trio ein »Minore« trioartig einfaßt. Nr. 3, ein *Allegretto* (F-Dur, 6/8) führt den freundlichen Ton früher Sonatinen fort, während das folgende A-Dur-*Andante* (2/4) ein »Lied ohne Worte« sein könnte. Ein ausgedehntes Scherzo stark virtuoser Natur ist das *Allegro ma non troppo* (C-Dur, 3/4), ein lebhaftes Pendant zu Nr. 2, während Nr. 6, ein *Allegretto quasi Andante* (D-Dur, 2//4) jenem »Lied ohne Worte« (Nr. 4) entspricht, zumal Beethoven darüber schreibt: »Con una certa espressione parlante« (»Mit einem gewissen redenden Ausdruck«). Und das abschließende *Presto* (As-Dur, 3/4) setzt die Scherzoformen dieses Zyklus in wirkungsvollem Gegensatz von *pp*-Strecken und pompösen Akkorden fort.

11 Bagatellen op. 119 (1820/22)

Aufführungsdauer: etwa 16 Minuten

Beethoven hat sie im Jahre 1822 zu einem Zyklus zusammengestellt; sie zeigen deutlich die in zwei Jahrzehnten gewachsene Meisterschaft auch in dieser kleinen Form. Scherzosen Charakter haben nur noch das beginnende g-Moll-*Allegretto* (3/4)

und das *Risoluto* (c-Moll, 6/8) Nr. 5; aber ersteres ist fast zum Menuett besänftigt, das andere eine feurige Gigue. Ruhige, freundliche Stimmung atmen Nr. 2, ein *Andante con moto* (C-Dur, 2/4), Nr. 4, ein kurzes, inniges *Andante cantabile* (A-Dur, 4/4), das *Moderato cantabile* (C-Dur, 3/4) an 8. Stelle, das in seinem strengen Satz ebenfalls Menuettneigungen bekundet, und vor allem das herrliche Schlußstück *Andante ma non troppo* (B-Dur), das Max Reger zu seinen Beethoven-Variationen inspirierte.

Neben den ganz kleinen Dingen wie Nr. 3, *à l'Allemande* (D-Dur, 3/8), Nr. 9 – ein a-Moll-Ländler – *Vivace moderato* (3/4) und dem *Allegramente* Nr. 10 (A-Dur, 2/4), das nur zwölf Takte umfaßt, stehen besinnliche Stücke wie Nr. 6, G-Dur, als *Andante* beginnend, bald aber in ein *Allegretto* mündend, ein C-Dur-Stück, *Allegro ma non troppo* (3/4) als Nr. 7, dessen heiterer Trillerbeginn sich, nach kleinen Inventionsgebärden, bis zu rauschend-virtuoser Abschlußkaskade steigert.

6 Bagatellen op. 126 (1823/24)

Aufführungsdauer: etwa 14 Minuten

Sie entstanden als 3. Bagatellen-Opus; jedes einzelne Stück ist von besonderem Gewicht. Das beginnende *Andante con moto cantabile e compiacevole* (G-Dur, 3/4) atmet Frieden, ohne kleine virtuose Einfügungen zu verschmähen. Das g-Moll-*Allegro* (2/4) wechselt von seinem anfänglichen Scherzoton zu weiter Kantilene, der Nr. 3 (*Andante cantabile e grazioso*, Es-Dur, 3/8) in wiegendem Rhythmus voll huldigt. Nr. 4 ist ein Scherzo-*Presto* (h-Moll, 2/2) und in seiner breiten, die einzelnen Motivblöcke häufig wiederholenden Anlage ganz dem Spätstil zuzuordnen. Einem *Quasi allegretto* (G-Dur, 6/8), das in gereifter Form an ähnliche, freundlich wiegende Stücke aus op. 33 erinnert, folgt als Nr. 6 (Es-Dur) ein von heftigen Presto-Takten (2/2) eingeleitetes und ebenso abgeschlossenes *Andante amabile e con moto* (3/8), in dem Beethoven noch einmal eine innige Kantilene samt ihrer zarten Auflösung in ätherischem Diskant erklingen läßt – gleichsam ein Nachklang der Arietta aus seiner letzten Kl.-Sonate.

Rondos

Von Beethovens fünf selbständigen Rondos hat das schon 1783 komponierte A-Dur-Rondo (Allegretto, 2/4) vor allem Übungswert. Wichtiger sind die *2 Rondos* op. 51 von 1796/97 und 1800. Das zuerst entstandene *C-Dur*-Stück (Moderato e grazioso, 4/4) stellt zwischen seine ausgebreiteten Hauptteile eine c-Moll-Episode stärkeren virtuosen Charakters; insgesamt bleibt der Ausdruck des freundlichen Beginns bis zuletzt erhalten. Weit differenzierter und anmutiger ist das *G-Dur*-Rondo (Andante cantabile e grazioso, 2/4) angelegt; das schöne, Kantabilität und Koloristik harmonisch verbindende Thema

erhält herzliche Zwischenspiele und ausdrucksvolle Abwandlungen; ein E-Dur-Allegretto im 6/8-Takt bildet den virtuosspritzigen Mittelpunkt. – Das *Rondo a capriccio* G-Dur op. 129, das unter dem (wohl von Beethoven stammenden) Titel *Die Wut über den verlorenen Groschen* bekannt wurde, ist schon zwischen 1795 und 1798 entstanden. Das kecke Thema

taucht in den verschiedensten Varianten auf; nach zwei kräftigen Intermezzi (g-Moll und E-Dur) schöpft es seine eigenen motivischen Kräfte in virtuoser Weise aus und gelangt zu einem triumphierenden Abschluß.

Sonstige Stücke

Zu den vorwiegend aus der Spätzeit Beethovens stammenden »Albumblättern«, auf die man hier nicht einzugehen braucht, gehört auch das bekannte hübsche Klavierstück *»Für Elise«* (Poco moto, a-Moll, 3/8), das am 27. 4. 1810 geschrieben wurde und wohl eigentlich »Für Therese« heißen müßte (man hat seinerzeit die Widmung des inzwischen verschollenen Autographs falsch entziffert). Beethoven widmete es seiner verehrten Freundin Therese Malfatti. – Aus dem Jahre 1809 stammt die großangelegte *Fantasie op. 77*. Sie beginnt improvisatorisch frei, häufig Tempo und Tonart wechselnd, in g-Moll; ein Allegro con brio in d-Moll steigert sich, nach Zwischenspielen im Tempo Adagio, zum h-Moll-Presto und Più presto, bis eine von wogender Begleitung getragene H-Dur-Melodie im Allegretto einsetzt, die variiert wird und, nach mannigfachen Erinnerungen an die virtuosen Ausbrüche des Anfangs, einen ruhigen Adagioabschluß erreicht. – 1814 widmete Beethoven der russischen Zarin Elisabeth Alexejewna die *Polonaise C-Dur op. 89*. Nach virtuoser Eröffnung dehnt sich das eingängige »Alla polacca, vivace« breit aus, c-Moll- und A-Dur-Einschübe aufnehmend. Das anläßlich des Wiener Kongresses erschienene Stück greift wohl diese stilisierte Tanzform (die Beethoven auch sonst, z. B. im Finale des Tripelkonzerts op. 59, verwendet hat) als Symbol für die freundschaftliche Beziehung zu den östlichen Nachbarvölkern auf; kompositorisch ist es weniger bedeutend.

Kompositionen zu 4 Händen

Gegenüber den anderen Kl.-Werken tritt bei Beethoven – im Unterschied etwa zu Mozart oder gar Schubert – die vierhändige Klaviermusik sehr zurück; es gibt nur kleinere Nebenwerke mit meist intimem hausmusikalischem Charakter. Aus den Jahren 1796/97 stammt die zweisätzige *D-Dur-Sonate op. 6,* die recht sonatinenhaft anmutet, so in der fast schulmäßigen Achttaktigkeit des Kopfthemas vom Allegro molto (3/4). Angeregt von der Durchführung, erhält die Reprise etwas dramatischeres Profil. Noch harmloser gibt sich das in der Form ABACA angelegte Rondo (Moderato, D-Dur, 4/4), das die Sonate in freundlich-spielerischem Ton beschließt. – 1802/03 schrieb Beethoven die *3 Märsche op. 45* (C-Dur, Es-Dur, D-Dur). Sie bergen in sich manche spielerischen Effekte und ahmen zuweilen die Instrumentation von Militärorchestern nach; auf Schuberts Militärmärsche haben sie zweifellos stark gewirkt. Am feinsten und witzigsten gearbeitet ist *Nr. 2 Es-Dur* (2/4), dessen Vivacetempo die weitgehend in Sechzehnteln verlaufende Thematik zu aparter Klangwirkung führt. – Noch in Bonn (1791/92) komponierte Beethoven auf ein etwas langweiliges Thema seines Gönners Graf Waldstein Variationen in C-Dur. Diese *8 Variationen über ein Thema des Grafen von Waldstein* erheben einige technische Ansprüche; in Variation 4 kündigt sich der unwiderstehliche beethovensche Humor an, der ab Nr. 6 virtuose Brillanz einbezieht. Das c-Moll der Poco-adagio-Variation (8) will nicht allzu ernst genommen werden; das bestätigt auch die Coda, die mehrmals zwischen Allegro und Adagio wechselt, wie schon vorher ständig Dur-Moll-Ambivalenz auftrat. Eine effektvolle Prestostretta im 6/8-Takt beschließt das abwechslungsreiche, wenn auch wenig tiefgründige Werk. – Im Jahre 1805 hat Beethoven den von ihm verehrten und wohl auch geliebten Schwesternpaar Josephine und Therese Brunsvik das 1799/1804 komponierte C-Dur-Variationswerk *Ich denke dein. Lied mit 6 Variationen* zugeeignet; das schlichte Thema (Andante cantabile, 2/2) erhielt ebenso einfache, z. T. recht gefühlvolle Veränderungen; höhere kompositorische Absichten verfolgt das mit einer hübschen Coda schließende Werkchen nicht. Dennoch trägt es, wie die drei anderen dieser Besetzung, durchaus die Merkmale der Beethovenschen Handschrift.

Verzeichnisse

Verzeichnis nach Opuszahlen aller besprochenen Werke

(nach Kinsky/Halm – Das Werk Beethovens, thematisch-bibliographisches Verzeichnis seiner sämtlichen vollendeten Kompositionen)

Werke ohne Opuszahl (WoO)

Alphabetisches Verzeichnis

Werke mit Opuszahl

Werke ohne Opuszahl (WoO)

Da das alphabetische Verzeichnis nur als Hilfe beim Auffinden der Werkbesprechungen dienen soll, wurde auf vollständige Angaben zum Werktitel mitunter verzichtet und an solchen Stellen nur soviel genannt, daß ein Werk identifiziert werden kann.

Verzeichnis der Abkürzungen

Bearb.	Bearbeitung
Bl.	Bläser
Br.	Bratsche
EHr.	Englischhorn
ersch.	erschienen
f, ff	forte, fortissimo
Fag., Fg.	Fagott
Fl.	Flöte
geb.	geboren
gedr.	gedruckt
gest.	gestorben
gew.	gewidmet
Hg., hg.	Herausgeber, herausgegeben
Hr.	Horn
Instr.	Instrument, Instrumentation
Kb.	Kontrabaß
KFag.	Kontrafagott
Kl.	Klavier
Klar.	Klarinette
KV	Köchelverzeichnis
l. H.	linke Hand
m.	mit
Mand.	Mandoline
md.	mano destra (rechte Hand)
ms.	mano sinistra (linke Hand)
Ms.	Manuskript
NB	Notenbeispiel
op.	opus
Ob.	Oboe
o. J.	ohne Jahr
o. Op.	ohne Opuszahl
Orch.	Orchester
p, pp	piano, pianissimo
Pikk.	Pikkoloflöte
Pk.	Pauke
Pos.	Posaune
r. H.	rechte Hand
s.	siehe
Slg.	Sammlung

spät.	spätestens
Str.	Streicher
Stqu.	Streichquartett
T.	Takt
Tr.	Trommel
Trp., Tp.	Trompete
UA	Uraufführung
Umarb.	Umarbeitung
Va.	Viola
Var.	Variation
Vc.	Violoncello
Vl.	Violine
W.	Werk
WoO	Werk ohne Opuszahl